인생을 바꾸는 최고의 ETF

일러두기

- 이 책에서 언급되는 정보는 투자 판단에 대한 조언일 뿐, 투자의 최종 판단과 책임은 투자자 본인에게 있음을 알립니다.
- 이 책은 2024년 말에서 2025년 초의 정보를 바탕으로 집필되었습니다.

괜찮은 ETF 투자하고,
나가서 운동합니다

인생을 바꾸는 최고의 ETF

잼투리 지음

"평생의 장기투자를 만드는 ETF 전략과 마인드셋"
중요한 것은 종목이 아니라 꾸준한 실행력이다!

거인의 정원

차례

1부
투자를 시작하기 전에

01 그만 생각하고 그냥 시작해라   **010**
02 가난한 집안, 부유한 집안의 차이   **017**
03 투자하지 않는 것이 더 위험하다   **023**

2부
주식에 투자해야 하는 이유

01 인플레이션과의 싸움   **038**
02 인플레이션을 이기는 건 주식밖에 없었다   **043**
03 돈으로 돈을 버는 방법은 주식밖에 없다   **049**

3부
미국 주식 ETF에 투자해야 하는 이유

01 주식이 계속 우상향하는 이유   **058**

02	한국 주식에 투자하지 않는 이유	066
03	액티브 투자하지 않는 이유	074
04	결국 미국 주식 ETF만 한 것이 없다	081

4부
최고의 ETF, 최고의 투자전략

01	가장 단순하지만 가장 강한 시장 ETF	093
02	시장의 빈틈을 메우는 스마트베타 ETF	103
03	화려하진 않지만 묵묵히 이기는 배당성장 ETF	113
04	위험하지만 피할 수 없는 기술성장 ETF	129
05	창과 방패를 함께 드는 혼합 ETF 전략	135
06	시세차익 대신 현금흐름을 만드는 커버드콜 ETF	161
07	미국을 제외한 미국 외 ETF	175
08	고민 없이 지구 전체에 투자하는 전 세계 ETF	187
09	소수정예로 집중투자하는 강화형 ETF	193
10	채권 ETF와 60/40 포트폴리오 전략	199
11	금과 원자재, 자산배분 포트폴리오 전략	207
12	부동산에 투자하는 리츠 ETF	227
13	미국주식 ETF vs. 서울 아파트	233
14	빼놓을 수 없는 투자자산, 비트코인	241
15	최고의 ETF 투자전략 총정리	245

5부
최고의 ETF, 최고의 투자전략보다 더 중요한 것

01 똑같은 상품인데 수익률이 다른 이유   254
02 종목이 중요하지 않은 이유   263
03 종목이 아니라, 투자자가 문제다   272
04 도박 중독을 주식투자라고 포장하지 말자   277
05 수익률보다 투자금을 늘리자   283
06 장기투자 성공을 위한 최소한의 기간   291

6부
주식투자에 대한 두려움 없애기

01 주식은 너무 위험하지 않나요?   302
02 고점 같은데 어떡하죠?   309
03 환율이 높은데 어떡하죠?   314
04 증권사나 운용사가 망하면 어떡하죠?   320
05 미국이 망하면 어떡하죠?   324
06 앞으로도 연 10%씩 오를까요?   329

마치는 글   신봉자가 된다는 것   333
              참고문헌 및 참고처   339

인생을 바꾸는
최고의 ETF

1부 투자를 시작하기 전에

인생을 바꾸는 최고의 ETF

그만 생각하고
그냥 시작해라

투자를 시작할 때 가장 중요한 것은 투자금의 크기가 아니다. 일단 시작하는 것이 제일 중요하다. 내가 처음 유튜브에 주식투자와 경제적 자유와 관련한 내용을 다루기 시작했을 무렵, 많은 사람들이 "1억도 없는데 6억, 10억을 어떻게 모으냐?"라며 댓글로 불만을 토로했다. 어떤 사람들은 "월 투자금 50만 원조차 어렵다"며 투자는 생각도 못한다고 했다. 또 일부 사람들은 "종잣돈이 억은 있어야 용돈이라도 번다"고 했다. 매월 적립식으로 매수를 하든, 목돈으로 거치식 투자를 하든 애초에 큰돈이 아니면 아무 것도 안 된다는 식이다. 이 또한 완전히 잘못된 생각이다. 매번 반복되는 댓글이지만 아주 안타까운 의견들이다. 이렇게 사소한 생각들만으로도, 이 사람들의 경제적인 미래는 충분히 예측할 수 있다. 아쉽지만 결코 잘 될 리가 없다.

　반면 실제로 투자에 발을 들인 사람들은 저들과 다르다. 한 달에 10만 원이라도 투자하는 사람들은 결코 "1억도 없다", "종잣돈이 없으면 아무 것도 못한다"는 식으로 말하지 않는다. 오히려 이미 목표한 금액을 모은 것처럼 뿌듯해한다. 그들은 큰 목표에 압도되지 않는다. 그저 지금 이 순간, 할 수 있는 것부터 시작할 뿐이다. 투자는 각자 가능한만큼 월 5만 원, 10만 원부터 시작하면 된다. 그리고 결국 그런 사람들만이 '종잣돈'을 만들어 나갈 수 있다. 안타까운 점은, 정작 투자를 시작하지 못하는 사람들이 월 10만 원이라도 투자하는 사람들을 보고 "고작 월 10만 원으로 뭘 하냐"며 비웃는다는 사실이다.

―――――― **내가 운영하는 유튜브 채널에 달렸던 실제 댓글들** ――――――

S ▓▓▓▓▓▓▓▓ 4개월 전
1억도 모으기 힘든데.. 6억은 터무니 없죠

H ▓▓▓▓▓▓▓▓ 1년 전
1억도 읍는게 문제죠 ㅋ 누가 로또됐다는 말과같이 들릴뿐....

▓▓▓▓▓▓▓▓ 6개월 전
돈이 돈을 버는 것은 당연한 거고
일단 종자돈이 억은 있어야 용돈이라도
벌 수 있다는게 일반인에게는
꿈 같은 얘기임 ㅠ—ㅠ

노력 ▓▓▓▓▓▓▓▓ 4개월 전
작년부터 하루에 오천원, 만원씩 소수점투자하다보니 벌써 600만원 모았습니다.
아직 멀었지만 천천히라도 꾸준히 모아보겠습니다~

정말 놀라운 사실을 함께 살펴보자. 부자가 S&P500에 투자하나, 당신이 S&P500에 투자하나 놀랍게도 수익률은 똑같다. 부자가 1억 원, 10억 원을 굴리나, 당신이 1만 원을 굴리나, 수익률 자체는 동일하다. 부자와 부자가 되지 못하는 사람 사이에 딱 하나 다른 점이 있다면 단돈 '1만 원'에 대한 마음가짐일 뿐이다.

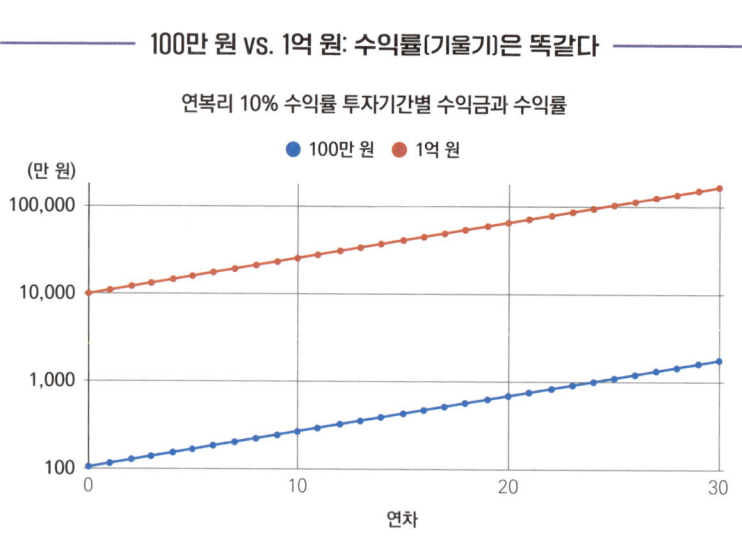

투자금 (만 원)	0년	1년	5년	10년	15년	20년	25년	30년	총 수익률
100	100	110	161	259	418	673	1,083	1,745	1,645%
10,000	10,000	11,000	16,105	25,937	41,772	67,275	108,347	174,494	1,645%

> **• 투자금이 얼마든 수익률(=기울기)은 똑같다!**
>
> 100억 원 × 10% = 100,000만 원(10억 원)
> 10억 원 × 10% = 10,000만 원(1억 원)
> 1억 원 × 10% = 1,000만 원
> …
> 1만 원 × 10% = 1,000원

    정말 아쉽고 안타깝지만, 매번 "종잣돈이 없다"라고 불평하는 사람들은 그런 생각을 가졌기 때문에 지금도 종잣돈이 없는 것이다. 그리고 앞으로도 종잣돈이 없을 것이라고 200% 확신한다. 단돈 1만 원을 1만 원이라고 무시하는 사람은 절대 큰돈을 모을 수 없다. 오히려 적은 금액이라도 꾸준히 투자하는 사람이 장기적으로 큰 자산을 형성할 수 있다. 종잣돈은 갑자기 하늘에서 떨어지지 않는다. 종잣돈 1억 원을 갖고 싶으면 10만 원씩 1,000번을 모으거나 100만 원씩 100번을 모으면 된다. 그게 전부다. 1억 원을 모으나 10억 원을 모으나, 누구나 처음에는 1만 원, 10만 원부터 시작한다.

    이와 같은 생각의 차이가 부를 쌓는 데 있어서 가장 중요한 요소다. 생각을 조금만 바꿔보자. 월 50만 원이 어렵다면, 월 10만 원이나 30만 원부터 시작하면 된다. 이것도 어려우면 한 달에 1만 원, 5만 원부터 시작하면 된다. 중요한 것은 금액의 크기가 아니라, 일단 시작하고 꾸준히 이어가는 것이다. 처음에는 적게 느껴질 수 있지만, 아무것도 하지 않은 사람들과 비교하면 엄청난 차이가 생기게 된다. 당연하겠지만 지레 포기한 사람들은 10년, 30년이 지나도 여전히 아무것도 얻지 못할 것이다.

예를 들어 월 50만 원을 10년간 투자하면 1억 원이 넘게 모인다. 안 했다면? 당연히 기댓값은 0원이다. 아마 누군가는 10년 후에도 "1억도 없다"는 타령을 할 것이다. 월 50만 원의 투자가 시간이 지나 20년이 되면, 기대되는 수익금은 5억 원이 넘는다. 안 했다면? 당연히 기댓값은 0원이다. 아마 이때도 "1억도 없다"는 타령은 끝나지 않았을 것이다. 30년이 지나면 어떨까? 무려 16.5억 원이다. 연 물가상승률 3%를 가정하더라도 현재 가치 기준 7억 원의 구매력에 달한다. 풍요로운 노후를 보내기엔 부족

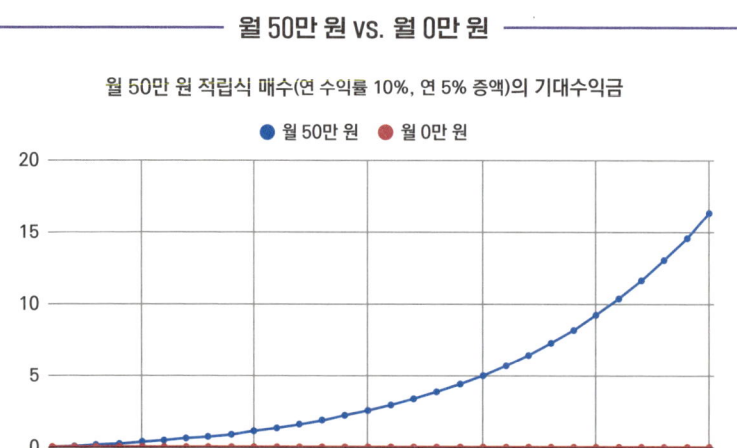

함이 없는 금액이다. 초기 자본, 투자금에 상관없이 적은 돈이라도 꾸준히 투자하는 것이 얼마나 중요한지 보여주는 사실이다.

　누군가는 이 내용을 보고 월 5만 원, 10만 원이라도 투자를 시작할 것이다. 반대로 처음부터 깔끔히 안 될 것이라고, 못할 것이라 결론짓고 거부하는 사람도 있을 것이다. 그중 누군가는 그들의 월 5만 원, 10만 원 투자를 비웃고 무시할 것이 분명하다. 하지만 10년 뒤, 20년 뒤 누가 더 안정적인 은퇴를 준비할 수 있는지는 이미 현 시점에 결정되어 있다.

어떤 마음가짐을 가지느냐에 따라 미래가 달라진다

@user-dolong 3개월 전
100만원 모아본사람이 1000만원 모을수 있고 1000만원 모아본사람이 1억을 모을수 있습니다

@김두-p6b 1년 전
남들 하는거 다 하고 살면 60~70대에도 1억 모으기 힘들죠. 열심히 일하고 아끼고 집 사고 대출금 갚고, 해외여행 안가고 차 최대한 늦게 구매하신 분들이 40대쯤 10억 수준에 자산에 도달하는겁니다. 잼투리님 영상보면 10만원씩 20년,30년 납부하기가 있어요. 수중에 돈 없는분은 해당 컨텐츠를 보세요. 돈이없다? 본인 인생의 결과지요. 집 포함해서 10억정도 재산이 있는 분들도 있어요. 파이어족 카페에서 본 글인데 이렇게 분석해주시니 공감 많이 갔네요 ㅎㅎ
저도 2년뒤쯤 은퇴 계획중인데 화이팅 하시죠~

@die4816 11개월 전
처음부터 1억 있는 사람 금수저 빼고는 없습니다 다들 사회 초년생 100만원 정도에서 시작해서 안 먹고 안 입고 1억 되는거죠

@1Cake83 3개월 전
42살에 이런저런 일이 있었지만 3천도 못모았습니다. 그러나 이제 월 50만원씩 지금이라도 시작하려 합니다. 감사합니다!

👍 54　👎　♡　답글

@lololoiljeong5527 3개월 전
16개월동안 죽어라 아껴서 5300만원 모았습니다... 530만원을 아버지께 드려서 ㅠㅠ 4700모았지만... 꼭 1억 모아볼려고합니다. 항상 영상보면서 마음을 다잡습니다.

👍 5　👎　♡　답글

우리의 삶은 온갖 핑계들로 흘려보내기엔 너무나도 짧다. 그리고 투자는 반드시 '시간'을 필요로 하는 일이다. 즉, 시간이 곧 기회이자 수익률이라는 말이다. 다시 말해 남아 있는 시간이 짧을수록 내게 주어진 기회는 줄어들고, 벌어들일 수 있는 수익금도 줄어든다. 지금 당장, 1만 원이라도 투자에 뛰어들어야 하는 이유다.

많은 사람들이 투자에 대해 고민만 하다가 결국 아무것도 하지 않고 시간을 흘려보낸다. 투자에서 가장 중요한 것은 '지금', 그리고 '내가 할 수 있는 것부터'이다. 남이 정해준 목표나 정답에 휘둘릴 필요가 없다. 규모는 상관없다. 확신하건데 안 하는 것보다는 무조건 낫다.

사실 이 부분만 기억할 수 있다면, 이 책의 나머지 모든 내용은 잊어도 된다. 물론 이 책에 정리한 많은 내용처럼, 얼마나 투자할지 계산하고, 여러 ETF나 투자방법에 대해 공부하는 것도 중요하다. 하지만 핵심은 '시작'이다. 일단 1만 원이라도 어떻게든 시작하면 된다. 그냥 되는 대로 시작하면 된다. 이미 성공한 많은 이들이 그렇게 했고, 성공할 많은 이들이 그렇게 하고 있다.

그러니까, 그만 생각하고 그냥 하자. 지금 종잣돈 없다고 인생 안 망한다!

가난한 집안,
부유한 집안의 차이

부유한 집안과 가난한 집안의 차이는 어디에서 비롯되는가? 많은 사람들이 초기 자산의 규모에서 그 차이가 시작된다고 생각한다. 그러나 실제로는 투자에 대한 각기 다른 접근방식과 행동이 오랜 시간 축적되며 차이를 만들어내는 경우가 많다. 물려받은 자산이 단기적으로 도움이 될 수 있지만, 장기적으로 부를 유지하고 늘려나가는 것은 별개의 문제다. 투자에 대한 올바른 이해와 지속적인 실행이 없다면, 그 자산은 순식간에 사라질 수 있다. 반면, 적은 금액으로 시작한 사람도 복리의 힘을 이용해 꾸준히 투자하면 큰 자산을 형성할 수 있다.

소형차 한 대(3,000만 원)를 대대손손 투자한다면

연 수익률 10%, 연 물가상승률 3% 가정한 실질금액 기준

(100만 원)

출처: 네이버

연차	0	10	20	30	40	50	60	70	80	90	100
명목금액 (억 원)	0.3	0.8	2.0	5.2	14	35	91	237	615	1,594	4,134
실질금액 (억 원)	0.3	0.6	1.2	2.2	4.3	8.3	16	31	59	115	222

예를 들어, 요즘 소형차 한 대의 가격은 약 3,000만 원 정도다. 만약 한 번만 이 소비를 참고 미래를 위해 투자를 해보는 건 어떨까? 소형차 한 대 값을 투자해서 대대손손 남겨보는 것이다.

연 물가상승률 3%, 수익률 연 10%를 가정한 구매력(실질금액)으로 봤을 때 10년 후에는 6,000만 원, 20년 후에는 1억 2,000만 원으로 증가한다. 아직 이 정도만으로는 큰 차이가 없어 보일

수 있다. 하지만 시간이 지날수록 복리효과는 눈덩이처럼 불어난다.

40년 후에는 4억 3,000만 원, 60년 후에는 16억 원, 80년 후에는 59억 원, 그리고 100년 후에는 무려 200억 원을 넘어선다. 다시 말하지만 모두 구매력을 반영한 실질금액이다. 놀랍게도 명목금액으로는 4,100억 원이 넘는다. 단 한 세기 만에 부자 집안이 만들어지는 것이다. 다시 말해, 누군가의 조부모나 증조부모 세대에서 단 한 사람만이라도 차 한 대 값을 아껴서 꾸준히 투자했다면, 그 집안은 대대로 부유하게 살 수 있었다는 것이다.

이 이야기는 단순한 농담처럼 들릴지 모르지만, 그렇게 가벼운 이야기가 아니다. 실제로 자본주의가 일찍 자리 잡은 수많은 선진국에서는 이렇게 부를 축적하고, 상속하는 집안들이 엄청나게 많다. 이 글을 보는 누군가가 그러한 부자 집안●의 시작점이 될지도 모르는 일이다.

● 트러스트 펀드 베이비Trust Fund Baby
부모나 조부모가 미리 설정한 신탁기금(Trust fund)을 통해 경제적 지원을 받으며 성장한 사람을 가리킨다. 한국의 금수저와는 살짝 결이 다른 개념이지만, 해외에서도 질투하는 마음은 똑같다. 그다지 긍정적인 뉘앙스의 단어는 아니다.
부유한 가문들은 후손들에게 큰 자산을 신탁 형태로 물려주며, 그들이 경제적 부담 없이 살아갈 수 있도록 돕는다. 이러한 신탁기금을 받은 자녀들은 성장하면서 생활비, 학비, 심지어 집이나 자동차 같은 큰 지출도 신탁기금에서 지원받을 수 있다. 따라서 이들은 경제적 독립을 위해 일할 필요가 없다. 보통 직업, 커리어는 취미에 가까운 경우가 많으며 많은 사람들이 자선, 기부, 여가활동 등으로 시간을 보낸다.

이런 이야기를 그저 허황된 이야기라며 비웃는 사람들도 있을 것이다. 아쉽게도, 바로 그것이 가난한 집안의 특징이다. 아마 "통장에 3,000만 원도 없다"거나 "무슨 100년이냐? 5년, 10년도 너무 길다", "헛소리다", "그렇게 일이 하기 싫냐?" 등의 불만을 토로할 것이다. 하지만, 정말 그럴까? 그동안 수천, 수만 개의 유튜브 댓글을 보며 '정신적 가난함'의 댓글 패턴을 이미 숙지했다면 알 수 있다. 통장이 가난한 것보다 더 무서운 건 정신이 가난한 것이다. 참으로 아쉬운 일이다.

장기투자와 복리의 효과를 이해하고 있는 사람들은 앞선 이야기를 가볍게 넘기지 않는다. 그들에게 있어서 장기투자와 복리효과는 신기루 같은 이야기가 아니라, 그들 스스로 혹은 그들의 집안이 실제로 경험해 왔던 이야기이기 때문이다(부가 상속되고, 가난이 상속되는 이유이기도 하다. 많은 이들이 생의 끝까지 투자와 투기, 도박을 구분하기 어려워한다).

투자의 마법은 바로 복리효과에 있다. 복리효과는 시간이 길어질수록 그 힘이 강력해진다. 따라서 투자의 중요성을 일찍 인식하고, 적은 금액이라도 꾸준히 투자하는 것이 부를 축적하기 위한 핵심이다. 적은 금액이라도 꾸준히 투자하면 시간이 지남에 따라 자산을 크게 성장시킬 수 있다. 하지만 적은 금액을 무시하면 이런 마법은 절대 일어나지 않는다.

- **가난한 집안은 적은 돈을 무시하고 한발 늦게 투자에 뛰어든다.**

- **부자 집안은 적은 돈이라도 중요하게 생각하고 한발 앞서 투자한다.**

이것이 부자 집안과 가난한 집안을 나누는 기준이다. 슬프지만, 가난할수록 적은 돈을 무시한다. 그들은 투자에 대한 부족한 이해도와 두려움 때문에 자산을 불리지 못한다. 오히려 과도한 소비에 빠지거나, 부자에 대한 막연한 혐오감 혹은 투자에 대한 거부 반응으로 인해 그 어떤 시작조차 하지 않는다. 직접 시도를 해본 적도 없고, 간접적으로라도 좋은 투자를 경험해 본 적이 없으니 그저 나보다 잘 사는 놈들은 다 나쁜 놈들인 거다. 부자들은 가난한 사람의 등골만 빼먹는 족속인 거다. 그렇게 세상을 탓하며 10년, 30년이 지날 때까지 자산을 늘릴 기회를 계속 놓친다.

물론 그렇다고 그들이 전혀 투자를 하지 않는 것은 아니다. 하지만 이들은 대개 최고점에 진입하는 경향이 있다. 비트코인이 최고점일 때, 주식이 최고점일 때, 주택 가격이 최고점일 때 등 항상 한발 늦게 뛰어든다. 많은 투자자들이 과도한 상승에 두려움을 느낄 때, 그제야 뒤늦게 욕망에 휩싸여 투자를 시작한다. 그리고 큰 상승의 결과는 대부분 큰 하락으로 이어지는데, 이런 상황을 오래 견디지 못하고 크게 하락한 가격에 매도를 하는 것이 그들의 당연한 수순이다. 그렇게 큰 손해를 보고 다시는 투자를 하지 않겠다고 결심한다. 이러한 패턴이 반복되고 또 세습되면서, 두 집안의 경제적 격차는 점점 더 벌어지게 된다.

정말 슬픈 점은 정작 이러한 이야기가 필요한 사람은 이런 글을 읽고 있을 가능성이 낮다는 것이다. 반면, 지금 이 글을 읽고 있는 독자들은 이미 장기투자와 복리효과의 중요성을 이해하고 있거나, 어떤 형태로든 투자에 발을 들여놓고 있을 가능성이 높을 것이다. 부의 양극화는 먼 나라의 이야기가 아니다. 어떤 경험이나 계기로든 투자의 실마리를 깨닫지 못한 사람들은 앞으로도 이 단순한 사실을 알지 못할 가능성이 크기 때문이다.

그러니 이 글을 읽고 있는 당신에게 부탁한다. 누구보다 먼저 시작해서 장기투자의 좋은 롤모델이 되길 바란다. 장기투자와 복리효과의 힘을 직접 증명하는 것이다. 적은 금액이라도 오랜 시간 꾸준히 투자함으로써 자산이 어떻게 성장하는지 그들에게 직접 보여주자. 최소한 스스로의 힘으로 나 자신 혹은 내 가정의 삶은 바꿀 수 있다는 걸 보여주자. 그래서 주변의 단 한 사람이라도 투자에 첫 발을 내딛을 수 있도록 도와주자. 가장 가까운 사람 한 명이라도 바꿀 수 있다면 충분하다.

혼자 가지 말고, 같이 가자.

투자하지 않는 것이 더 위험하다

사실 우리는 망했다. 그냥 하는 이야기가 아니다. 투자를 하면 더 좋은 게 아니라, 투자를 하지 않으면 안 되는 심각한 상황이다. 몇 가지 지표로 한국인의 삶을 조명해 보자.

평균 취업연령 30세 vs. 평균 퇴직연령 49세
이 숫자가 우리나라 고용환경의 현실이다. 사교육에 아무리 돈을 쏟아부어도 첫 취업이 서른 살이다. 겨우 취업을 하더라도, 일할 수 있는 시간은 아주 짧다. 오늘날 한국 임금 근로자의 평균 퇴직연령은 49.3세에 불과하다(조선비즈 2023.12.05.). 그마저도 이

통계는 베이비붐 세대를 대상으로 한 결과다. 현재 청년 세대의 퇴직연령은 더 앞당겨질 수도 있는 것이다.

퇴직자 중 절반 이상은 정년을 채우지 못한다. 대부분은 권고사직, 명예퇴직, 사업부진 등의 이유로 비자발적 퇴직을 하는 게 현실이다. 정년까지 버티는 사람은 9% 남짓이다. 국내 근로자 중 대기업 정규직의 비중이 10% 정도이다. 두 숫자가 비슷한 건 아마 우연이 아닐 것이다. 정년퇴직도 이제 극소수의 특권이라는 것이다. 다른 데이터를 봐도 상황은 비슷하다. 남성은 40대 중반 이후, 여성은 30대 중반 이후로 근속연수가 더 이상 늘어나지 않고 오히려 감소하기 시작한다. 어떤 이유로든 현 시점 한국에서는 직장에서 안정적으로 오래 일하기가 어렵다는 이야기다.

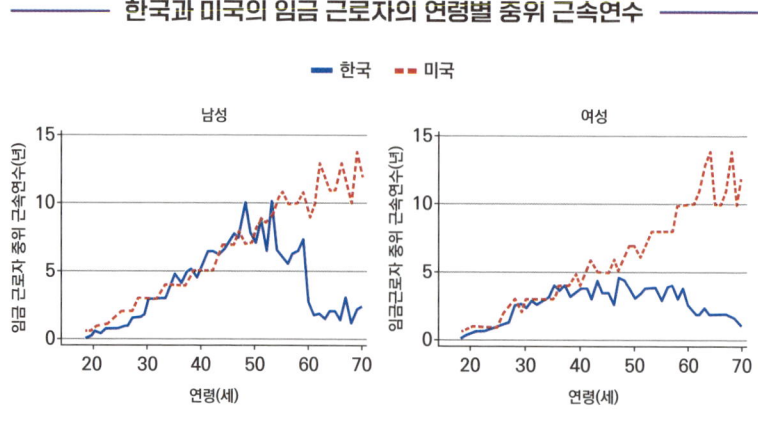

출처: 통계청, 2022; U.S. Bureau of Labor Statistics, "Current Population Survey(CPS)," 2022

그러니까 요즘 많은 이들이 첫 취업을 30~32세에 한다는 점을 감안하면, 퇴직연령 49세까지 실제로 20년도 채 일하지 못할 것이라는 얘기다. 그런데 이것도 취직을 했을 때의 이야기다. 현실은 더 잔인하다. 지금 한국에는 취직을 못해 쉬고 있는 청년층(15~29세)이 50만 명에 가깝다. 30~39세까지 범위를 확대하면 80만 명에 이른다(통계청, 2025.03.12.).

퇴직 후 마주할 현실

퇴직 후에도 상황은 그리 나아지지 않는다. 물론 퇴직 후 재취업이 불가능하진 않다. 문제는 취직이 가능하더라도 안정적이지 않다는 것이다. 퇴직자는 넘쳐나지만, 안정적인 정규직 일자리는 극히 제한적이다. 결과적으로 재취업을 한 중장년층 대부분은 임시고용에 내몰리고 있으며, 고용의 안정성과 소득의 지속성 모두 보장받지 못하고 있다.

실제 OECD 조사에 따르면, 우리나라 고령 근로자들의 고용 안정성은 OECD 국가들 중에서도 압도적인 꼴등이다. 한국 55세에서 64세 근로자 중 남성의 33.2%, 여성의 35.9%가 임시고용에 종사하고 있다. 이는 OECD 평균인 남성 8.2%, 여성 9.0%에 비해 약 4배 높은 수치다. 남성은 OECD 평균보다 약 25% 포인트, 여성은 약 27% 포인트 더 높은 수준이다(KDI, 2024.03.20). 가까운 일본과 비교해도 남성, 여성 모두 10% 포인트 이상의 격차를 보인다. 이게 우리가 퇴직 후 마주할 현실이다.

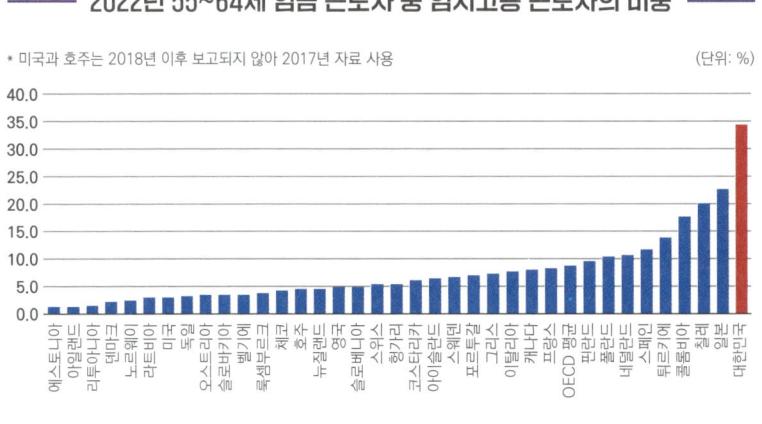

출처: OECD Statistics, KDI

준비되지 않은 은퇴

이마저도 직접 몸을 움직여 일할 수 있을 때는 큰 문제가 없다. 임시직이라도 어떻게든 일해서 돈을 벌 수 있다면 다행이다. 하지만 누구나 언젠가는 병들고 나이가 들어 근로소득을 만들 수 없는 시기를 마주한다. 자의든 타의든 결국 은퇴를 맞이하게 되는데, 문제는 우리나라에서 실제로 은퇴를 제대로 준비하고 있는 사람이 극소수에 불과하다는 것이다. 점입가경이다.

2024년 통계청 가계금융복지조사(통계청, 2024.12.09.)에 따르면, 한국 가구의 노후준비 상태는 상당히 부족한 것으로 나타난다. "아주 잘 되어 있다"고 응답한 가구는 1%에 불과하며, "잘 되어 있다"는 응답도 7.4%에 그친다. 전체적으로 노후준비가 양호한 가구는 8.4%에 불과한 셈이다. 반면 "노후준비가 잘 되어 있지 않다" 또는 "전혀 되어 있지 않다"고 응답한 가구는 무려 52.5%에 달한다. 절반 이상의 가구가 노후를 위한 경제적 준비를 거의 하지 못한 상황임을 의미한다. 이러한 상황은 실제 은퇴 이후의 생활수준에 대한 조사결과에 그대로 드러난다. 조사에 따르면, 은퇴한 가구 중 57%가 생활비 충당에 어려움을 겪고 있다고 응답했다. 정확히는 은퇴가 아니라, 내쫓김에 가깝긴 하지만 말이다.

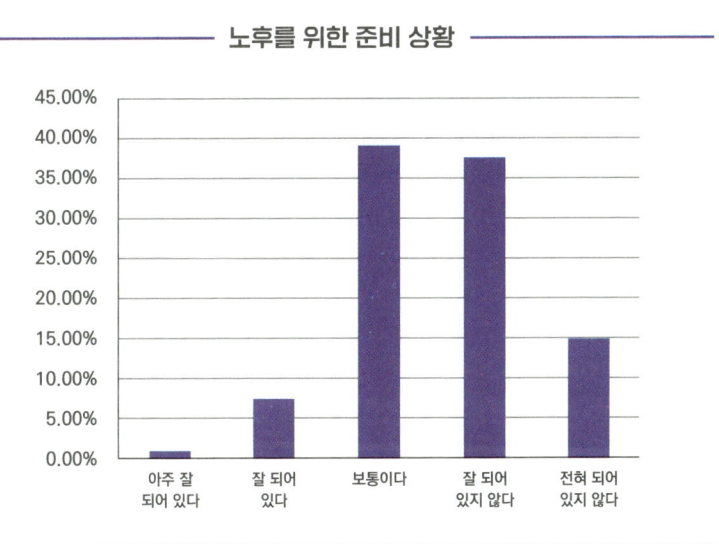

출처: 2024 통계청 가계금융복지조사

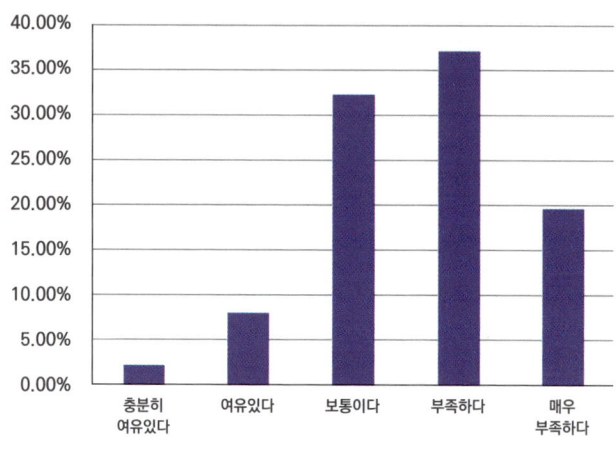

출처: 2024 통계청 가계금융복지조사

공적연금

그럼 이제 남아 있는 최후의 보루는 연금이다. 하지만 이건 더 심각하다. 우리나라의 연금 소득대체율은 31.6%로 OECD 최저 수준이다. 다른 국가와 직접 숫자를 비교해 보면 그 차이는 더욱 명확해진다. 스페인 80.4%, 이탈리아 76.1%, 네덜란드 74.7% 등 많은 OECD 국가들이 70% 이상의 소득대체율을 가지고 있으며, 이를 통해 연금이 안정적인 노후생활 기반을 제공하고 있다.

예를 들어 생애 평균소득이 동일하게 400만 원 수준이라고 가정해 보자. 네덜란드에서는 75%인 월 300만 원을 연금으로 수령하게 된다. 반면 우리나라에서는 31.6%, 약 126만 원을 수

령하게 된다. 한국 연금의 낮은 소득대체율은 우리가 연금에 의존해 노후를 보내는 것이 사실상 불가능하다는 걸 말해준다. 연금의 소득대체율이 낮은 여러 가지 이유가 있겠지만, 가장 확실한 이유는 '적게 내니까 적게 받는다'이다. 한국의 공적연금 보험료율은 9% 수준으로 OECD 국가 중 최하위 수준이다. 참고로 이탈리아가 33%, 프랑스 28%, 영국 25%, 독일이 19%이다. OECD 국가 중 공적연금 보험료율이 우리나라보다 더 낮은 나라는 리투아니아, 멕시코 정도 밖에 없다.

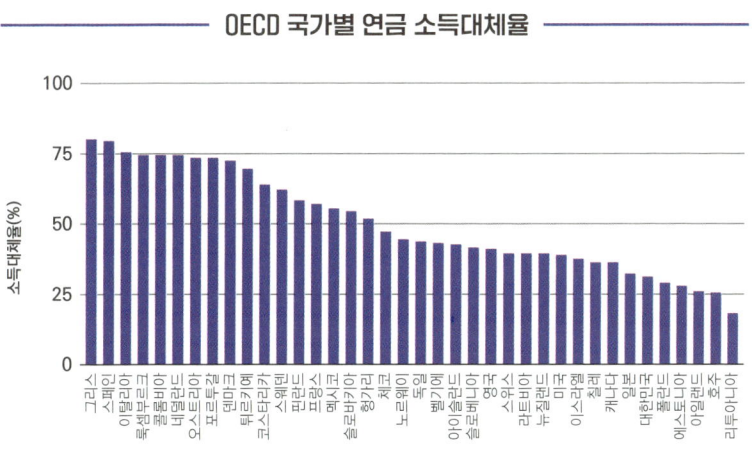

출처: OECE 2023

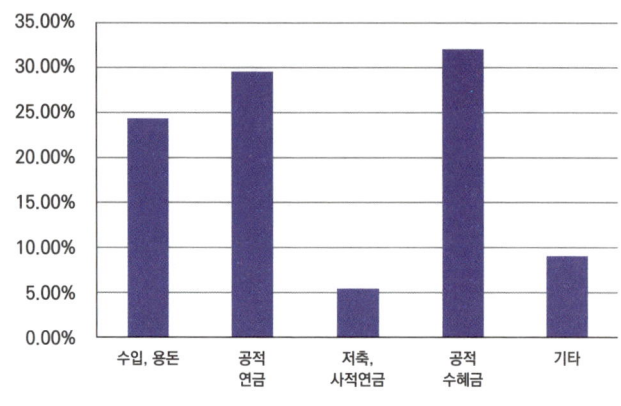

출처: 2024 통계청 가계금융복지조사

실제 통계청 조사결과에 따르면, 은퇴한 가구가 생활비를 마련하는 방법 중 공적연금이 차지하는 비중은 29.5%에 불과했다. 이마저도 공적수혜금(31.9%)과 합쳐야 비로소 절반 정도의 생활비가 충당되는 상황이다. 결국 은퇴한 가구의 생활비는 주로 공적지원에 의존할 수밖에 없지만 이 공적지원마저도 충분하지 않다는 결론이 나온다. 이로 인해 많은 은퇴가구는 가족의 지원이나 기타 수입(24.3%)에 의존해 생활비를 충당해야 하는 현실에 처해 있다. 더구나 저축이나 사적연금의 비중은 5.4%로 매우 낮은 수준인데, 이는 대다수 사람들이 공적연금 외에 노후를 위한 별도의 자금을 마련하지 못했다는 현실을 명확하게 드러낸다. 냉정하게 말해서 부족한 노후준비는 각 개인에게도 책임이 있다.

국민연금 외에 퇴직연금, 개인연금 혹은 직접 금융투자 등을 통해 직접 준비하는 것이 매우 중요하다.

노인 빈곤률, 자살률 세계 1위의 나라

그리고 앞서 봤던 모든 과정은 또 다른 통계수치로 귀결된다. 2020년 기준 한국의 66세 이상 노인 소득빈곤율은 40.4%로, OECD 국가들 중 가장 높다(OECD, 2023.). 연금의 낮은 소득대체율은 노인들의 경제적 기반을 취약하게 만들고 결과적으로 우리나라의 많은 노인들은 안정적인 노후생활을 보장받지 못한 채 힘겨운 삶을 살아가고 있다. 현재 연금의 구조를 살펴봤을 때, 이러한 노후빈곤의 위험성은 앞으로 심각해지면 심각해졌지 나아지긴 힘들다.

게다가 이 문제는 단순히 빈곤에 그치지 않는다. 경제적 어려움은 한국의 노인자살률을 세계 최고 수준으로 밀어 올리는 주요 원인 중 하나다. 사실 최고 수준도 아니다. OECD 국가 중 무려 10년 이상 압도적 1위다. 실제로 우리나라의 많은 노인분들이 단순히 궁핍한 생활을 넘어, 밥 한 끼 먹는 것조차 어려운 상황에 처해 있다. 가난에서 벗어날 길이 없다고 느낀 많은 노인들이 최후의 선택을 하고 있다. 그리고 이건 꼭 현 시점 노인들만의 이야기가 아니다. 미래를 준비하고 있지 않은 대다수 청년들의 미래이기도 하다.

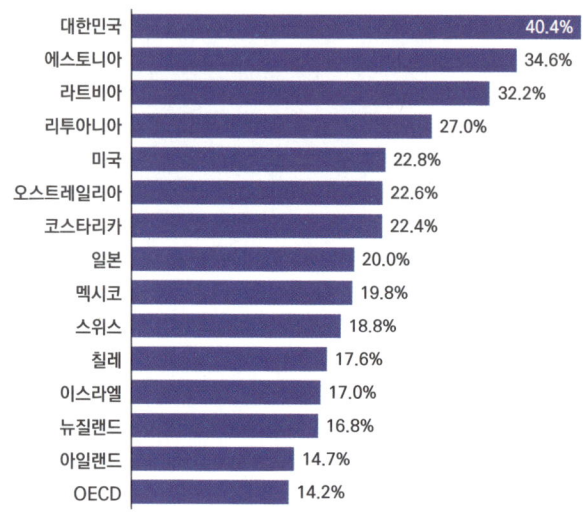

출처: Pensions at a Glance 2023

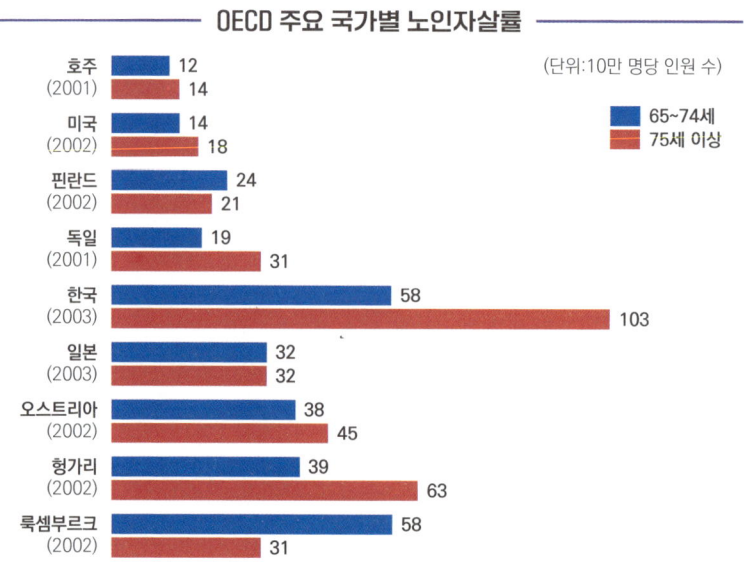

출처: 중앙일보

30세 취직 → 49세 퇴직 → 임시직 재취업 → 은퇴준비 부족 → 연금 부족 → 노인빈곤 → 극단적 선택

이렇게 일하고 싶어도 일할 수 없는 때가 온다면, 그리고 국가의 연금조차 나를 지켜주지 않는다면 어떻게 해야 할까?

답은 명확하다. 각자도생이다. 아무도 나를 지켜주지 않는다면, 미래는 스스로 준비해야 한다. 아직도 국가가 내 노후를 지켜줄 것이라 믿고 있다면 꿈에서 깨자. 연금의 재원은 어디 땅을 파서 나오는 게 아니다. 연금만 믿어서는 더 이상 안전하지 않다. 오히려 앞으로는 더 받을 가능성보다, 더 내야 할 가능성이 더 높다. 이제 노후는 스스로 준비해야 한다는 현실을 직시하자.

중요한 건 우리가 노후를 준비할 수 있는 시간은 생각보다 짧다는 사실이다. 30세에 취직해서 49세에 퇴직하는 한국 사회의 평균적인 근속 패턴을 보면, 우리가 근로소득을 창출할 수 있는 기간은 고작 20년 남짓이다. 이것도 약간의 시차가 있는 데이터를 굳이 희망적으로 봤을 때의 이야기다. 하지만 은퇴 이후의 삶은 그보다 훨씬 길고, 국가의 연금만으로는 안정적인 노후를 보장받기 어렵다. 그 긴 시간을 책임질 수 있는 건 나 자신밖에 없다. 그렇기 때문에 잠깐이라도 일할 수 있을 때 미래에 스스로 살아남을 수 있는 방법을 찾아야 한다.

그럼 어떻게 해야 할까? 답은 간단하다. 내가 직접 나만의 연금을 만들면 된다. 이를 위해 다양한 선택지가 있겠지만, 그 중에서도 주식투자는 노후를 대비하는 가장 강력한 도구가 될 수 있다. 지금부터 그 내용을 살펴보도록 하겠다.

인생을 바꾸는
최고의 ETF

2부 주식에 투자해야 하는 이유

인생을 바꾸는 최고의 ETF

01

인플레이션과의 싸움

지금까지의 내용을 보고 "좋았어! 10년 안에 6억, 10억 모으자!"라고 생각하면 큰일 날 수 있다. 지금 시점을 기준으로 은퇴 또는 경제적 자유를 달성하기 위한 목표금액을 설정한다고 해서, 그 금액이 10년 후, 30년 후에도 동일한 가치를 지닐 거라고 생각해서는 안 된다. 흔히 간과하는 중요한 요소가 바로 물가상승률, 즉 인플레이션이다. 인플레이션이란 시간이 지나면서 돈의 가치가 하락하는 현상을 의미한다. 현재의 6억 원, 10억 원이 미래에는 훨씬 적은 가치와 구매력을 지닐 수 있다는 뜻이다.

예를 들어 물가상승률을 연간 3%로 가정해 보자. 10년 동안 매년 3%씩 물가가 상승한다면 오늘날의 6억 원은 10년 후에는

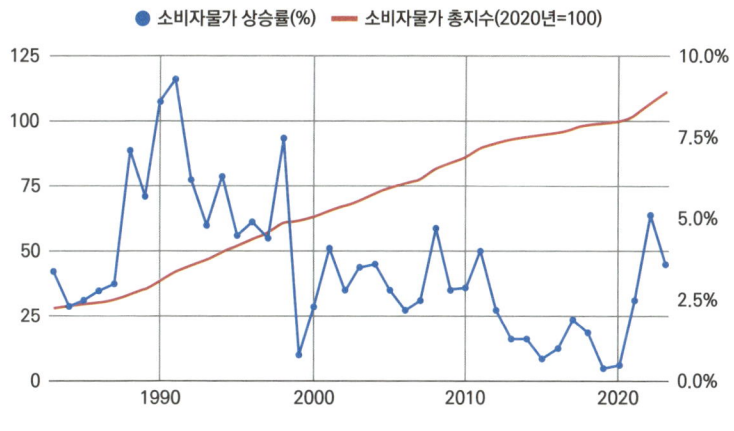

출처: 통계청

불과 약 4.6억 원의 구매력(실질금액)만 지니게 된다. 거기서 10년이 더 지나면, 구매력은 무려 3억 원, 절반 수준까지 하락한다. 이는 현재의 구매력, 즉 현재와 동일한 생활수준을 유지하기 위해서는 미래의 목표시점에 따라 실제 내가 모아야 할 명목금액이 달라져야 한다는 점을 의미한다.

따라서 목표금액을 설정할 때는 단순히 현재의 가치만을 고려해서는 안 된다. 미래의 인플레이션을 감안해 실질적인 가치, 즉 구매력을 계산하는 것이 중요하다. 예를 들어 현재의 6억 원이 10년 후에도 같은 가치를 지니려면 명목금액으로 약 7.8억 원이 필요하다. 이는 10년 후 7.8억 원이 있어야 지금의 6억 원과 동일한 생활수준을 유지할 수 있다는 의미다. 마찬가지로 15년 후에도 현재 6억 원의 구매력을 유지하려면 명목금액으로 9억 원을 모아야 한다.

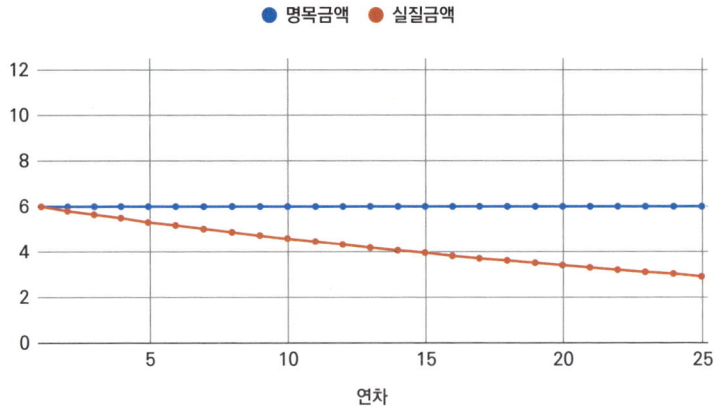

시간에 따른 명목금액의 실질금액 가치 하락 (물가상승률 3% 가정)

연차	1	5	10	15	20	25
명목금액(억 원)	6.0	6.0	6.0	6.0	6.0	6.0
실질금액(억 원)	6.0	5.3	4.6	4.0	3.4	3.0

실제로 20년 전과 현재의 물가를 비교해 보면 이러한 사실을 쉽게 이해할 수 있다. 과거에는 1만 원으로도 많은 것을 살 수 있었지만, 지금은 전혀 그렇지 않다. 국밥 한 그릇이 감사할 지경이다. 그렇다면 10년 뒤, 20년 뒤엔 어떨까? 지금은 믿을 수 없겠지

만 3만 원, 5만 원짜리 순대국밥은 디스토피아 SF 소설의 이야기가 아니다. 조만간 마주하게 될 미래다.

따라서 인플레이션을 고려하지 않은 목표설정은 오히려 안정적인 노후준비나 경제적 자유와 더 멀어지게 만들 수 있기에 보수적인 계산과 철저한 준비가 필요하다. 그렇다면 인플레이션을 이길 수 있는 방법은 무엇일까? 바로 장기적으로 인플레이션을 넘어서는 자산에 투자하는 것이다.

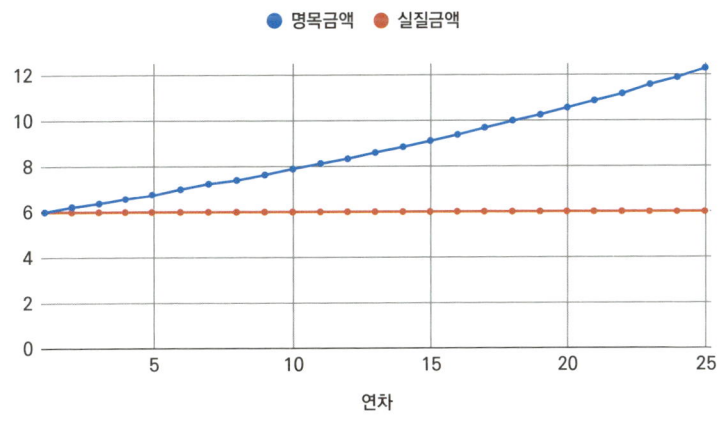

연차	1	5	10	15	20	25
명목금액(억 원)	6.0	6.8	7.8	9.1	10.5	12.2
실질금액(억 원)	6.0	6.0	6.0	6.0	6.0	6.0

물가상승률에 따른 구매력 저하와 구매력 유지를 위한 명목금액

구분		물가상승률 3%		물가상승률 3.5%		물가상승률 4%	
연차	명목금액	실질금액	구매력 유지	실질금액	구매력 유지	실질금액	구매력 유지
1년	1.00	1.00	1.00	1.00	1.00	1.00	1.00
2년	1.00	0.97	1.03	0.97	1.04	0.96	1.04
3년	1.00	0.94	1.06	0.93	1.07	0.92	1.08
4년	1.00	0.92	1.09	0.90	1.11	0.89	1.12
5년	1.00	0.89	1.13	0.87	1.15	0.85	1.17
6년	1.00	0.86	1.16	0.84	1.19	0.82	1.22
7년	1.00	0.84	1.19	0.81	1.23	0.79	1.27
8년	1.00	0.81	1.23	0.79	1.27	0.76	1.32
9년	1.00	0.79	1.27	0.76	1.32	0.73	1.37
10년	1.00	0.77	1.30	0.73	1.36	0.70	1.42
11년	1.00	0.74	1.34	0.71	1.41	0.68	1.48
12년	1.00	0.72	1.38	0.68	1.46	0.65	1.54
13년	1.00	0.70	1.43	0.66	1.51	0.62	1.60
14년	1.00	0.68	1.47	0.64	1.56	0.60	1.67
15년	1.00	0.66	1.51	0.62	1.62	0.58	1.73
16년	1.00	0.64	1.56	0.60	1.68	0.56	1.80
17년	1.00	0.62	1.60	0.58	1.73	0.53	1.87
18년	1.00	0.61	1.65	0.56	1.79	0.51	1.95
19년	1.00	0.59	1.70	0.54	1.86	0.49	2.03
20년	1.00	0.57	1.75	0.52	1.92	0.47	2.11
21년	1.00	0.55	1.81	0.50	1.99	0.46	2.19
22년	1.00	0.54	1.86	0.49	2.06	0.44	2.28
23년	1.00	0.52	1.92	0.47	2.13	0.42	2.37
24년	1.00	0.51	1.97	0.45	2.21	0.41	2.46
25년	1.00	0.49	2.03	0.44	2.28	0.39	2.56

(단위: 억 원)

인플레이션을 이기는 건 주식밖에 없었다

우리가 투자할 수 있는 자산은 매우 많지만 지난 200년의 역사를 돌아봤을 때, 인플레이션을 이기면서도 자산을 크게 성장시킨 것은 주식밖에 없었다. 물론 다른 자산들도 의미가 없는 것은 아니다. 분명 필요에 따라 주식투자의 보조재로 사용할 수는 있다. 그러나 장기적으로 주식이 자산을 늘리는 데에 가장 탁월한 선택이었다는 점은 부인할 수 없을 것이다. 주요 국가들의 공적연금 포트폴리오에도 30%에서 80%에 이르는 상당한 비중이 주식시장에 투자되어 있다.

차트를 하나 소개하려 한다. 나는 이 차트를 특히 좋아한다.

차트를 보면 알 수 있듯이, 주식시장은 여러 경제위기나 변동성에도 불구하고 장기적으로 꾸준히 상승해 왔다. 물론 아무런 어려움 없이 직선으로만 올랐던 게 아니다. 짚고 넘어가자면 그런 투자상품은 세상에 존재하지 않는다. 주식시장은 수없이 많은 등락의 연속이었다. 수년 이상의 강도 높은 하락과 횡보 또한 셀 수도 없이 많았다. 그러나 주식시장은 어떤 경우에도 결국 회복했고, 그 후엔 그 이상의 성장을 이루었다. 확실한 건 단순히 운이 좋아서 200년 이상 꾸준히 상승한 게 아니라는 것이다.

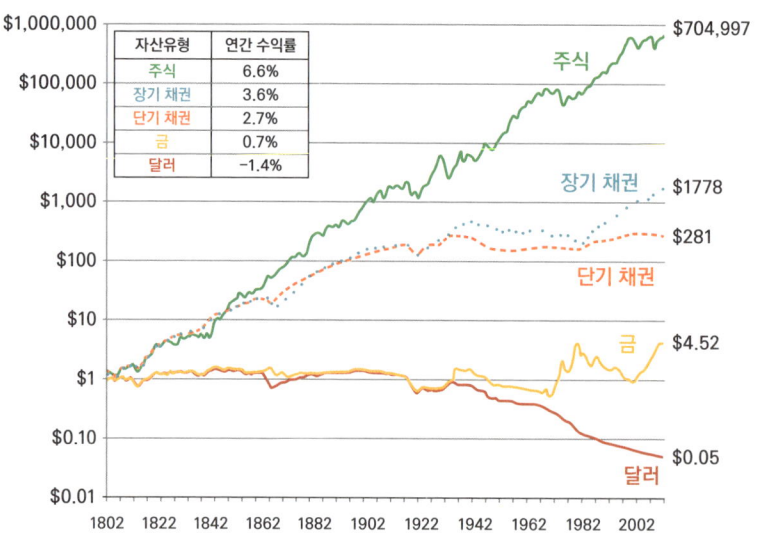

출처: Jeremy Siegel, 'Stocks for Long Run'

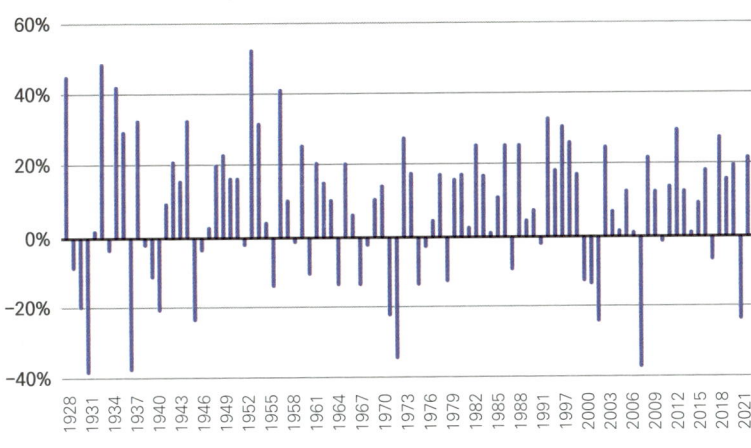

출처: Aswath Damodaran, New York University Stern School of Business

물론 주식이 단기적으로는 변동성이 가장 큰 자산 중 하나일 수 있다. 정확히 말하자면, 주식은 암호화폐 정도를 제외하면 일반인이 투자할 수 있는 상품 중 변동성의 스펙트럼이 가장 넓고, 가장 높은 축에 속한다. 그래서 흔히 위험자산으로 분류된다.

하지만 그건 '단기적'으로 투자하는 사람에게만 해당되는 말이다. 주식을 단기투자로 즐기는 사람들에겐, 모두의 말처럼 아주 위험한 투자상품이 맞다. 하지만 얼마나 위험한지는 선택하기 나름이다. 최소 10~20년 이상의 장기투자를 계획하는 사람들에겐 주식이 예금처럼 안전한 자산으로 변할 수도 있다는 사실을 기억해야 한다. 이 재밌는 부분에 대해선 뒤에서 보다 자세히 다루겠다.

어쨌든 금이나 채권, 부동산 같은 다른 자산들도 투자에서 나름의 역할을 한다. 때로는 이러한 자산들이 요동치는 시장에서 안전한 피난처가 되기도 한다. 또한 부동산의 경우 삶에서 필수라 할 수 있는 거주 안정성이라는 든든한 역할을 수행한다. 그러나 이 자산들은 주식만큼 장기적으로 자산을 불려주지 못한다. 금이나 채권, 부동산은 스스로 부가가치를 만드는 자산이 아니다. 주식처럼 스스로 일하는 자산이 아니라는 것이다. 스스로 일하는 자산은 주식이 유일하다.

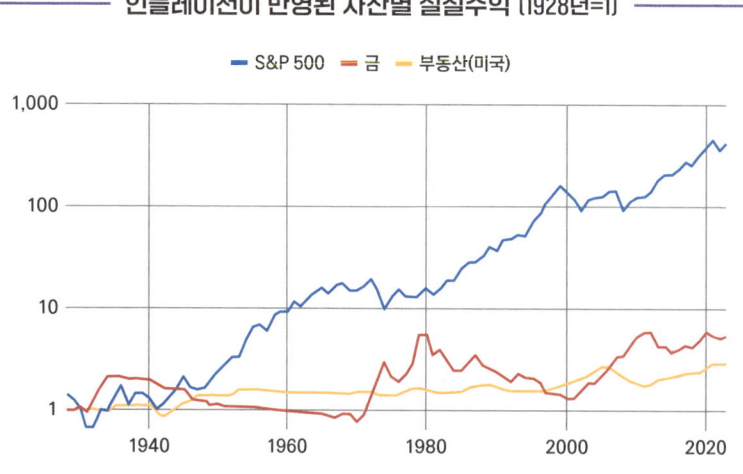

출처: Aswath Damodaran, New York University Stern School of Business

자산별 실질수익 (1928년=1)

연도	S&P500	회사채	단기채	장기채	부동산(미국)	금
1928	1.00	1.00	1.00	1.00	1.00	1.00
1930	1.06	1.15	1.19	1.18	1.02	1.08
1935	1.38	2.12	1.46	1.68	1.07	2.12
1940	1.32	2.84	1.44	2.00	1.12	2.01
1945	2.15	2.98	1.13	1.70	1.19	1.60
1950	2.46	2.54	0.86	1.38	1.38	1.17
1955	6.69	2.71	0.87	1.39	1.60	1.09
1960	9.37	2.73	0.89	1.39	1.52	0.99
1965	16.25	3.27	0.98	1.49	1.51	0.92
1970	15.27	2.77	1.02	1.38	1.51	0.79
1975	12.89	2.79	0.97	1.22	1.41	2.12
1980	15.90	2.31	0.91	0.90	1.59	5.72
1985	24.53	4.24	1.15	1.50	1.56	2.50
1990	37.27	6.09	1.31	1.96	1.68	2.41
1995	69.55	9.75	1.41	2.79	1.57	2.11
2000	141.28	11.90	1.59	3.37	1.85	1.32
2005	127.65	16.67	1.56	3.89	2.69	2.17
2010	128.33	20.96	1.55	4.55	1.89	5.35
2015	214.16	25.77	1.44	5.14	2.18	3.74
2020	391.71	35.13	1.38	5.89	2.65	6.05
2023	441.91	27.80	1.26	4.08	3.01	5.64

출처: Aswath Damodaran, New York University Stern School of Business

반면, 주식은 경제성장과 기업의 혁신을 직접적으로 반영하는 자산이다. 자본주의 체제하에서 많은 기업들은 경쟁과 혁신을 통해 새로운 부가가치을 창출하며, 전체 주식시장의 성장을 이끈다. 기업이 성장하고 경제가 발전하면, 주가는 자연히 상승한다. 이것이 주식이 유일하게 인플레이션을 이길 수 있는 이유다.

결국 앞서 소개한 차트는 우리가 '왜 주식에 투자해야 하는지'를 명확히 설명해 주는 근거라 할 수 있다. 인플레이션은 앞으로도 계속될 것이다. 자산가치를 보호하거나 혹은 늘리기 위해 주식투자는 선택이 아닌 필수다. 유일하게 주식만이 장기적으로 인플레이션을 뛰어넘는 성과를 내왔으며, 앞으로도 그럴 것이다. 따라서 우리가 고민해야 하는 건, 주식투자를 할지 안 할지가 아니다. 그건 이미 결정됐다.

무엇에, 어떻게, 얼마나 오래 투자할지를 고민해야 한다.

돈으로 돈을 버는
방법은 주식밖에 없다

사람마다 돈을 버는 방법은 각양각색이지만, 벌어들인 돈을 굴리는 방법은 생각보다 다양하지 않다. 오히려 매우 명확하다. 흔히 말하는 '자산에 투자한다'는 것은 바로 근로소득이나 사업소득으로 생긴 잔여소득을 자본소득이나 금융소득으로 전환시키는 과정을 의미한다. 자본소득과 금융소득은 내가 직접 일하지 않아도 내 자산이 돈을 벌어주는 소득을 말하며, 대표적으로 부동산, 예금, 채권, 주식 등이 포함된다.

우선 부동산을 살펴보자. 부동산은 많은 사람들이 선호하는 자산투자 방법으로, 집이나 상가 같은 부동산을 사서 다른 사람에게 임대하면 월세나 임대료를 받을 수 있고, 시간이 지나 집값

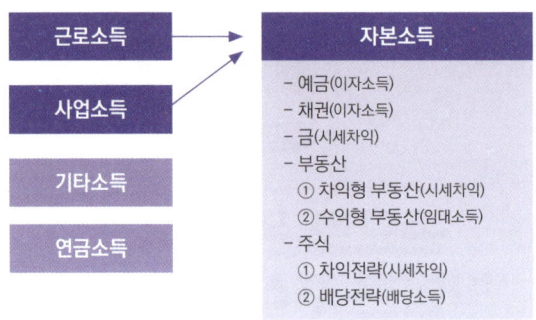

이 오르면 시세차익도 기대할 수 있다. 특히 우리나라에서는 그 간 매우 높은 시세차익을 얻을 수 있었기 때문에 부동산이 가장 안정적이고 수익성 높은 투자자산으로 여겨지곤 한다.

그러나 조금 더 들여다보면, 한국 부동산에 투자하는 것은 결국 동북아시아의 작은 나라 한국, 그중에서도 특정 지역, 또 거기서도 특정 건물에 모든 자산을 몰아넣는 것이다. 이렇게 부동산 투자는 특정 지역, 1개 단위에 투자가 집중되는 특징이 있으며, 본질적으로 최소 단위의 투자금액이 매우 크기 때문에 분산투자˙가 어렵다. 분산이 되지 않는 만큼 부담해야 할 리스크도 커지는 것이다.

● 분산투자

대다수의 부동산 투자자들이 서울, 그중에서도 강남으로 몰리는 것은 매우 합리적인 선택이다. 주식으로 본다면 최상위권 우량주에 투자하는 것과 같다. 분산 없이 딱 1개 종목에 투자해야 한다면, 당연히 별 탈 없는 최상위 우량주를 사는 게 맞다.

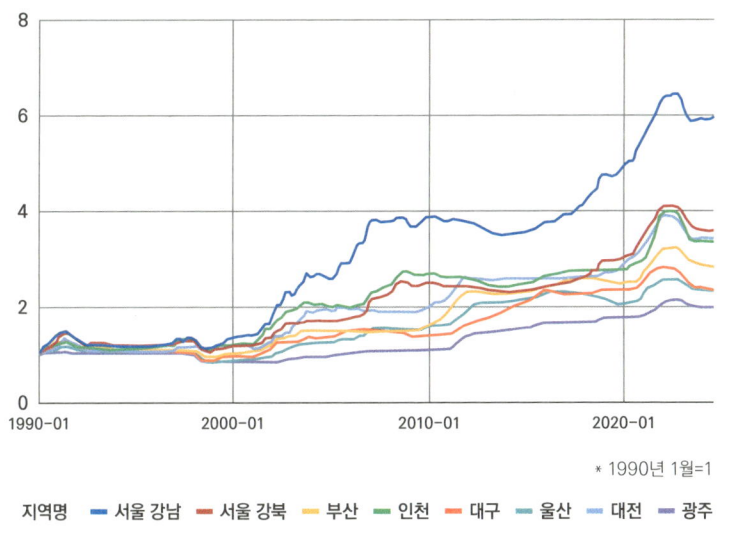

서울 아파트 vs. 비서울 아파트 가격 상승률

출처: KB부동산

따라서 부동산은 안정적인 자산처럼 보일 수 있지만, 사실상 개별 주식과 크게 다르지 않으며 분산되지 않은 채 변동성과 위험을 안고 가는 자산이 될 수 있다. 또한 특정 지역의 경제상황이나 정부의 정책에 크게 좌우된다는 리스크가 있다. 부동산을 투자할 때 수익용, 주거용을 막론하고 지역, 매물을 고르는 스킬이 최우선시 되는 것도 같은 이유다. 특히 보유한 자산이 크지 않다면 더더욱 분산투자가 어렵다. 한 번 고를 때 '인생 한 방'을 걸어야 하는 것이다.

게다가 부동산은 경우에 따라 단순히 사는 걸로 끝나지 않는다. 수익형 부동산의 경우 관리, 임대, 세금 문제까지 추가적인 노력과 노동이 필요하다. 주식과 달리 수익을 내기 위해서는 단순한 투자결정 이상의 노력이 요구된다. 물론 이것도 문제 없이 임대가 유지되고 월세를 받을 수 있다고 가정할 때의 이야기다.

부동산 투자 vs. 배당성장 ETF

한국 상가/건물	vs.	배당성장 ETF
한국 어딘가의 상가/건물	투자대상	전 세계, 선진국 최고의 기업
1개 단일투자	투자범위	100~500개 분산투자
불가능	종목 리밸런싱	연, 분기 단위 종목교체
연 3~6%	배당률	연 3~4%
연 5% 한계	배당성장률	연 10% 내외
1억~10억 원 이상	최소 투자금	1,000원
어려움	거래 용이성	클릭 한 번으로 가능
건물 유지보수 세입자 및 계약 관리	유지관리	없음
어려움 (상권분석+권리분석+경매/공매)	투자 난이도	쉬움 (대표 ETF 2~3개 투자)

물론 부동산은 단순한 투자수단으로만 평가할 수 없는 자산이다. 특히 실거주 목적의 주택은 단순한 경제적 이득을 넘어 중요한 의미가 있다. 경제적 이득을 위한 부동산 투자와 실거주를 위한 주택 마련은 별개의 차원으로 생각하는 것이 좋다. 주거안정은 개인과 가족의 삶의 질을 높이는 중요한 역할을 한다. 따라

서 실거주를 위한 부동산 구입은 고민할 필요가 없다. 스스로 필요하다고 생각된다면 사는 게 맞다. 개인적으로 실거주 한 채는 언제나 옳은 선택이라 생각한다.

다음으로 예금과 채권을 살펴보자. 은행에 돈을 맡기면 이자를 받는데, 그 이자가 바로 예금을 통한 금융소득이다. 채권도 비슷한 원리로, 기업이나 정부에 돈을 빌려주고 이자를 받는 방식이다. 예금과 채권은 수익의 변동폭이 작고 비교적 안전하다는 장점이 있다.

출처: 한국은행

예금과 채권은 전통적으로 안정적인 투자수단으로 여겨져 왔다. 그러나 이들의 문제는 수익률이 높지 않다는 점이다. 특히 인플레이션을 감안하면, 예금이나 채권의 이자로는 실질적인 수익을 내기 어렵다. 요즘처럼 물가가 계속 오르는 시대에는 은행에 돈을 넣어두는 것만으로는 돈의 가치를 지키기 어렵다. 채권도 비슷한 상황이다. 따라서 예금과 채권은 돈을 '안전'하게 지키는 데는 유용할 수 있지만, 자산을 '불리기'에는 한계가 있는 투자 수단이다. 예금과 채권은 스스로 일하는 자산으로 보기 어렵다.

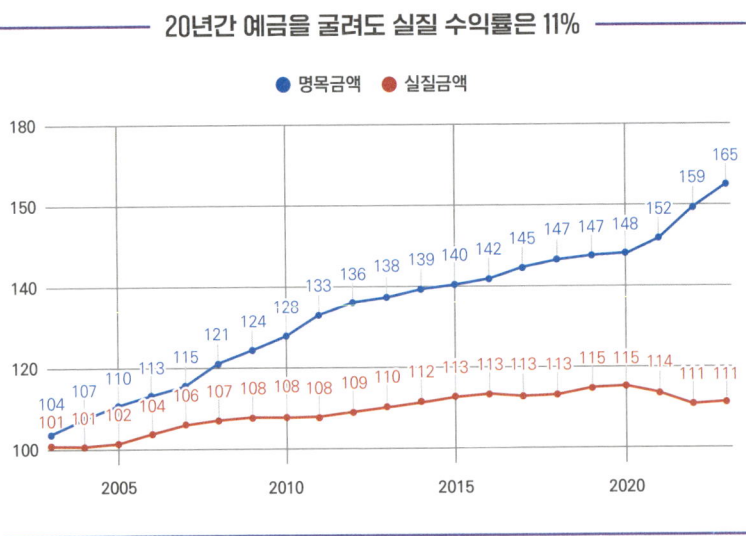

출처: 한국은행

반면 주식은 다르다. 부동산처럼 특정 지역이나 매물에 묶이지 않으며, 클릭 한 번으로 수백 개에 달하는 기업에 분산하여 투자할 수 있다. 예금이나 채권처럼 수익률이 낮지도 않으며, 귀찮은 운영이나 노동에 대한 부담도 없다. 특히 ETF와 같은 투자 방식이 그렇다. 생각해 보자. 서울, 개중에 강남에서도 핵심 아파트 수십 곳에 분산해서, 그것도 1,000원부터 투자할 수 있다면 어떨까? 이것이 주식, 특히 ETF 투자의 가장 큰 장점 중 하나다.

지난 200년의 역사가 증명하듯 주식은 인플레이션을 이기는 유일한 자산이다. 특히 적절히 분산된 ETF에 투자한다면 개별 종목의 리스크를 줄이면서 전체 시장의 상승에 따른 수익을 누릴 수 있다. 물론 주식도 단점이 있다. 유일한 단점은 단기적, 중기적 하락이나 횡보가 항상 발생한다는 점이다. 주식은 변동성이 크기 때문에 단기적으로 투자한다면 크게 손실을 보거나, 경우에 따라 예금, 채권보다도 못한 경우도 심심치 않다. 하지만 장기적으로 보면 주식시장은 항상 회복하고 꾸준히 상승해 왔다. 역사적으로 그러했고, 자본주의 체제가 유지되는 한 앞으로도 그럴 가능성이 높다. 결국 주식은 단기적인 변동성을 견뎌낼 수만 있다면, 장기적으로 가장 높은 수익을 기대할 수 있는 투자수단이라고 정리할 수 있다.

3부 미국 주식 ETF에 투자해야 하는 이유

인생을 바꾸는 최고의 ETF

주식이 계속
우상향하는 이유

주식시장은 역사적으로 꾸준히 우상향했다. 이러한 성과를 바탕으로 많은 사람들이 이런 질문을 던진다. "그렇다면 미래에도 주식시장이 계속 우상향할 것인가?"

얼마나 오를지를 묻는다면, 이에 대한 답은 단순하지 않다. 앞으로의 주식시장이 과거와 동일하게 오를 수도 있고, 아닐 수도 있다. 시기적으로 경제상황, 기업의 성과, 기술혁신 등 다양한 내외재적인 요인에 영향을 받을 수 있기 때문이다.

하지만 "오르냐, 내리냐?"를 묻는다면 확실히 대답할 수 있다. 오른다. 앞으로도 꾸준히 오른다. 과거에 그랬던 것처럼. 특히 다른 자산들에 비해 장기적으로 더 많이 오를 가능성이 크다. 그 이유를

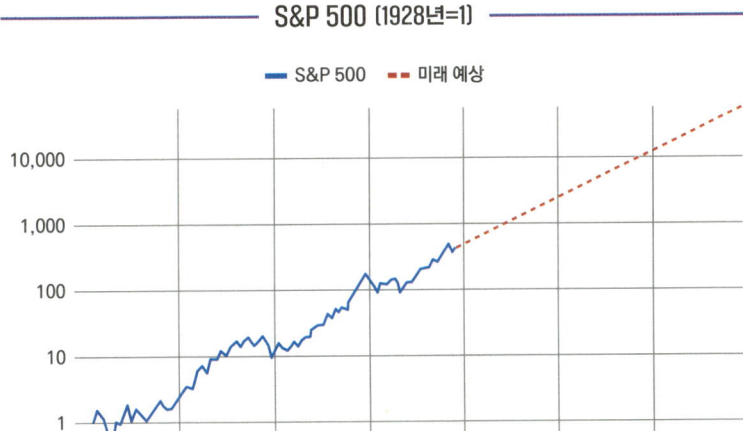

출처: Aswath Damodaran, New York University Stern School of Business

살펴보자(여기서 인플레이션에 따른 상대적 상승효과는 고려하지 않겠다).

많은 이들이 주식을 마치 "마법의 무언가"로 오해하곤 한다. 그러나 주식시장의 상승은 단순히 운이나 투기적 요소에 의해 만들어지는 것이 아니다. 많은 이들이 잊고 있지만, 주식시장과 주가의 흐름 뒤에는 세계 최고의 인재, 세계 최고의 기술, 그리고 세계 최고의 노력이 있다.

심지어 지금 당신이 지하철에서, 카페에서, 혹은 침대에 누워서 이 책을 읽고 있는 순간에도, 수십만 혹은 수백만 명 이상의 기업 임직원이 각자의 분야에서 세계 최정상을 차지하기 위해 온 힘을 짜내고 있다. 그리고 놀라운 점은 당신이 한푼의 돈이라도 투자를 시작하는 순간 세계 최고의 공학자, 경영자, 개발자, 홍보

2025년 4월 기준 나스닥 상위 10개 기업과 임직원 수

순위	기업명(티커)	임직원 수
1	Apple (AAPL)	약 164,000명
2	Microsoft (MSFT)	약 221,000명
3	NVIDIA (NVDA)	약 26,000명
4	Amazon (AMZN)	약 1,500,000명
5	Alphabet (GOOGL)	약 190,000명
6	Saudi Aramco (2222.SR)	약 79,000명
7	Meta Platforms (META)	약 86,000명
8	Berkshire Hathaway Inc. (BRK-B)	약 372,000명
9	TSMC (TSM)	약 65,000명
10	Tesla (TSLA)	약 140,000명

출처: Companiesmarketcap

담당자들이 당신을 위해 일해준다는 사실이다. 얼굴도 모르는 사람이 나를 위해 일해준다는 말이 다소 부자연스럽게 들릴 수 있겠지만, 실제로 기업의 목적은 주주의 이익창출이다.

주가가 꾸준히 상승하는 이유는 바로 이런 기업들이 실제로 매출과 순수익을 지속적으로 늘려왔기 때문이다. 그리고 우리가 바라보는 주가라는 것은 그 기업들이 창출한 부가가치와 실적이 시장에서의 평가가치에 따라 일정한 숫자로 반영되었을 뿐이다. 주식시장은 이 부분에서 금, 원자재, 채권과 같은 자산과는 본질적으로 다르다. 주식은 기업의 실질적인 가치창출과 혁신에 기반을 두고 있기 때문이다.

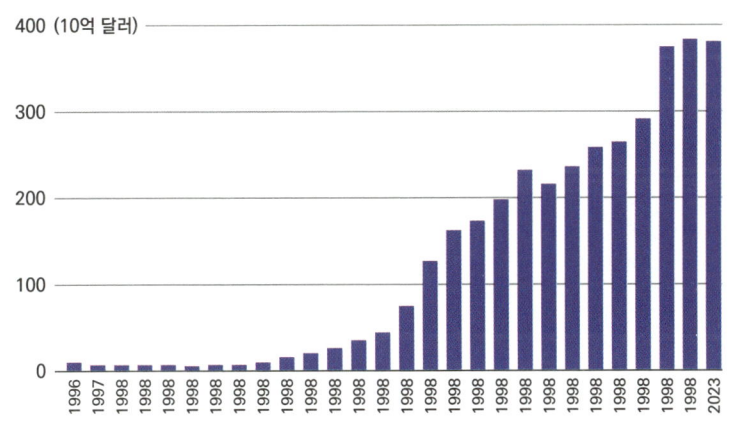

출처: Apple

오히려 진짜 '마법의 무언가'가 있다면, 그것은 단순히 '주식'이 아니라 S&P500과 같은 '로직'일 것이다. 이 지수는 자본주의 내에서 세계 최고의 기술, 혁신 혹은 사업 운영의 정점을 가진 최상위 기업들을 매번 자동으로 선별해 준다. 이러한 구조 덕분에 투자자는 최상위 기업들에 대한 투자를 놓치지 않고 지속적으로 시장의 성과를 따라갈 수 있다. S&P500에 포함된 기업들은 그 시점에서 가장 강력한 성과를 보여주는 기업들로 구성되며, 시장에서 도

● **마법의 무언가**

그것은 ETF다. 거의 무료에 가까운 수수료로 클릭 한 번만 하면 세계 최고의 기업 100개 혹은 500개에 손쉽게 투자할 수 있다. S&P500과 같은 전통적인 시장지수를 포함해 투자자의 취향에 맞게 여러 로직을 선택할 수 있다. 이러한 ETF는 분산된 포트폴리오를 통해 개별 기업으로 인한 위험을 최소화하면서 시장 전체의 성장을 누릴 수 있는 기회를 제공한다. 이는 일반 투자자들이 세계 경제의 성장에 참여할 수 있는 가장 효율적인 방법 중 하나다.

태된 기업들은 자연스럽게 제외된다. 이러한 기업들의 생존경쟁은 아마존의 정글 생태계와 크게 다르지 않을 것이다. 오히려 더 잔인하고, 치열하게 고도화된 환경에 가깝다.

아마존 정글 혹은 지구 생태계에서 가장 강력한 생명체는 무엇일까? 어렵지 않은 질문이다. 그저 어떤 식으로든 지금 이 순간에도 살아남은 녀석들이다. 어제도 살아있었고, 내일도 살아있을 생명체들 말이다. 5억 년, 10억 년 후에 인간과 박테리아 중 살아남아 있을 확률이 누가 더 높을까? 개인적으로는 박테리아에 한 표를 던진다. 강해서 살아남는 게 아니라, 살아남았기 때문에 강한 것이다. 다시 말해, 이러한 로직을 통해 투자한다는 것은 미친 듯이 치열한 생태계에서 살아남은 최강의 종들에게만 투자하는 것과 같다.

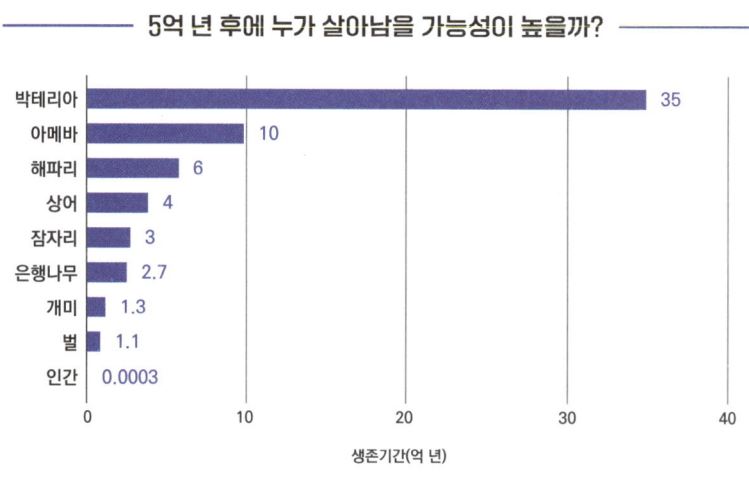

5억 년 후에 누가 살아남을 가능성이 높을까?

S&P500에 투자하는 것도 이와 같다. 아주 간단한 자정작용으로 끊임없이 최고의 기업들만 남도록 필터링이 이루어진다. 세계 경제의 성장과 혁신을 나의 자산으로 만드는 가장 쉽고 효과적인 방법인 것이다. 진흙탕 물도 하루 이틀 지나면 탁한 것은 가라앉고 맑은 물만 떠오른다. S&P500과 같은 ETF들은 매년 혹은 매 분기별로 맑은 물만 걸러준다. 우리는 떠서 마시기만 하면 된다.

특히 S&P500과 같은 로직에 포함된 기업들은 단순한 경제적 성공을 넘어서 인류의 기술, 지식, 혁신의 정점을 상징한다. 한 번 생각해 보자. 인류 최고의 기업을 매년 혹은 분기 단위로 100개, 500개를 뽑는데 그들이 성장하지 못한다? 이건 단지 경제적 어려움이 아닌 인류의 퇴보, 나아가 문명의 위기를 의미할지도 모른다. 자본주의 시스템과 기술발전 혹은 사회, 정치 전반에 심각한 문제가 생겼다는 것이다. 이러한 시장 대표 지수에 대한 장기적 숏 포지션(하락 예상)은 사실 인류의 파멸을 기대하는 것과 크게 다르지 않다.

주식시장의 성장이 멈추지 않는 이유는 자본주의가 유지되는 한 기술과 산업이 계속 발전할 것이기 때문이다. 만약 아래 내용에 동의한다면, 장기 우하향에 올인하자. 동의할 수 없다면 주식투자를 하지 않을 이유가 없다.

- **반도체 회사:** 반도체 성능이 더 이상 발전하지 않는다.

- **제약 회사:** 암, 치매, 루게릭병과 같은 난치병을 더 이상 정복하지 못한다.
- **통신 회사:** 5G 이상의 통신 기술이 개발되지 않는다.
- **인공지능 회사:** 인공지능의 성능이 더 이상 개선되지 않는다.
- **자동차 회사:** 전기차 기술이 더 이상 발전하지 않는다.
- **배터리 회사:** 배터리 성능이 더 이상 발전하지 않는다.
- **게임 회사:** 그래픽 기술이 더 이상 향상되지 않는다.
- **가전 회사:** 더 이상 혁신적인 가전을 내놓지 못한다.
- **신소재 회사:** 새로운 고성능 소재가 더 이상 나오지 않는다.
- **우주항공 회사:** 민간 우주여행, 우주탐사 기술이 더 이상 진보하지 않는다.
- **생명공학 회사:** 유전자 치료기술이 더 이상 발전하지 않는다.
- **대체육 회사:** 대체육의 맛, 식감이 더 이상 개선되지 않는다.
- **디스플레이 회사:** 고화질 디스플레이 기술이 더 이상 발전하지 않는다.
- **환경기술 회사:** 탄소 포집 및 재활용 기술이 한계에 도달한다.

다시 정리해 보자. 앞으로 주식시장이 얼마나 오를까? 이것은 누구도 정확히 예측할 수 없다. 그러나 확실한 것은 자본주의가 자리 잡은 이후로 인류 최고의 기업들은 지속적으로 성장해 왔다는 점이다. 기술과 산업의 발전이 멈추지 않는 한, 주식시장의 성장도 계속될 것이다. 이는 자본주의가 추구하는 끊임없는 경쟁과 혁신의 결과다. 자본주의 시스템이 유지되는 한, 주식시장은 단기적인 변동을 겪더라도 장기적으로 우상향할 가능성이 높다.

결국 주식시장, 그중에서도 최상위 기업들에 대한 투자는 단순히 자산을 증대시키는 것을 넘어 인류의 미래와 진보에 대한 투자이기도 하다. 자본주의는 본질적으로 끊임없는 경쟁과 혁신을 기반으로 작동하는 시스템이다. 따라서 이러한 메커니즘이 유지된다면 매번 살아남은 기업들은 그 이전보다 강할 수밖에 없는 법이다. 이 사실을 기억한다면, 단기적인 시장 변동에 휘둘리지 않고, 장기적인 관점에서 투자를 지속할 수 있을 것이다.

한국 주식에 투자하지 않는 이유

나는 한국 주식에 투자하지 않는다. 내가 한국 주식에 투자하지 않는 이유는 간단하다. 글로벌 시장에서 최고인 기업에 투자할 수 있는 기회를 갖고 있기 때문이다. 왜 굳이 반 1등, 전교 1등에 집착하는가? 전 세계 1등에 투자하면 된다.

반 1등 < 전교 1등 < 대한민국 1등 < 아시아 1등 < 전 세계 1등

세계에는 경쟁력 있는 수많은 기업들이 존재한다. 물론 한국에도 뛰어난 기업이 많지만, 글로벌 시장과 비교했을 때 그 선택지가 제한적일 수밖에 없다. 특히 한국 주식시장의 경우, 성과의 문제를 떠나서 애초에 뿌리부터 병들어 있다.

한국 기업들의 악질적인 관습이나 경영방식에 대해서는 굳이 언급하지 않아도 될 정도로 잘 알려져 있다. 기업의 지배구조 문제나 주주친화적이지 않은 경영관행은 한국 주식시장의 고질적인 문제로 꼽힌다.

대표적으로 주주환원율을 살펴보면, 한국의 주주환원율은 28% 수준으로 무려 공산주의 국가인 중국의 31%보다 낮다. 어떤 기업이 주주에게 이익을 돌려주지 않는다면, 굳이 투자를 해서 주주가 되어야 할 이유가 없다. 투자하는 사람이 더 이상한 사람인 것이다. 반면 미국의 주주환원율은 90%에 가깝다(한국경제, 2023.02.10.). 이렇게 정상적인 곳을 두고, 굳이 이상한 시장에 투자할 이유가 도대체 무엇인가?

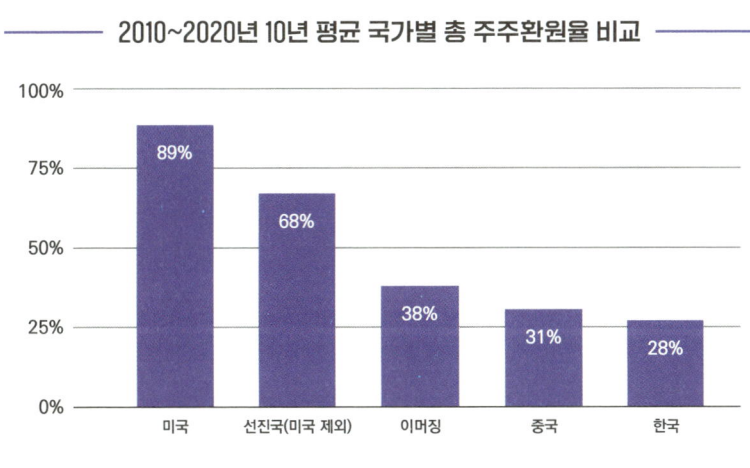

2010~2020년 10년 평균 국가별 총 주주환원율 비교

하지만 이러한 문제들을 차치하더라도(이 문제들에 대해 더 이상 지면을 할애할 이유가 없다) 단순한 투자논리만으로도 한국 주식보다 더 나은 선택지가 존재한다. 글로벌 시장으로 눈을 돌리면, 훨씬 더 다양한 기회가 열려 있다. 꼭 한국이 아니더라도 특정 국가로 필터링을 제한하는 순간 스스로 우물 안에 들어가기를 자처하는 꼴이다. 특히나 그 국가가 미국이 아니라면, 대부분 골목대장, 반 1등만 찾게 될 가능성이 높다. 상대적으로 좁은 국내에서 기업을 고를 이유가 없다. 경쟁이 치열한 세계 무대에서 최고인 기업을 찾는 것이 더 많은 이익을 가져다줄 가능성이 높다.

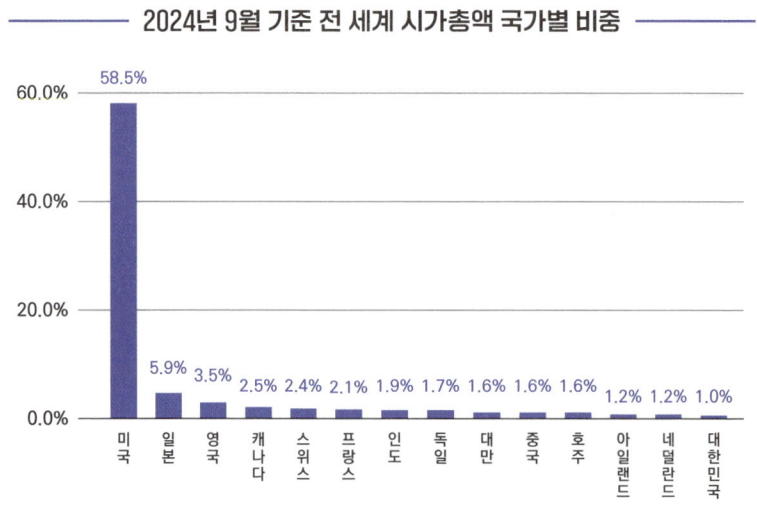

출처: Vanguard

쉽게 설명하자면 인터넷 쇼핑몰, 이마트, 코스트코 같은 다양한 선택지가 있는 상황에서 굳이 집 앞 편의점에서만 고품질, 최저가의 상품을 찾을 필요가 없다는 것이다. 심지어 투자는 편의점에 가는 것보다 훨씬 간편하다. 스마트폰 클릭 몇 번이면 세계 최고의 투자처 쇼핑을 할 수 있다. 하지만 국내의 많은 투자자들은 그저 친근하다는 이유로 일생일대의 거대한 쇼핑을 집 앞 편의점에서 마치려고 한다. 세상에나! 간단히 생각해 봐도, 정말 말이 안 되는 무책임한 이유다.

2024년 12월 20일 기준 전 세계 주요 업종별 시가총액 순위

순위	AI	반도체	자동차	항공	제약	음료	은행
1위	애플	엔비디아	테슬라	델타항공	일라이릴리	코카콜라	JP모건체이스
2위	마이크로소프트	브로드컴	도요타	유나이티드항공	노보노디스크	구이저우마오타이	뱅크오브아메리카
3위	엔비디아	TSMC	BYD	라이언에어	존슨앤존슨	펩시코	ICBC
4위	알파벳(구글)	ASML	샤오미	인디고항공	애브비	펨사	중국농업은행
5위	메타(페이스북)	삼성전자	포르쉐	사우스웨스트항공	머크	안호이저-부시	웰스 파고
6위	테슬라	AMD	메르세데스벤츠	에어차이나	로슈	스타벅스	중국건설은행
7위	IBM	텍사스인스트루먼트	포르쉐	IAG	아스트라제네카	우량예이빈	모건스탠리
8위	어도비	퀄컴	제너럴모터스	터키항공	노바티스	디아지오	중국은행
9위	팔란티어	ARM홀딩스	BMW	중국남방항공	화이자	농푸산취안	골드만삭스
10위	다이나트레이스	어플라이드머티리얼즈	폭스바겐	싱가포르항공	암젠	몬스터베버리지	HSBC
...	...	...	...	...	...	...	...
10위 초과	없음	17위 SK하이닉스	16위 현대자동차	23위 대한항공	31위 셀트리온	68위 하이트진로	98위 KB금융

출처: Companiesmarketcap

먼저 반도체를 보자. 엔비디아, TSMC, 브로드컴, ASML 등을 모두 제치고 삼성전자에만 투자해야 할 이유를 생각해 보자. 다음은 자동차다. 테슬라, 도요타, BYD, 페라리, 포르쉐, 벤츠를 모두 무시하고 현대자동차에만 투자해야 하는 이유를 생각해 보자. 마지막으로 은행이다. JP모건, 뱅크오브아메리카, 모건스탠리를 제쳐두고 KB금융에만 투자해야 하는 이유를 생각해 보자. 이유가 떠오르는가? 그럴 리가 없다. 합리적으로 볼 때 아무 이유가 없다. 친근하다는 것 외에는 말이다.

- 전 세계 최상위 기업들에 분산투자 vs. 한국 기업 개별투자
- 애플+엔비디아+TSMC+브로드컴+ASML vs. 삼성전자
- 테슬라+도요타+BYD+페라리+포르쉐+벤츠 vs. 현대자동차
- 코카콜라+펩시코+마오타이+스타벅스+디아지오 vs. 하이트진로
- 일라이일리+노보노디스크+존슨앤존슨+암젠+화이자 vs. 셀트리온

물론 한국 주식시장에도 매력적인 기업들이 많다. 하지만 성장의 기회가 상대적으로 제한적일 가능성이 높다. 글로벌 시장의 경쟁력 있는 기업들과 비교했을 때, 한국 기업들의 규모나 성장 잠재력은 상대적으로 작은 편이다. 특히 한국의 최고 기업들은 특정 산업군에 편중된 경향이 강하기 때문에, 한국 기업에 집중된 투자는 투자 포트폴리오의 안정성 측면에서도 취약할 수밖에 없다.

출처: YahooFinance

지금은 글로벌 시장에 대한 접근성이 매우 용이한 시대다. 다양한 국가와 산업에 투자할 수 있는 ETF나 글로벌 자산에 손쉽게 투자할 수 있는 플랫폼들도 늘어나고 있다. 시야를 조금만 넓혀서 생각하자. 최고의 기업을 찾았는데 그게 한국 기업일 수는 있다. 하지만 굳이 한국 기업 중에서만 최고의 기업을 찾을 이유는 없다. 세상은 넓고, 좋은 기업은 많다. 반 1등, 전교 1등 말고, 전 세계 1등●에 투자하자. 그리고 전 세계 1등 기업들은 대부분 미국 주식시장에 상장되어 있다.

반면 글로벌 시장으로 눈을 돌리면 여러 분야에서 혁신을 이끄는 기업들, 대규

● 세계적 기업

2025년 4월 기준 전 세계 시가총액 100위 안에 들어가는 한국 기업은 삼성전자(38위) 밖에 없다. 한국 기업에만 투자한다는 건, 세계에서 가장 큰 기업 100곳 모두를 투자대상에서 제외한다는 말과 같다.

2025년 4월 기준 전 세계 시가총액 순위

순위	기업명	시가총액(달러)	국가
1	애플	3조 3,520억	미국
2	마이크로소프트	2조 8,410억	미국
3	엔비디아	2조 6,870억	미국
4	아마존	2조 360억	미국
5	알파벳(구글)	1조 9,240억	미국
6	사우디아람코	1조 7,260억	사우디아라비아
7	메타(페이스북)	1조 4,840억	미국
8	버크셔해서웨이	1조 1,500억	미국
9	TSMC	8,746억	대만
10	테슬라	8,635억	미국
11	브로드컴	7,923억	미국
12	일라이릴리	7,230억	미국
13	월마트	7,121억	미국
14	JP모건체이스	6,813억	미국
15	비자	6,681억	미국
16	텐센트	5,903억	중국
17	엑슨모빌	5,165억	미국
18	마스터카드	5,000억	미국
19	유나이티드헬스	4,785억	미국
20	코스트코	4,234억	미국
...	...	...	...
38	삼성	2,639억	대한민국
...	...	...	...
195	램리서치	934억	미국
196	RELX	934억	영국
197	SK하이닉스	931억	대한민국

출처: Companiesmarketcap

모 성장을 기대할 수 있는 기업들이 즐비하다. 분야별로 1, 2등 기업에만 투자해도 수백 개가 넘는 기업에 분산투자할 수 있다. 그러고도 한국 기업에 대한 투자가 못내 아쉽다면, 글로벌 기업과 함께 일정한 비중을 정해서 투자하면 된다.

액티브 투자하지 않는 이유

보통 액티브 투자란 성장가능성이 높은 개별 주식을 직접 선별해 투자하거나, 시장의 상승과 하락을 예측하고 이를 활용해 수익을 내는 방식(마켓 타이밍)을 말한다.

그런데 이상하게도 주식을 처음 시작하는 사람들이 주로 이 액티브 투자에 도전한다. 많은 이들이 직접 개별주를 선별하고, 시장 예측하기를 좋아한다. "그 유명한 S&P500 수익률이 겨우 연 10%밖에 안 돼?"라면서 말이다. 물론 인정한다. 처음엔 누구나 그렇다. 투자를 처음 시작할 때, 누구나 S&P500쯤은 쉽게 이길 것이라 생각한다. 아마 대부분의 사람들이 몇 개의 개별주식이나 레버리지 ETF를 몇 번 사고팔면서 최소 30% 이상 벌기

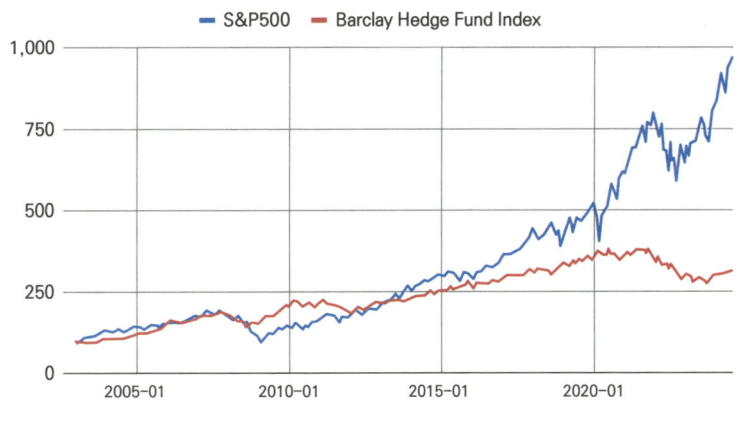

를 꿈꿨을 것이다.

그러나 세계 최고의 액티브 펀드조차 장기적으로 S&P500을 이기지 못하고 있다는 사실을 알고 있는가? 월가에서 활동하는 액티브 펀드 매니저들은 투자에 대해선 세계 최고의 역량을 갖춘 사람들이다. 투자에 관한 질적, 양적 지식과 경험치가 세계 최고 수준에 다다른 사람들도 S&P500을 이기기 어렵다는 것이다. 심지어 '투자의 전설' 워런 버핏의 연평균 수익률조차 20% 내외라는 사실을 생각해 보면, 액티브 투자를 꿈꾸는 대부분의 사람들은 자신이 기대하는 수익률이 얼마나 비현실적인지를 깨달을 필요가 있다.

2007년, 워런 버핏은 10년간 S&P500 인덱스 펀드가 고액의 수수료를 받는 헤지펀드들보다 더 높은 수익을 낼 것이라고 내기를 걸었다. 상대는 'Protégé Partners'라는 헤지펀드 회사였고, 그들은 5개의 펀드를 선택해 S&P500과 성과를 비교했다. 첫해인 2008년에는 헤지펀드가 우세했지만, 그 이후 9년간 S&P500이 꾸준히 더 나은 성과를 보였다. 결국 버핏은 내기에서 승리했고, 상금 100만 달러는 자선단체에 기부되었다. 이 내기는 간단한 방법의 패시브 투자를 꾸준히 했을 때 액티브 펀드들을 능가할 수 있음을 보여준 상징적인 사건이다.

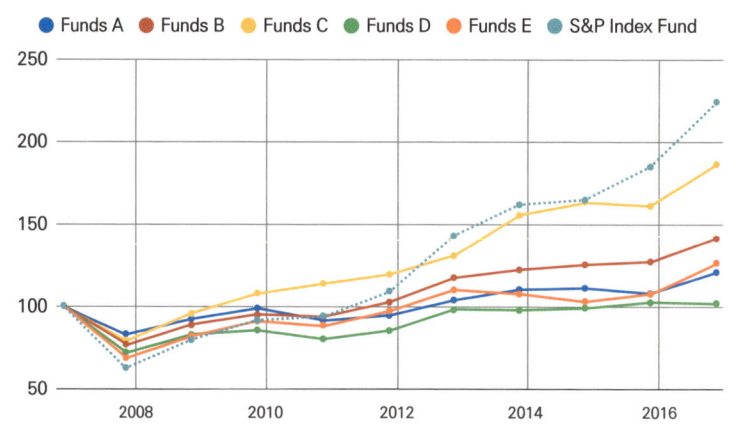

워런 버핏의 내기: S&P500 vs. 헤지펀드 (2007년=100)

출처: Berkshire Hathaway

연도	Fund-of-Funds A	Fund-of-Funds B	Fund-of-Funds C	Fund-of-Funds D	Fund-of-Funds E	S&P Index Fund
2008	-16.5%	-22.3%	-21.3%	-29.3%	-30.1%	-37.0%
2009	11.3%	14.5%	21.4%	16.5%	16.8%	26.6%

2010	5.9%	6.8%	13.3%	4.9%	11.9%	15.1%
2011	-6.3%	-1.3%	5.9%	-6.3%	-2.8%	2.1%
2012	3.4%	9.6%	5.7%	6.2%	9.1%	16.0%
2013	10.5%	15.2%	8.8%	14.2%	14.4%	32.3%
2014	4.7%	4.0%	18.9%	0.7%	-2.1%	13.6%
2015	1.6%	2.5%	5.4%	1.4%	-5.0%	1.4%
2016	-3.2%	1.9%	-1.7%	2.5%	4.4%	11.9%
2017	12.2%	10.6%	15.6%	N/A	18.0%	21.8%
총 수익률	21.7%	42.3%	87.7%	2.8%	27.0%	125.8%
연평균 수익률	2.0%	3.6%	6.5%	0.3%	2.4%	8.5%

● **워렌 버핏의 2017년 연례 서한 중**

이 내기는 우리에게 중요한 투자교훈을 일깨우줍니다. 시장은 대체로 합리적이지만, 때때로 말도 안 되는 일을 저지르곤 한다는 겁니다. 우리에게 주어진 기회를 잡기 위해선 뛰어난 지능이나 경제학 학위, 혹은 알파나 베타 같은 월스트리트 용어를 알 필요도 없습니다. 그 대신 투자자에게 필요한 것은 대중의 두려움이나 광기에 휘둘리지 않고, 몇 가지 기본원칙에 집중하는 능력입니다. 오랜 시간 평범해 보이기를 기꺼이 감수하거나, 심지어는 어리석어 보이는 것도 필수적입니다. 크고 쉬운 결정만 고수하시고, 과도한 행동을 피하세요. 10년간의 내기 동안, 200명 이상의 헤지펀드 매니저들이 수만 번의 매매 결정을 내렸을 것입니다. 대부분의 매니저들은 각 결정을 아주 신중히 고민하고, 그것이 유리한 결정이라고 믿었겠지요. 그들은 투자과정에서 10-K 보고서를 연구하고, 경영진과 인터뷰하며, 무역저널들을 읽고, 수많은 월스트리트 분석가들과 협의했을 겁니다.

따라서 액티브 투자를 하겠다는 것은 쉽게 말해 S&P500을 상대로 장기적으로 이겨보겠다는 말이다. 그리고 이는 사실상 월가의 천재들과 워런 버핏을 상대로 결투를 신청하는 것과 같다. 꽤 야심 찬 목표지 않은가? 세계 최고에 도전한다는 의미이니 그리 가벼운 도전장은 아닌 것이다.

이 재미있는 상황은 메타인지적인 관점에서 중요한 시사점을 제공한다. 메타인지란 자신이 할 수 있는 것과 할 수 없는 것을 명확히 구분할 수 있는 능력이다. 그리고 수 많은 투자자들에게 부족한 능력이 바로 메타인지 능력이다. 이제 메타인지를 활용해 냉정하게 생각해 보자. 당신은 세계 최고의 인재들이 가득 찬 액티브 펀드를 이길 수 있는가? 월가의 천재들을 능가하고, 워런 버핏보다 더 나은 성과를 낼 수 있는가? 그들보다 재무재표와 기업의 가치를 더 잘 분석할 자신이 있는가?

이런 질문에 답하기 어렵다면, 조금 더 일상적인 예시로 접근해 보자. 당신은 달리기 선수처럼 100미터를 10초 안에 달리거나, 풀코스 마라톤을 2시간 만에 완주할 수 있는가? 안타깝게도, 바로 이 목표가 지금 수 많은 액티브 투자자들이 도전하고 있는 과제다. 그리고 이 글을 읽고 있는 대부분의 사람들은 그 목표에 도달하지 못할 가능성이 크다. 만약 그런 능력이 있었다면, 이미 워런 버핏보다 더 유명해졌을 것이다. 도전하려는 의지를 꺾으려는 건 아니다. 다만 여러분이 그 시간과 에너지를 더 가치 있고 효율적으로 사용하길 바랄 뿐이다.

메타인지가 잘 작동한 예시	
나 vs. 초고빈도(UHFT) 매매 알고리즘	절대 못 이긴다
나 vs. 월스트리트 헤지펀드 매니저	절대 못 이긴다
나 vs. 투자은행 애널리스트	절대 못 이긴다

나 vs. 워런 버핏	절대 못 이긴다
나 vs. 우사인 볼트(100m 9.58초)	절대 못 이긴다
나 vs. 킵초게(마라톤 2시간 1분 9초)	절대 못 이긴다
메타인지가 잘못 작동한 예시	
나 vs. S&P500(연 수익률 8~10%)	이건… 내가 이길 것 같은데?

만약 정말 시장을 이기고 싶다면, 그동안 꾸준히 시장을 이겨 왔던 워런 버핏에게 투자하는 것도 하나의 방법이다. 버크셔해서웨이에 투자하면 '그' 워런 버핏이 대신 투자를 해준다(2025년 5월 버핏은 회장직 은퇴를 준비하고 있으며 은퇴 후에도 여전히 회사에 남아 있을 것이라 밝혔다). 전교 1등도 아니고, 전국 1등도 아니고, 지구라는 행성에서 최고의 실력자로 검증된 투자자가 당신을 위해서 대신 투자해 준다. 그것도 거의 공짜로 말이다! 굳이 직접 투자를 하겠다고 시간을 쓸 이유가 없는 것이다. 일종의 분업이라고 생각하자. 가전제품 설치부터 주식투자까지, 전문가가 괜히 있는 게 아니다. 투자는 전문가에게 맡겨놓고 나가서 운동을 하는 편이 훨씬 효율적이다.

그래도 아쉽다면, 당신의 투자인생에 도움이 될 더 좋은 제안이 있다. 주식 앱을 통해서 계좌를 2~3개 만들어보자. 계좌를 여러 개 만드는 건 어렵지 않다. 하나는 내가 직접 투자하고, 다른 하나는 S&P500과 같은 주요 지수 ETF에, 나머지 하나는 버크셔해셔웨이에 투자한다. 몇 년이 지나서 계좌 3개의 성과를 비

교해 보자. 수년이 지나고도 내 투자가 가장 좋은 성과를 보였다면 액티브 투자를 계속하자. 최소한 3년에서 5년 이상 S&P500과 워런 버핏의 성과를 뛰어넘을 수 있다면 액티브 투자를 계속해도 좋다고 생각한다.

그런데, 못 이길 것이다. 그래도 괜찮다. 당신이 100미터를 10초 안에 뛰지 못했다고 해서 당신을 욕할 사람은 없다. 당신 또한 당신의 분야에선 전문가일 것이다. 아쉽게도 그게 투자가 아니었을 뿐. 늦게라도 그 사실을 깨달았다면 최소한 인생에서 손해는 아니다. 그러니 나는 나의 인생, 나의 본업에 집중하고 투자는 잘하는 사람에게 맡기자.

결국 미국 주식 ETF만 한 것이 없다

왜 미국, 주식, ETF인가? 지금까지 살펴본 내용을 한 번 정리해 보자.

왜 미국에 투자해야 하는가?

미국에 투자해야 하는 이유는 미국의 주식시장이 단순한 국가적 범주를 넘어 글로벌 경제의 심장 역할을 하기 때문이다. 미국 주식시장은 단순히 미국 기업의 집합체가 아닌, 글로벌 경제의 중심지로서 전 세계 최고 기업들의 성장을 반영하고 있다. 미국 기업 중에서는 애플, 아마존, 테슬라 같은 대기업들이 혁신을 선도하고 있지만, 미국 주식시장에는 미국 외 기업들도 다수 상장되어 있다. 예를 들어 네덜란드의 ASML, 중국의 알리바바와 텐센트 같은 글로벌 기업들도 뉴욕증권거래소나 나스닥에 상장되어 있다. 따라서 미국에 투자하는 것은 글로벌 경제 전반에 투자하는 것과 같은 효과를 낸다.

이 글로벌 기업들이 미국 주식시장에 상장된 이유는 미국 시장의 정치적, 경제적 안정성과 글로벌 영향력 때문이다. 미국 시장에 상장되면 더 많은 자본을 유치할 수 있고, 전 세계 투자자들에게 더 높은 접근성을 제공할 수 있다. 다양한 분야에서 선도적인 역할을 하고 있는 전 세계의 수많은 기업들은 지금 이 시간에도 미국 주식시장에 상장되기를 바라고 있다. 따라서 미국 주식시장에 투자하는 것만으로도 다양한 산업, 지역에 분산투자하며 리스크를 줄이는 동시에 성장을 누릴 수 있다. 전 세계에 투자하는 것도 좋다. 하지만 미국을 빼놓고 투자할 이유는 없다.

왜 주식에 투자해야 하는가?

주식에 투자해야 하는 이유는 명확하다. 역사적으로 주식은 인플레이션을 이길 수 있는 거의 유일한 자산이었다. 예금이나 채권처럼 안정적인 자산들은 인플레이션을 고려하면 실질적으로 자산을 키우는 데는 한계가 있다. 오히려 실질적인 가치가 하락한다. 그에 비해 주식은 기업의 성과와 경제성장을 직접적으로 반영하며, 장기적으로 가장 높은 수익을 기대할 수 있는 자산이다. 물론 주식시장은 단기적으로는 하락과 상승을 반복하지만, 장기적으로 투자한다면 자산을 키워가는 데 있어 가장 탁월한 선택이 될 것이 분명하다.

특히 다각화된 주식 포트폴리오를 구성하는 것은 투자 리스크를 분산시키는 매우 효과적인 방법들 중 하나다. 다양한 기업과, 산업에 걸쳐 투자를 하면 개별 기업의 리스크에 덜 노출되면서도, 경제와 산업 전반의 성장에 따른 이익을 누릴 수 있다. 단기적인 손실이 발생하더라도 장기적으로는 성장하는 글로벌 경제와 맞물려 수익을 창출할 수 있는 가능성이 훨씬 크다. 이는 주식투자가 리스크와 수익성을 모두 고려하는 매우 효율적인 자산임을 보여준다. 그리고 이 모든 것을 ETF를 통해 누구나 쉽게 할 수 있다.

왜 ETF로 투자해야 하는가?

ETF는 이러한 주식시장에 투자하는 가장 효율적인 도구다. ETF를 활용하면 개별 종목에 투자하는 것보다 리스크를 줄이면서도, 시장 전체의 성장을 누릴 수 있는 분산투자를 할 수 있다. 클릭 한 번으로도 수백 개에서 수천 개에 이르는 다양한 산업과 기업들에 투자할 수 있으며 특히 여러 섹터로 종목이 잘 분산된 ETF에 투자한다면, 특정 산업이 어려움을 겪을 때도 다른 산업에서 발생하는 수익이 이를 상쇄해 주기 때문에 장기적으로 안정적인 성과를 기대할 수 있다.

더 중요한 점은 종목의 교체 혹은 비중조절(리밸런싱)이 자동으로 이뤄진다는 것이다. ETF는 S&P500과 같은 주요 지수를 추적하거나 특정한 전략, 로직을 통해 선별된 종목으로 구성된다. 그리고 정해진 주기마다 해당 로직에 따라 자동으로 종목이 교체되고 비중이 조절된다. 이는 투자자가 별도의 기업분석이나 포트폴리오 관리를 할 필요 없이, 가장 성과가 좋은 기업들에 자동으로 투자할 수 있단 걸 의미한다. 건물의 유지보수, 세입자 관리와 같은 노동이 ETF에는 필요가 없다.

미국 주식 ETF vs. 나머지

미국	국가	중국, 독일, 일본, 인도, 영국, 한국…
주식	자산	예금, 채권, 금, 원자재, 부동산…
ETF	방법	개별주식, 액티브 투자, 펀드, 보험…

정리하자면, 우리가 메인으로 투자할 만한 자산은 '미국+주식+ETF' 밖에 없다. 그 자체로도 훌륭한 선택이지만, 그다지 훌륭하지 않은 선택들을 소거하는 것만으로도 미국 주식 ETF 밖에는 남지 않는다. 중국의 회사채에 액티브하게 투자하기는 어떤가? 또는 인도의 수익형 부동산, 예를 들어 뭄바이의 변화가 상

가 1개를 찾아서 투자하는 건 어떤가? 분명 누군가는 훌륭한 결과를 이끌어 낼 수 있을 것이다. 하지만 결코 쉬운 일이 아니다. 반면 '미국 혹은 전 세계+주식+ETF'의 조합은 대부분의 사람이 손쉽게 목표를 달성할 수 있는 좋은 방법이다.

    이제 "왜?"에 대한 질문은 마무리되었다. 이제부터 어떤 ETF에 어떻게 투자해야 하는지 본격적으로 알아보도록 하자.

4부 최고의 ETF, 최고의 투자전략

인생을 바꾸는
최고의 ETF

자산별 연 수익률, 변동성 (2015~2024)

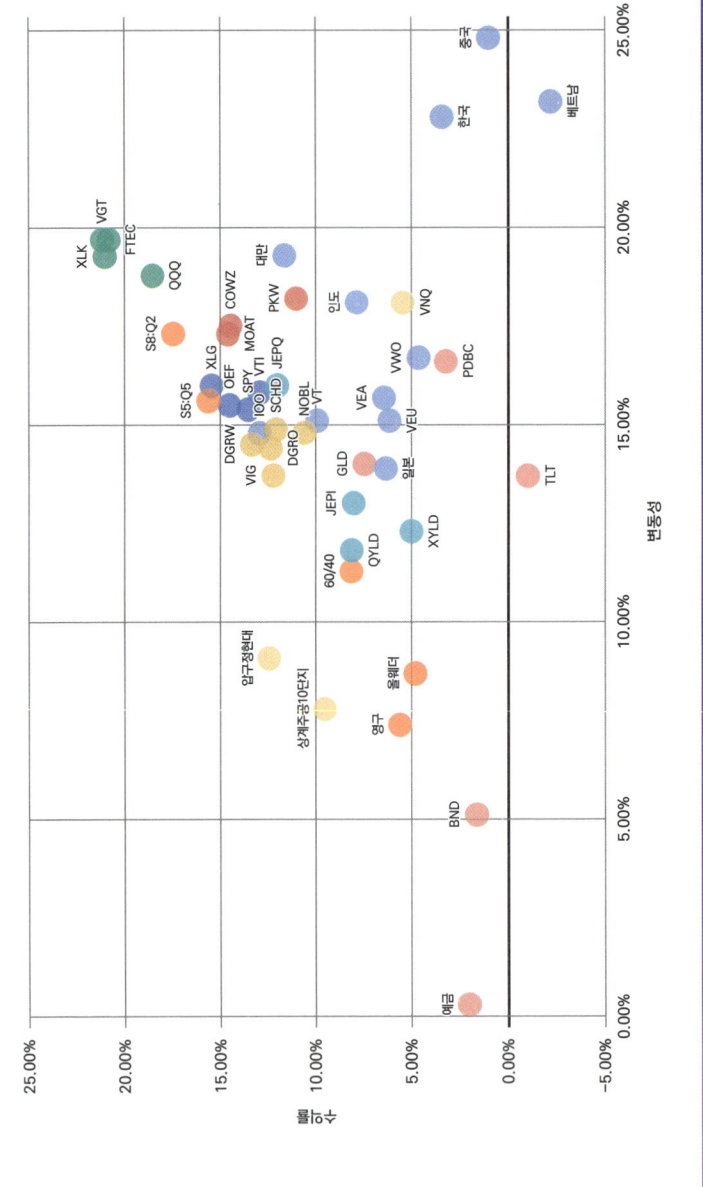

인생을 바꾸는 최고의 ETF

4부에서는 우리가 투자할 만한 다양한 자산이 어떤 원리로 작동하고, 또 상호간에 어떤 관계가 있는지 전체적으로 살펴보는 시간을 가질 것이다. 각 자산의 수익률과 변동성을 통해 상대적으로 우수한 성과를 보여준 자산은 물론, 과거 데이터에서 나타나는 여러 특징들을 통해 각자의 투자성향에 맞는 투자방법들을 알아볼 수 있을 것이다.

이러한 과정을 통해 나의 상황과 성향에 맞는 투자자산을 찾아 장기적으로 안정적인 수익을 낼 수 있을지, 혹은 동일한 변동성에서 더 높은 수익을 추구할 수 있을지, 여러 자산에 분산투자함으로서 안전한 전략을 세울 수 있을지에 대해서도 함께 고민해보려 한다.

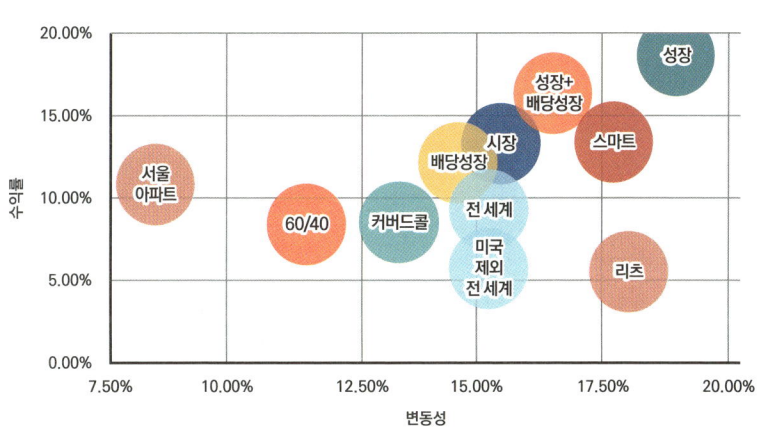

자산종류에 따른 투자처와 주요 ETF

구분				설명	주요종목
주식	전 세계 ETF	기본형		전 세계 모든 기업에 분산 투자하는 ETF	VT
		강화형		전 세계 상위 100개 기업에 분산 투자하는 ETF	IOO
	미국 주식 ETF	기본형		미국 모든 기업에 분산 투자하는 ETF	VTI
		시장 ETF	기본형	주식투자의 알파이자 오메가. 미국 시가총액 상위 500개 대형 기업의 지수인 S&P500에 투자하는 ETF	SPY, VOO, IVV, SPLG
			강화형	미국 S&P500 상위 100개 기업에 분산투자하는 ETF	OEF(상위 100개), XLG(상위 50개), TOPT(상위 20개)
		스마트베타 ETF		현금흐름, 경제적 해자 등 여러 팩터를 통해 종목을 선별하는 스마트베타 ETF	COWZ, MOAT, PKW
		배당성장 ETF		시장수익률을 단기간에 뛰어넘진 않지만, 변동성이 낮고 안정적인 배당성장 ETF	SCHD, NOBL, VIG, DGRO, DGRW
		성장 ETF	기본형	현재의 가치보다 미래의 성장가능성에 투자하는 공격적인 성향의 성장 ETF	QQQ
			강화형	IT 섹터 상위 기업에 분산투자하는 ETF	VGT, FTEC, XLK(60개), QTOP(30개)
			강화형	S&P500 IT 섹터 60여 개 기업에 분산투자하는 ETF	XLK
		커버드콜 ETF	기본형	옵션 매도전략을 통해, 시세차익보단 안정적인 현금흐름을 만들어내는 커버드콜 ETF	XYLD, QYLD
			강화형	옵션 매도, 주식 보유비중을 조절해 더 큰 시세차익, 현금흐름을 목표로 하는 커버드콜 ETF	JEPI, JEPQ, XDTE, QDTE
	미국 외 전 세계 ETF	기본형		미국이 제외된 전 세계 모든 기업에 분산투자하는 ETF	VEU
		선진국 ETF		미국이 제외된 선진국 기업에 분산투자하는 ETF	VEA
		이머징 ETF		개발도상국에 집중투자하는 ETF	VWO
		국가별 ETF		성장성이 좋은 국가에 직접 투자하는 ETF	EWY, MCHI, EWJ, EWT, VNM, INDA

혼합 전략	주식혼합	성장+배당성장	상호보완되는 ETF에 분산투자하는 전략	SCHD+QQQ
	자산 배분	주식 + 현금	주식, 현금에 분산투자하는 전략	SPY+현금
		주식 + 채권	주식, 채권에 분산투자하는 전략	SPY+TLT
		주식 + 금	주식, 금에 분산투자하는 전략	SPY+GLD
		영구 포트폴리오	주식, 장기채, 현금, 금에 분산투자하는 전략	
		올웨더 포트폴리오	주식, 장기채, 중기채, 금, 원자재에 분산투자하는 전략	
주식 외 자산	예금/채권		미국 국채에 투자하는 상품	TLT, BND
	금/원자재		금과 같은 원자재에 투자하는 상품	GLD, PDBC
	부동산	리츠 ETF		VNQ
		수익형 부동산		오피스텔, 상가, 건물
		아파트		주거용 아파트
	암호화폐		분산장부를 이용하는 디지털 자산	비트코인

자산 다이어그램

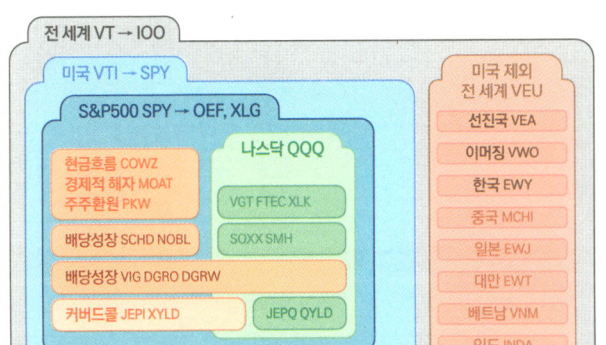
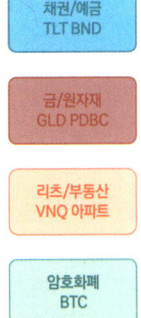

자산의 종류와 투자전략에 따른 수익률

자산 다이어그램

주식(대표 ETF → 강화 ETF)

S&P500 SPY → OEF, XLG

SPY, VOO, IVV, SPLG

주식 외 자산

자산별 연 수익률, 변동성 (2015~2024)

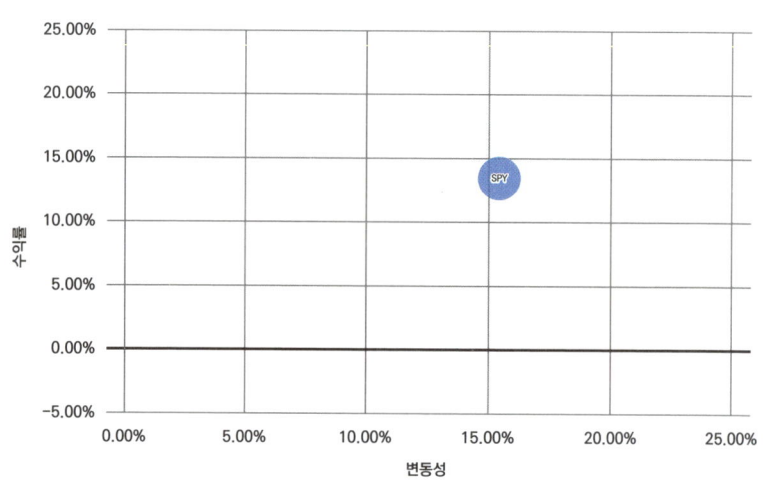

가장 단순하지만
가장 강한 시장 ETF

실제로 투자에 "마법의 무언가"가 있다면, 그것은 S&P500에 투자하는 ETF다. 대표적으로 1993년에 만들어진 가장 오래된 상품인 SPY가 있으며 그 외 VOO, IVV, SPLG 등이 있다. 각 상품마다 운용사나 운용보수, 구조에 약간의 차이가 있다. 그러나 모두 똑같이 S&P500 지수를 추종하기 때문에 실제 수익률은 쌍둥이처럼 비슷하다. S&P500은 무려 지난 100여 년간 통상 연 9~10%의 수익을 달성한 역사적으로 증명된 최강의 로직이다. 우리가 생각할 수 있는 거의 대부분의 투자들도 S&P500을 기준(벤치마크)으로 삼는다. 그 정도로 영향력이 막강하다. 현존하는 모든 ETF에 대한 논의는 S&P500을 기준으로 시작해서, 결국 다시 S&P500으로 끝나곤 한다.

　시장 ETF를 통해 이처럼 인류 최정점에 있는 500개 기업에 자동으로 분산투자할 수 있다. S&P500 지수는 미국 주식시장에서 시가총액이 가장 크고 성과가 뛰어난 500개 기업을 포함한다. 따라서 시장에서 가장 성공적인 기업들에 투자하는 것과 같다. 개인이 일일이 기업을 분석하고 선택할 필요 없이, 자동으로 최고의 기업들에 투자금을 배분할 수 있다. 미국 경제의 성장을 이끌어가는 선도적인 기업들을 포괄하므로, 장기적으로 안정적이고 높은 수익률을 기대할 수 있는 것이다.

　앞서도 다뤘듯이 S&P500 지수에 포함된 기업들은 단순히 규모가 큰 기업이 아니라, 자본주의 체제의 치열한 경쟁에서 승리한 자들이다. S&P500에 속한 기업들은 본질적으로 경쟁과 혁신을 요구하는 자본주의 시스템에서 살아남아 지속적으로 성장해 왔다. 그리고 S&P500은 정기적으로 성과가 우수한 기업을 포함시키고, 상대적으로 부진한 기업을 제외하며 종목별 가중치는 자동으로 리밸런싱된다. 이러한 과정을 통해 투자자들은 시장에서 가장 경쟁력 있는 기업들에 지속적으로 투자할 수 있다. 따라서 이 지수에 투자하는 것은 자본주의 경제에서 가장 확실한 성과를 보장하는 투자처를 포트폴리오에 담는 것과 같다.

　더욱이 S&P500 지수는 다양한 산업 섹터에 걸쳐 있는 500개 기업으로 구성되어 있다. 덕분에 특정 산업의 경기변동이나 위기에 대해 상대적으로 강한 저항력을 가진다. 예를 들어 기술주가 일시적으로 하락하더라도 헬스케어, 금융, 소비재와 같은 다른 섹터에서의 성장이 이를 보완해 줄 수 있다. 이처럼 다양한 섹터에 걸쳐 자금을 분산투자함으로써 포트폴리오의 변동성을 줄이고, 장기적으로 더 안정적인 수익을 기대할 수 있다.

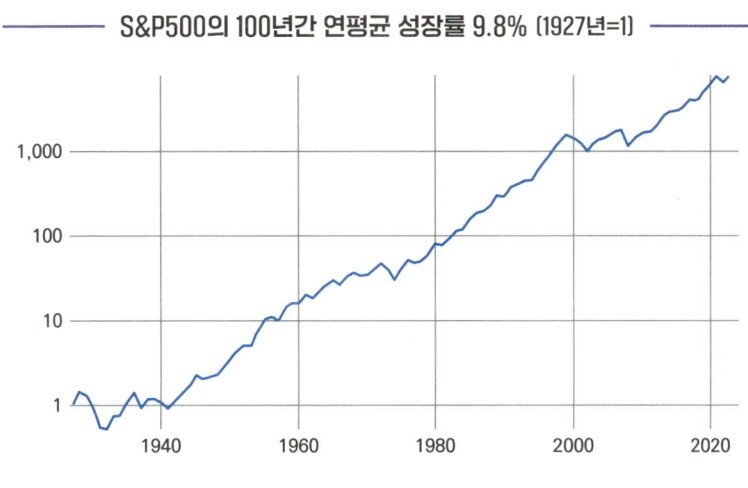

출처: Aswath Damodaran, New York University Stern School of Business

S&P500 투자에 관한 극찬은 다른 책에서도 아주 많이 찾아볼 수 있다. 필자 또한 주변에서 투자에 대한 조언을 구하면 주저 없이 S&P500을 말한다. 미국 주식투자는 S&P500으로 시작하면 된다. 아니, 그렇게 시작하는 것이 맞다. 각자의 취향이나 적성에 맞는 포트폴리오는 일단 S&P500으로 시작하고 나서 나중에 고민해도 늦지 않다. 또 대다수 투자자의 경우, 투자의 시작은

2024년 12월 27일 기준 S&P500 상위 10대 기업

티커	기업	업종	비중
AAPL	애플	기술(전자제품 제조업체)	7.5%
MSFT	마이크로소프트	기술(소프트웨어 및 클라우드)	6.8%
AMZN	아마존	전자상거래 및 클라우드	3.2%
GOOGL	알파벳(클래스 A)	검색 및 광고 플랫폼	2.4%
GOOG	알파벳(클래스 C)	검색 및 광고 플랫폼	2.3%
META	메타플랫폼	소셜미디어 및 광고 플랫폼	1.8%
TSLA	테슬라	전기차 제조회사	1.6%
BRK-B	버크셔해서웨이(클래스 B)	다각적 투자회사	1.4%
NVDA	엔비디아	기술(반도체)	1.8%
JNJ	존슨앤드존슨	제약회사	1.2%

물론 마무리까지 S&P500 하나만으로 충분할 것이다.

그러니 이제 얼마나 좋은지에 대해서는 그만 다루고, 한 번쯤 생각할 만한 지점을 살펴보자. S&P500 투자가 과연 좋기만 했을까? 그렇지 않다. S&P500 역시 긴 횡보와 하락장을 완전히 피할 수는 없었다.

기업의 실적을 아득하게 초월한 투기적 광기로 인해 그야말로 '시장의 실패'가 여러 차례 발생했다. 원인은 시가총액 중심의 지수구성 로직이었다. 특히 특정 종목이나 섹터의 비중을 제한하지 않는 로직이 문제였다. 다시 말해 특정 산업, 특정 섹터에 대한 비중이 시기에 따라 과도하게 높아질 수 있다는 것이고, 해당 산업이나 섹터가 부진할 경우 영향을 크게 받는다는 것이다.

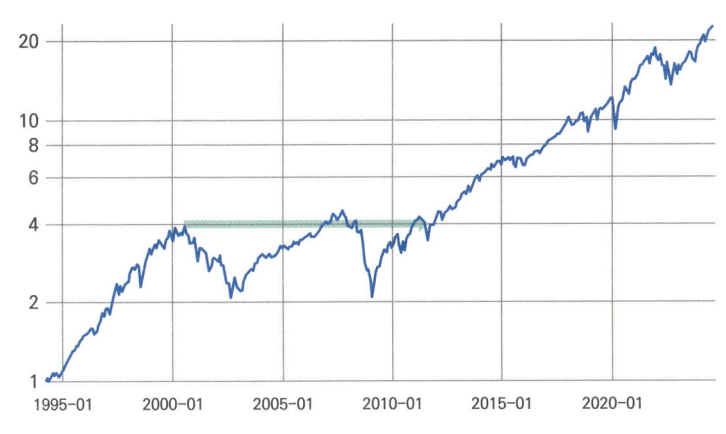

10년 이상 긴 하락과 횡보가 나타났던 S&P500 (1994년 3월=1)

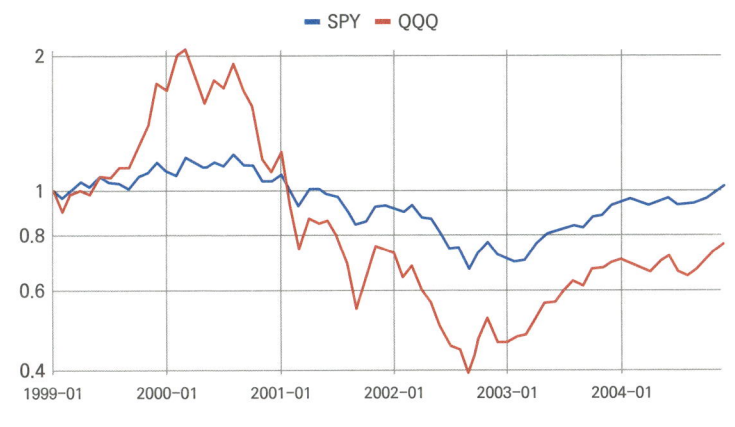

2000년대 초 닷컴버블 시기 주가지수 (1999년 1월=1)

대표적인 예가 2000년대 닷컴버블이다. 닷컴버블이 터지기 전, 많은 기술주들은 기업의 실제 실적을 넘어선 과도한 기대와 투기로 인해 주가가 급격히 상승했다. 이러한 기술기업들이 대거 S&P500에 편입되며 S&P500 지수도 광기 가득한 기술주들에 의해 대상승했다. 하지만 이와 같은 상황을 방어할 만한 로직이 없었기 때문에, S&P500을 추종하는 ETF인 SPY와 나스닥100 지수를 추종하는 기술주 중심의 ETF인 QQQ를 구별하기 어려울 정도였다. S&P500 지수는 그저 기술주가 오르는 대로 같이 올랐다. 결과는 참혹했다. 버블이 터지면서 큰 폭으로 하락했고 이후 주가가 회복하기까지 아주 오랜 시간이 걸렸다. 이 사례는 S&P500의 로직이 특정 산업의 급격한 변동성에 얼마나 취약한지 잘 보여준다.

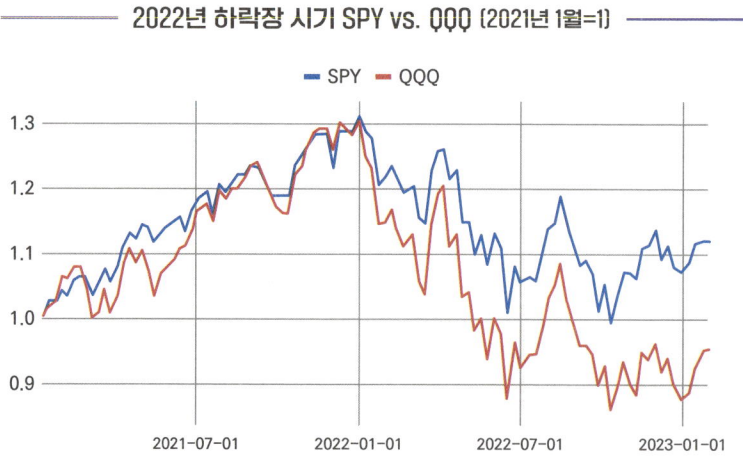

최근에도 비슷한 문제가 반복되고 있다. 기술주가 상승장을 주도했던 2024년, S&P500 지수 내에서 대형 기술주, 특히 QQQ*에 포함된 종목들의 비중이 절반에 가까울 정도로 높아졌다. 그래서 지수 전체가 몇 개의 기술주에 크게 의존하는 상황이 만들어졌다.

● QQQ
나스닥에 상장된 주식 중 금융주를 제외한 상위 100개 종목을 추종하는 ETF 상품

이때의 SPY는 'QQQ의 0.5 버전' 혹은 'QQQ의 작은 버전'과 다르지 않다. 따라서 이 시기 S&P500의 움직임은 나스닥100의 움직임을 축소한 모습처럼 보인다. 대형 기술주가 호황을 누릴 때는 높은 수익을 기대할 수 있지만, 반대로 이들 주식이 부진할 경우 전체 지수는 큰 타격을 받을 수 있다.

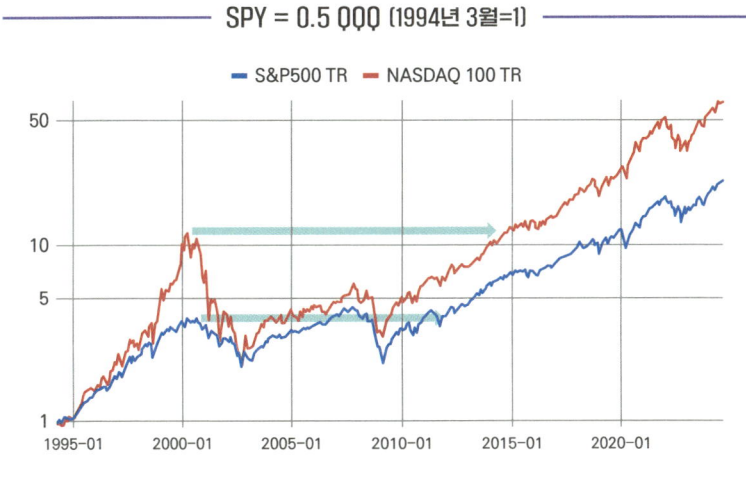

2024년 10월 기준 SPY와 QQQ의 중복 기업 비중

순위	티커	기업	SPY 비중	QQQ 비중	중복 비중
1	AAPL	애플	6.9%	9.2%	6.9%
2	MSFT	마이크로소프트	6.8%	8.5%	6.8%
3	NVDA	엔비디아	6.0%	7.5%	6.0%
4	AMZN	아마존	3.7%	5.3%	3.7%
5	META	메타 플랫폼스	2.6%	5.2%	2.6%
6	GOOGL	알파벳 클래스 A	2.0%	2.5%	2.0%
7	GOOG	알파벳 클래스 C	1.7%	2.4%	1.7%
8	AVGO	브로드컴	1.6%	5.4%	1.6%
9	TSLA	테슬라	1.4%	3.0%	1.4%
…	…	…	…	…	…
		합계			46%

    이와 같은 현상은 S&P500의 구조적 특성상 앞으로도 충분히 반복될 수 있는 리스크다. 따라서 S&P500에 투자하려면 반드시 이 점을 염두에 두어야 한다. 시장에 맡겨진 500개의 종목이 언제나 안전한 선택이었던 것은 아니다. 정리하자면 '가장 확실한' ETF이지만 '언제나' 안전하다는 것은 아니라는 말이다.

인생을 바꾸는
최고의 ETF

자산의 종류와 투자전략에 따른 수익률

자산 다이어그램

주식(대표 ETF → 강화 ETF)

S&P500 SPY → OEF, XLG

현금흐름 COWZ
경제적 해자 MOAT
주주환원 PKW

주식 외 자산

자산별 연 수익률, 변동성 (2015~2024)

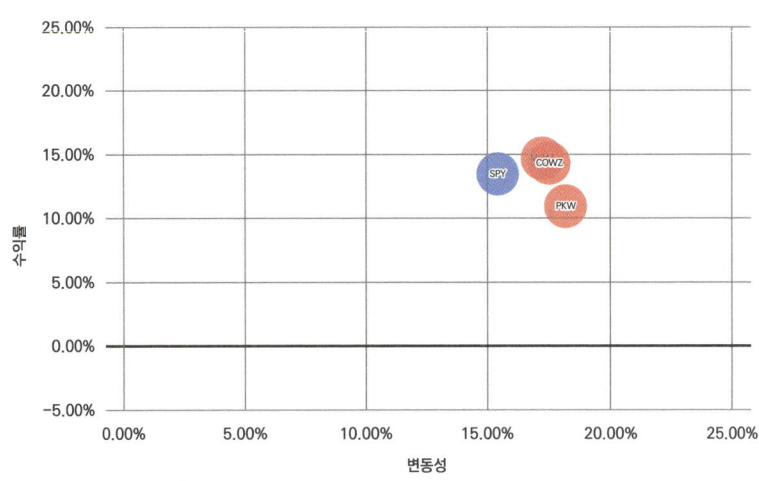

시장의 빈틈을 메우는
스마트베타 ETF

시장 ETF의 구조적 한계를 느낀 사람들은 생각하기 시작했다.

첫째, S&P500에 포함된 500개 기업이 모두 좋은 기업일까?

당연히 그렇지 않을 것이다. 눈에 띄게 저조한 성과를 보이거나 성장가능성이 낮은 기업도 포함되어 있을 것이다. 그래서 투자자들은 이러한 문제를 해결하기 위해 다양한 '팩터Factor'를 활용하여 수많은 종목들을 필터링하기 시작했다. 팩터는 수익률을 설명하거나 예측하는 데 사용하는 요소다. 거시적인 관점에서 금리나 GDP, 물가상승률 등을 들 수 있고 개별 자산들의 밸류(가치), 모멘텀, 사이즈(시가총액) 등도 팩터로 활용할 수 있다.

주요 팩터에 따른 전략

팩터	전략
밸류(Value)	이익(Earnings), 장부가치(Book Value), 현금흐름(Cash Flow), 매출(Sales) 등 펀더멘털 대비 주가가 낮은 종목에 투자
낮은 변동성(Low Volatility)	주가의 변동성이 낮은 종목에 투자
모멘텀(Momentum)	최근 주가의 모멘텀, 즉 주가를 자극할 요소가 큰 종목에 투자
퀄리티(Quality)	총자산이익률(ROA), 자기자본이익률(ROE), 부채비율 등의 지표를 이용해 이익률, 안정성 등이 높은 종목에 투자
배당(Dividend)	배당주(배당성장, 고배당)에 투자
시가총액(Size)	시가총액 가중지수 대비 중, 소형주 비중을 높이는 전략

출처: NH투자증권 리서치본부

수많은 팩터가 있지만 모든 상황에서 최상의 성과를 보장하는 단일 팩터는 존재하지 않는다. 따라서 여러 팩터를 동시에 사용하는 '멀티팩터' 전략이 일반적이다. 이러한 필터링 과정을 통해 최악의 기업을 제거하고, 상대적으로 경쟁력이 우수한 기업만 선별할 수 있다면, 단순히 시장평균을 따라가는 것을 넘어 더 나은 성과를 창출할 가능성이 높아질 것이다.

둘째, 특정 섹터가 강세를 보일 때 비중을 제한 없이 할당하는 것이 바람직한가?

과거 사례들을 봤을 때, 특정 섹터가 과도한 비중을 차지할 경우 큰 위험이 따랐다. 이를 교훈 삼아 투자자들은 개별 기업이나 섹터에 대한 가중치를 제한하는 전략을 도입하기 시작했다. 더 잘 나가는 기업, 더 잘 나가는 섹터를 선별하는 것도 중요하지만, 과도한 쏠림 현상을 피하는 것 또한 중요하다고 판단한 것이다. 2000년대 닷컴버블 이후, 많은 전략들이 보다 균형 잡힌 투자를 구축하며 위험에 대한 면역체계를 갖추고자 했다.

> ● **DJUSDIV(다우존스 미국 배당 100) 지수방법론**
> · **구성종목 가중치:** 지수에 속한 종목은 한도규정 FMC 가중치 접근법에 따라 분기별로 가중치가 부여된다. 어떠한 단일종목도 지수에서 차지하는 비중이 4.0%를 넘을 수 없고, 어떠한 세계산업분류기준(GICS®) 섹터도 지수에서 차지하는 비중이 25%를 넘을 수 없다. 이러한 수치는 지수구축, 연간 재조정, 분기별 업데이트 시점에 측정된다.
> · **일일 가중치 한도 점검:** 이 지수는 일일 가중치 한도 점검을 받는다. 가중치가 4.7%보다 큰 종목들의 합산 가중치가 22%를 넘으면 위에서 설명한 분기별 가중치 부여방식을 이용해 지수의 가중치를 다시 부여한다. 일일 한도제한은 위반 발생 2일 후에 효력이 발생한다. 일일 한도제한에 대한 동결기간은 매분기 재조정 기간 동안 시행된다. 동결기간은 각 재조정월(3월, 6월, 9월, 12월)의 두 번째 금요일 이전 수요일 시장 마감 후 시작되며, 재조정월 세 번째 금요일 이후 돌아오는 월요일 시장 마감 후 종료된다.

이러한 배경에서 등장한 것이 바로 스마트베타 ETF 혹은 멀티팩터 전략이다. 전통적인 시가총액 가중치 방식의 S&P500과 달리 스마트베타 ETF는 특정한 투자전략을 기반으로 기업을 선별하여 포트폴리오를 구성한다.

예를 들어 경제적 해자를 갖춘 기업에 투자하는 'MOAT' ETF는 자산운용사 반에크VanEck의 상품으로 장기적으로 S&P500를 능가하는 성과를 보여주고 있다. 경제적 해자가 강한 기업들이 경쟁우위를 지속적으로 유지할 수 있다는 가정 아래, 이러한 기업들만을 선별해 투자하는 전략의 결과다. 이와 더불어 고평가된 종목은 철저히 배제함으로써 불필요한 리스크를 줄이고, 장기적인 수익률을 극대화하고 있다. 성장주라 할 수 있는 기술주에 대한 비중이 낮아도 장기적으로 S&P500을 능가할 수 있는 이유가 여기에 있다.

주요 스마트베타 ETF

유형	구분	티커	ETF
퀄리티	S&P500 퀄리티	SPHQ	Invesco S&P 500 Quality ETF
변동성	S&P500 저변동	SPLV	Invesco S&P 500 Low Volatility ETF
모멘텀	미국 대형주 모멘텀	MTUM	iShares MSCI USA Momentum Factor ETF
멀티팩터	S&P500 저변동&고배당	SPHD	Invesco S&P 500 High Dividend Low Volatility ETF
전략	미국 현금흐름(FCF) 우수 100	COWZ	Pacer US Cash Cows 100 ETF
전략	미국 대형주 해자(Moat) 보유	MOAT	VanEck Morningstar Wide Moat ETF
전략	미국 주주환원(자사주) 우수	PKW	Invesco BuyBack Achievers ETF
배당성장	미국 배당성장(10+Y)	VIG	Vanguard Dividend Appreciation ETF
배당성장	미국 배당성장(10+Y) &펀더멘털	SCHD	Schwab US Dividend Equity ETF
배당성장	S&P500 내 배당성장(25+Y)	NOBL	ProShares S&P 500 Dividend Aristocrats ETF
고배당	미국 평균 배당률(3%+@)	VYM	Vanguard High Dividend Yield ETF
고배당	S&P500 고배당 상위 80	SPYD	SPDR Portfolio S&P 500 High Dividend ETF

출처: 삼성증권, Bloomberg 자료 재구성

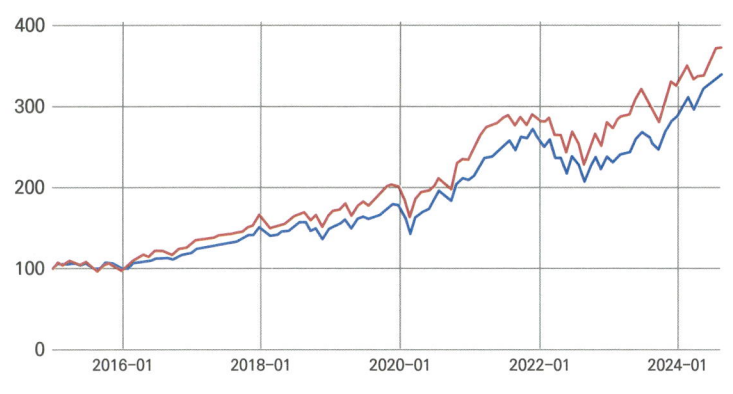

2024년 10월 기준 MOAT 상위 10개 기업

티커	기업	업종	비중
MO	알트리아 그룹	담배 제조업체	2.9%
RTX	RTX Corporation(레이시온 테크놀로지스)	방산 및 항공우주	2.8%
IFF	인터내셔널 플레이버스 앤 프레그런스	향료 및 식품 첨가물	2.8%
CPB	캠벨 수프 컴퍼니	식품 제조업체	2.7%
KVUE	켄뷰	헬스케어 및 소비재	2.7%
TRU	트랜스유니온	신용평가 및 데이터 분석	2.7%
GILD	길리어드 사이언스	제약회사(특히 항바이러스제)	2.7%
FTNT	포티넷	사이버 보안	2.7%
MKTX	마켓액세스 홀딩스	전자 채권 거래 플랫폼	2.7%
EFX	에퀴팩스	신용평가 및 금융 정보	2.7%
합계			27.4%

현금흐름FCF, Free Cash Flow이 좋은 기업에 집중적으로 투자하는 'COWZ' ETF도 좋은 예다. 현금흐름은 기업의 모든 활동과 실적의 종착점이다. 결국 장사도 잘하고, 살림도 잘 꾸려야 돈이 남는 법이다. 현금이 풍부한 기업은 망할 가능성도 낮다. 재무 건전성이 높기 때문에 경기변동도 잘 견딘다. 이러한 기업에 투자하는 COWZ는 현금흐름을 중심으로 기업의 본질적인 가치를 평가하며, 동시에 개별 종목의 비중을 제한해 지나친 쏠림을 방지하고 있다.

스마트베타 ETF의 가장 큰 강점은 투자자에게 다양한 전략적 선택지를 제공한다는 점이다. 투자자는 가치주, 저변동성, 배당성장, 현금흐름 등 다양한 투자전략을 기반으로 각자의 투자

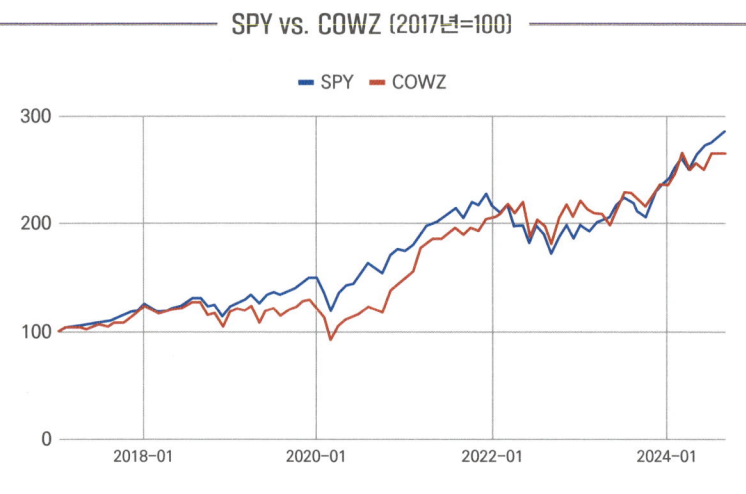

2024년 10월 기준 COWZ 상위 10개 기업

티커	기업	업종	비중
MMM	3M 컴퍼니	다국적 제조업체	2.5%
GILD	길리어드 사이언스	제약회사	2.3%
BMY	브리스톨 마이어스 스큅	제약회사	2.3%
LEN	레나르 코퍼레이션	주택 건설업체	2.2%
LNG	셰니어 에너지	액화 천연가스 업체	2.2%
MO	알트리아 그룹	담배제조업체	2.2%
T	AT&T	통신업체	2.1%
EOG	EOG 리소스	에너지(석유 및 가스)	2.0%
LYB	라이온델바젤 인더스트리스	화학산업	1.9%
FANG	다이아몬드백 에너지	에너지(석유 및 가스)	1.9%
합계			21.6%

목표에 맞는 맞춤형 포트폴리오를 구성할 수 있다. 특히 닷컴버블과 같은 시장의 광기가 언제든 다시 찾아올 수 있다고 생각하는 투자자라면, 특정 섹터나 종목에 치중될 수 있는 전통적인 시가총액 지수를 추종하기보다는 다양한 팩터를 기반으로 보다 균형 잡힌 ETF인 스마트베타 ETF가 훨씬 효과적인 대안이 될 수 있다.

또한 스마트베타 ETF는 위험관리 측면에서도 강점을 보인다. 다양한 지표를 활용해 특정 종목이나 섹터로 비중이 쏠리는 현상을 방지하고, 분산투자 원칙을 통해 시장변동성에 더 유연하게 대응할 수 있는 구조를 갖추고 있다. 이러한 특징들이 그동안 시장지수와 비슷하거나 더 좋은 성과를 보이는 데 크게 기여해 왔다.

하지만 스마트베타 전략이 항상 시장지수를 능가하거나 높은 수익을 보장하는 것은 아니다. 스마트베타 ETF를 구성하는 종목들 역시 시장에서 기인한 만큼, 시장 자체의 변동성에서 완전히 자유로울 수는 없다. 항상 시장과 다른 정반대의 움직임을 보여주거나, 시장 대비 압도적으로 높은 수익을 보장하지는 않는다는 것이다. 또한 전통적인 시가총액 지수 ETF에 비해 운용비용이 상대적으로 더 높게 책정되는 경우가 많다. 이는 지수 라이선스 비용, 상대적으로 작은 운용자산 규모, 그리고 전략적 차별화에 따른 프리미엄 부과 등 여러 이유가 복합적으로 작용하기 때문이다.

스마트베타 ETF의 목적은 단순히 시장평균을 따라가거나 초과하는 데 있지 않다. 스마트베타 ETF는 시장추종을 넘어, 투자자들이 자신의 목표와 전략에 부합하는 포트폴리오를 구성할 수 있도록 돕는 도구라고 할 수 있다. 이러한 특성은 단순히 시장흐름을 따르기보다는 스스로 전략을 수립하고 실행하는 주도적인 투자자에게 특히 적합하다. 또한 각자 미래에 대한 관점을 바탕으로 시장의 다양한 리스크를 능동적으로 관리하고 대응하고자 하는 투자자들에게는 단순 패시브 전략을 대체할 수 있는 대안이 될 수 있다.

하지만 다양한 전략에 대한 이해 없이 무작정 투자한다면 기대와는 완전히 다른 결과를 초래할 수 있다는 점을 언제나 기억하도록 하자. 아무리 좋은 도구라도 사용하는 사람에 따라 결과는 천차만별이다.

자산의 종류와 투자전략에 따른 수익률

자산 다이어그램

주식(대표 ETF → 강화 ETF)

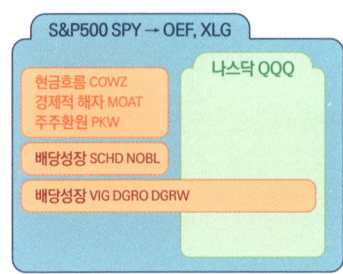

주식 외 자산

자산별 연 수익률, 변동성 (2015~2024)

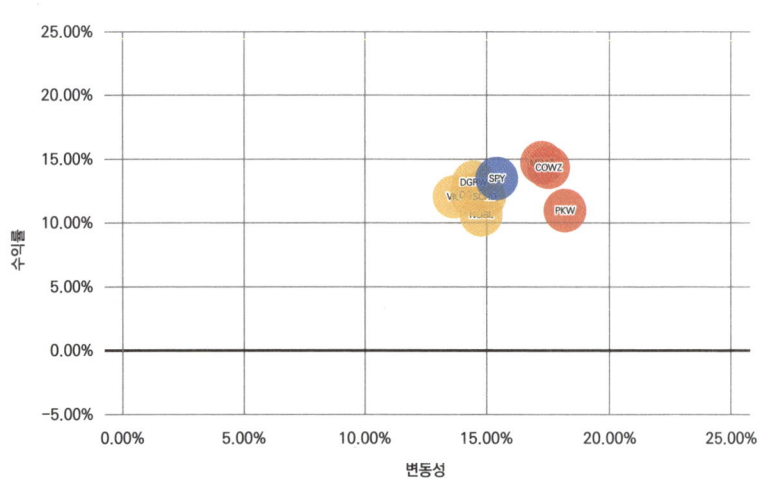

03

화려하진 않지만 묵묵히 이기는 배당성장 ETF

기업이 주주환원을 하는 대표적인 방법이 바로 배당이다. 이번에는 배당이 꾸준히 증가하는 '배당성장 ETF'들에 대해 알아보자. 배당이 성장한다는 것은 단순히 한두 가지 요인으로 설명할 수 있는 결과가 아니다. 기업은 다양한 경영활동을 통해 현금흐름을 만들어 내고, 최종적으로 그 성과를 배당으로 환원한다. 중요한 점은 그 배당이 계속 성장한다는 것이다. 다시 말해 실적의 종착역(현금흐름)의 종착역(배당)이 꾸준히 성장(배당성장)한다는 것이다. 이는 곧 기업이 시장점유, 실적관리, 자본운용, 비용효율성 등 모든 측면에서 탄탄한 펀더멘털을 보유하고 있다는 강력한 증거라 할 수 있다. 때문에 배당성장이라는 필터는 충분히

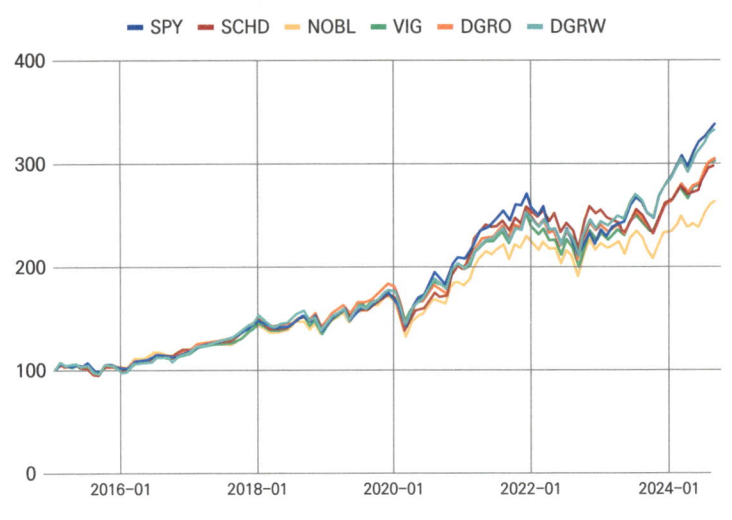

2024년 10월 기준 SCHD 상위 10개 기업

티커	기업	업종	비중
LMT	록히드 마틴	방산 및 항공우주	4.5%
ABBV	애브비	제약회사	4.4%
BLK	블랙록	자산운용	4.2%
KO	코카콜라	음료 제조업체	4.2%
HD	홈 디포	소매(가정용품)	4.1%
CSCO	시스코 시스템즈	네트워크 장비 및 솔루션	4.0%
TXN	텍사스 인스트루먼트	반도체	4.0%
AMGN	암젠	제약회사	4.0%
BMY	브리스톨 마이어스 스큅	제약회사	4.0%
VZ	버라이즌 커뮤니케이션스	통신업체	3.7%
	합계		41.0%

매력적인 투자전략이다. 배당이 꾸준히 성장하는 기업들은 시장의 변동성에도 흔들리지 않고 안정적인 실적을 유지하는 경우가 많다. 실제로 배당성장 전략은 장기간에 걸친 다양한 시장상황에서 긍정적인 성과를 증명해 왔으며, 안정성과 수익성을 동시에 추구할 수 있는 전략으로 평가받고 있다.

반대로 생각해 보자. 경영이나 재무 상태가 부실한 기업은 배당성장이 되기 위한 가장 기본적인 단계인 안정적인 현금흐름 확보에서조차 어려움을 겪는다. 현금흐름이 불안정한 기업은 외부 자금 조달이나 구조조정에 의존하게 되며, 이는 기업운영을 더욱 취약하게 만든다. 이런 상황에서는 꾸준히 배당을 지급하거나 지속적으로 성장시키는 것은 더욱 어려운 과제가 된다.

배당성장 로직의 변화

1세대 - VIG
2006년 출시
S&P U.S Dividend Growers 리츠 제외

- 연속 배당 성장 10년 이상
- 시가총액 1억 달러 이상
- 3개월 중위 거래액 100만 달러
- 배당수익률 상위 25% 제외

2세대 - SCHD
2011년 출시
Dow Jones U.S Broad Market 리츠 제외

- 연속 배당 지급 10년 이상
- 시가총액 5억 달러 이상
- 3개월 평균 거래액 200만 달러
- 배당수익률 상위 50%

동일 가중 순위
- 총부채잉여현금흐름 - 자기자본이익률
- 배당수익률 - 5년 배당 증가율

즉 배당을 안정적으로 지급하고 성장시키는 기업은 그 자체로 견고한 재무구조와 안정적인 수익모델을 보유하고 있다는 신호다. 따라서 배당성장이라는 필터는 기업의 재무 건전성, 수익성, 장기적 성장가능성을 검증하는 유용한 기준이 된다. 단순히 일시적인 호황에 의존하거나 불안정한 재무구조를 가진 기업들은 이 필터를 통과하기 어렵다.

결국 배당성장 팩터를 적용하면 재무상태가 불안정하거나 부실한 기업들을 걸러내고, 지속가능한 성장을 보여주는 기업들을 선별할 수 있다. 이러한 선별과정을 통해 장기적으로 안정적이고 꾸준한 현금흐름을 창출하는 기업들에 분산투자하는 것이 배당성장 ETF 전략의 핵심이다.

따라서 배당성장 ETF는 단순히 배당수익을 넘어 장기적인 투자안정성과 지속가능한 성장을 추구할 수 있는 합리적이고 효과적인 투자전략이라고 정리할 수 있다. 하지만 대부분의 로직상 배당을 지급하는 기업만을 선별하기 때문에, 상대적으로 배당이 없는 기술주나 성장주가 투자대상에서 제외된다는 한계가 있다. 이러한 특징은 특히 성장주의 주가가 폭발적으로 상승하는 시기에는 해당 종목들을 포트폴리오에 포함하지 못해 수익 기회를 놓치는 것에 대한 FOMO^{Fear of Missing Out} 현상을 초래할 수 있다.

배당성장 ETF들의 배당성장은 일반적인 시장 ETF와 비교해서 50~100% 이상 높은 수준이다. 특히 배당성장 ETF 중에서도 SCHD의 배당성장률이 11% 이상으로 가장 높은 수준을 보여주고 있다. 최근 국내외에서 크게 인기를 끌고 있는 이유다. 그러나 배당성장 ETF를 주목해야 하는 진짜 이유는 배당이 아니라 다른 곳에 있다. 각 ETF 상품이 추종하는 지수를 통해 장기간의 TR(Total Return, 총수익) 데이터를 살펴보면, 이 지루해 보이는 전략이 S&P500의 성과를 크게 앞선다는 걸 확인할 수 있다.

SPXT는 'S&P500 Total Return Index'로 S&P500에 포함된 기업의 가격 변동뿐 아니라 배당금 재투자까지 반영한 총수익 지수를 가리킨다. XNDX는 'NASDAQ100 Total Return Index'로 나스닥100의 총수익 지수이며 SPDAUDT

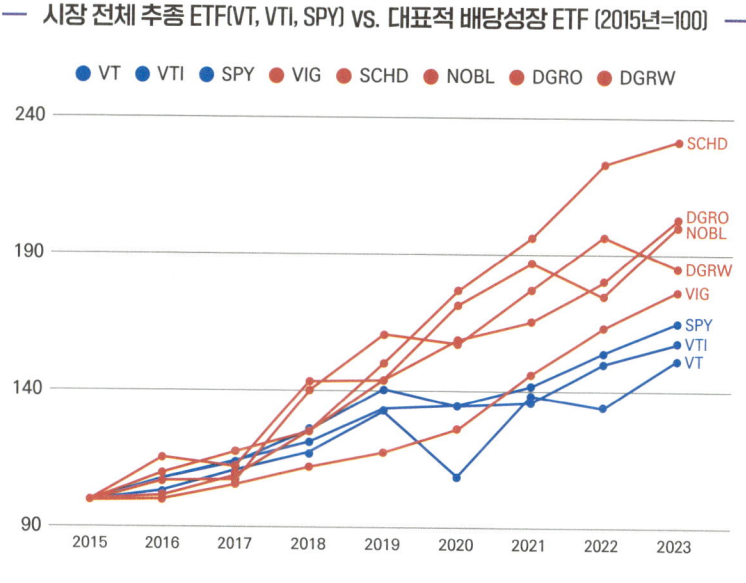

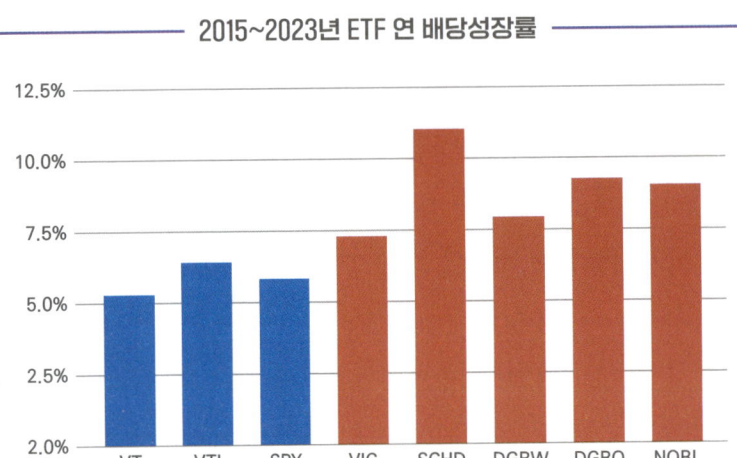

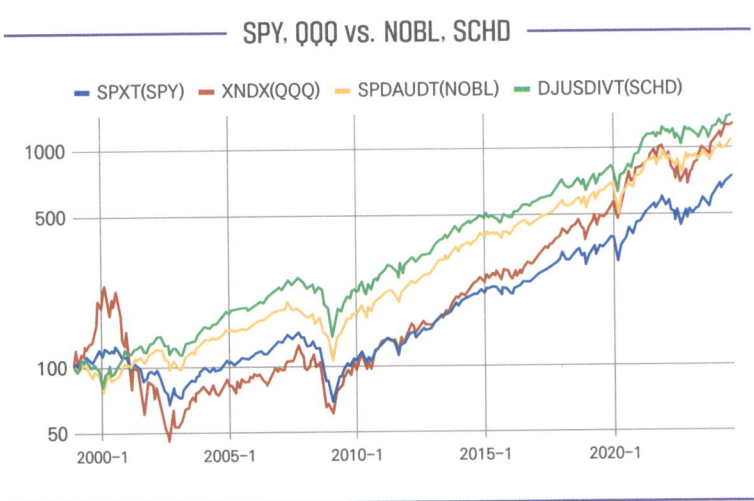

출처: LSEG 지수 데이터

는 'S&P500 Dividend Aristocrats Total Return Index'로 배당귀족 기업, 즉 S&P500에 포함된 종목 중 최소 25년 이상 연속 배당성장을 기록한 기업들의 총수익 지수이다. 그리고 DJUSDIVT는 'Dow Jones U.S. Dividend 100 Total Return Index'로 배당 중심 미국 기업의 총수익 지수이다.

배당성장 전략은 상대적으로 큰 등락이나 횡보 없이 꾸준히 상승하는 경향을 보여준다. 특히 흥미로운 점은, 기술 성장주를 제외하고도 장기적으로 비슷하거나 더 좋은 성과를 낸다는 것이다. 미국의 우량한 기업 중 10년 이상 배당성장을 달성한 기업들을 중심으로 구성한 SCHD는 물론 유사한 로직의 NOBL(S&P500 배당귀족)도 비슷한 모습을 보여준다.

예를 들어 S&P500이 2000년 닷컴버블로 인해 흔들릴 때도, 배당성장 전략은 묵묵히 꾸준한 상승세를 유지했다. 닷컴버블 초기에 S&P500, 나스닥100이 오르는 것과는 다르게 배당성장 전략의 경우 반대로 하락했다가 다시 회복하는 모습을 잘 기억하자. 2022년 대형 기술주 중심의 큰 하락장에서도 비슷한 모습이 보였다. 배당성장 전략은 로직상 과도한 거품(멀티플)이 끼기 어렵기 때문에, 이와 같은 하락장에서 특히 방어력이 돋보인다. 재미없고 느리지만 꾸준히 성장하는 것이다. 특히 주요 기간별 MDD(최대 낙폭)를 살펴보면, 배당성장 ETF는 대부분 시장 ETF보다 낮은 하락을 기록했다. 배당성장 ETF의 안정성을 잘 보여주는 대목이다.

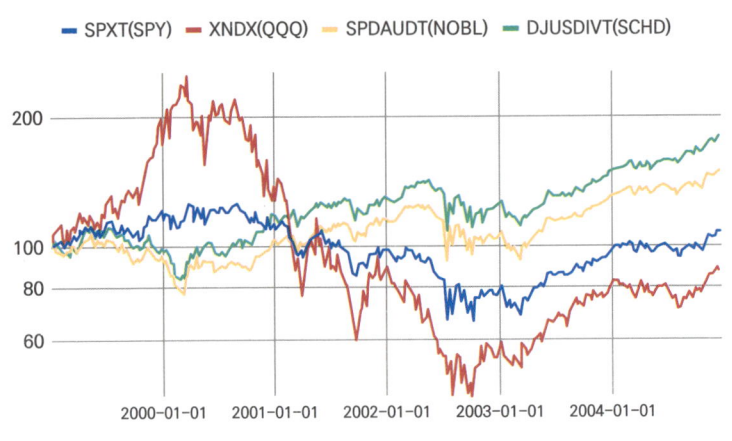

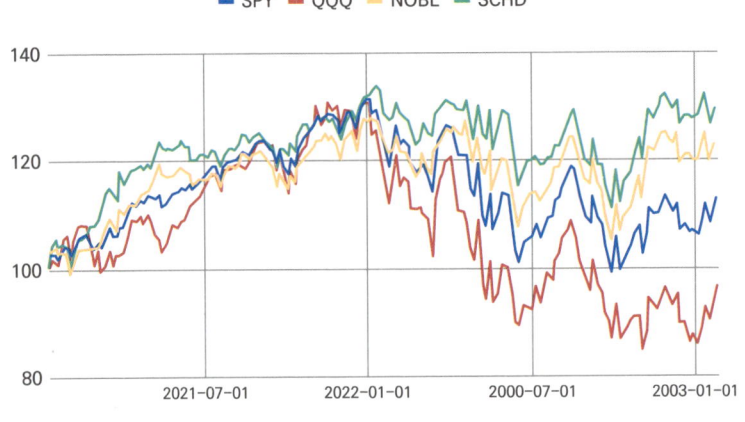

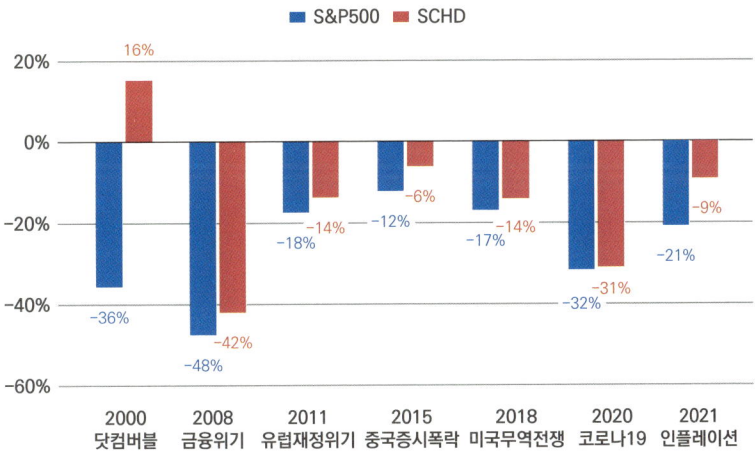

구분	기간	S&P500 (SPY)	DJUSDIV (SCHD)
닷컴버블	2000.09.30 ~ 2002.08.31	-36.2%	15.6%
금융위기	2007.10.30 ~ 2009.03.31	-47.9%	-41.7%
유럽 재정위기	2011.04.29 ~ 2011.08.19	-17.6%	-13.6%
중국 증시 폭락	2015.07.17 ~ 2016.02.12	-12.3%	-6.2%
미중 무역전쟁, 미국 금리 인상, 양적긴축	2018.09.28 ~ 2018.12.21	-17.1%	-14.1%
코로나19	2020.02.14 ~ 2020.03.30	-31.8%	-31.2%
인플레이션, 금리 인상, 양적긴축	2021.12.31 ~ 2022.11.04	-20.9%	-9.4%

출처: Bloomberg, 미래에셋자산운용

10년 투자 시의 연수익률분포(10-Year Annualized Rolling Returns)를 다른 ETF와 비교해 보면, 배당성장 전략의 안정성을 더욱 체감할 수 있다. 수익과 손실의 편차가 큰 S&P500, 나스닥 100에 비해 상대적으로 안정적인 수익 분포를 보여준다. 다음의 차트를 보면 대부분 10% 내외의 성적을 기록했다. 과거 어떤 시점에 배당성장 전략에 투자했더라도 10년간 투자했다면 연평균 10% 내외의 수익률을 유지했다는 걸 의미한다.

여러 주식투자 방법들 중에서 이 정도의 수익률과 안정성을 장기적으로 보여주는 전략은 드물다. 배당성장 전략은 안정성이라는 특징 덕분에 시장의 큰 변동성에서 상대적으로 자유롭다. 이러한 특성 덕분에 자산 또는 배당이 미래에 어느 정도로 성장할지를 대략적으로 가늠할 수 있다. 그래서 아주 오랜 기간의 장기투자를 고려할 때, 포트폴리오의 기초자산으로 가져가기에 좋은 전략이다. 때문에 장기투자에 적합한 전략이다. 단기간에 시장수익률을 뛰어넘지는 않지만, 낮은 하락률과 변동성을 바탕으로 안정적인 성과를 꾸준히 낼 수 있다.

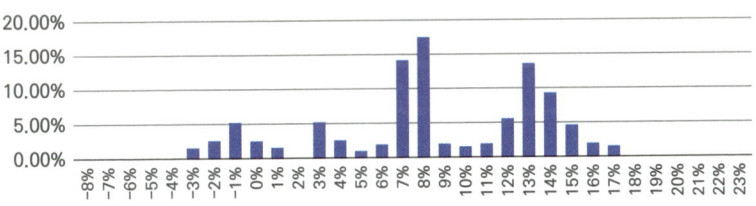
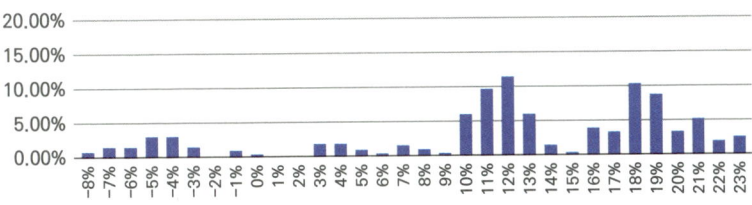
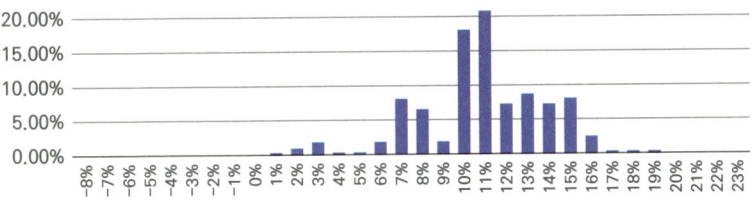
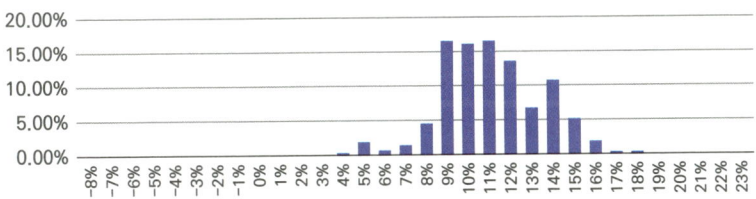

한편 배당성장 ETF는 기술주 비중에 따라 크게 두 가지로 나눌 수 있는데 기술주 비중이 적은 SCHD나 NOBL, 그리고 기술주 비중이 높은 DGRO, DGRW, VIG 등이 있다.

두 집단의 데이터를 비교해 보면, 처음에는 성과가 비슷하다가 최근 DGRW, VIG, DGRO 등 3개 종목이 더 좋은 성과를 보여주고 있다. 기술주의 상승세 때문이다. 이 세 종목은 SCHD, NOBL에 비해 기술주 비중이 높다. 예를 들어 2024년 10월 기준 SCHD는 나스닥100 기술주에 투자하는 QQQ와의 포트폴리오 중복 비중이 6%에 불과했지만, 당시 성과가 가장 좋았던 DGRW는 38%나 겹쳤다. 그래서 나스닥이 오를 때 함께 상승했다. 하지만 반대로 DGRW는 나스닥이 하락할 경우 같이 하락할 수 있다는 점을 항상 염두에 두어야 한다.

따라서 만약 포트폴리오에 배당성장 ETF를 추가하려는 경우, 내가 보유한 다른 주식들과의 조합을 고려해야 한다. 예를 들어 이미 QQQ를 보유하고 있다면 QQQ와의 중복 비중이 높은 DGRW보다 SCHD나 NOBL에 투자하는 것이 분산투자 효과를 극대화하기에 유리하다. 장기투자를 하려면 하락할 때 같이 떨어질 조합보다, 상호 간에 서로를 보완해 리스크를 '헤지Hedge'할 수 있는 조합이 좋다.

반대로 기술주 비중이 적은 SCHD나 NOBL만으로 구성된 포트폴리오도 한계가 분명하다. 가장 큰 문제는 'FOMO'다. 기술주가 제외된 배당성장 ETF만 보유하면 대표적인 성장주인 기

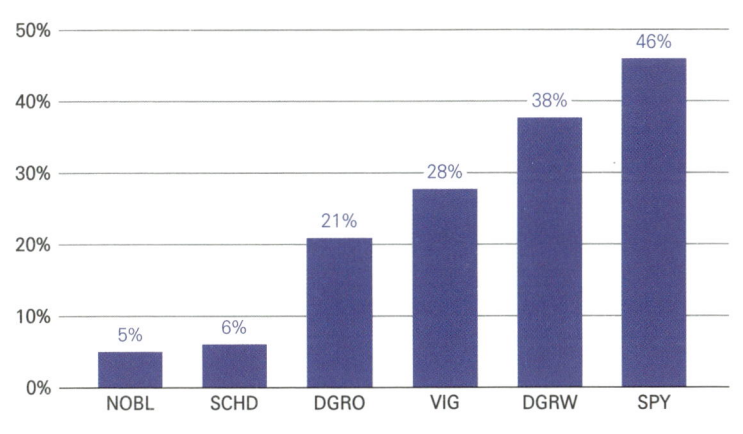

2024년 10월 기준 배당성장 ETF별 QQQ와의 중복 비중

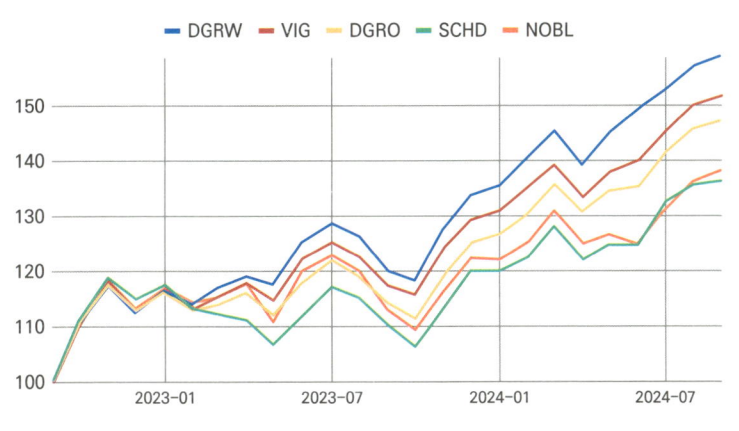

기술주 비중에 따른 주가 흐름 (2022년 9월=100)

술주가 빠르게 상승하는 시기에 전체 시장의 수익률을 따라잡지 못한다. 해결법은 어렵지 않다. 같이 투자하면 된다.

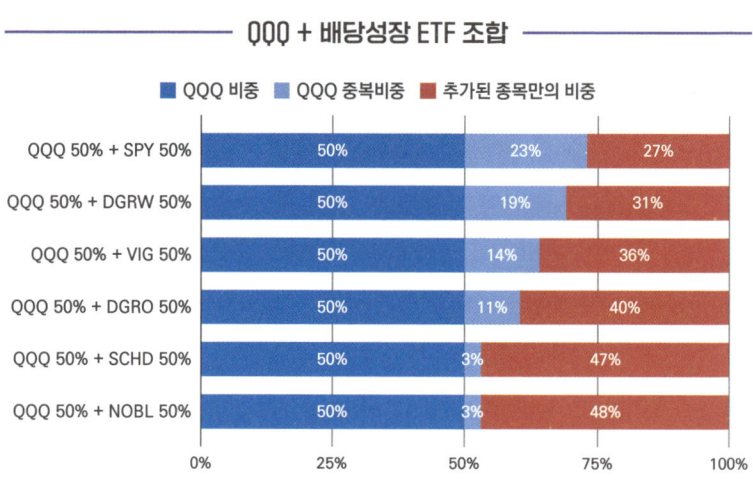

각자 감당한 가능한 변동성에 따라 포트폴리오에 QQQ를 일정 비율로 함께 투자하면 최고의 시너지를 낼 수 있다. 다만 중복되는 종목이 얼마나 되는 지를 신경 써야 한다. 만약 QQQ 50% + DGRW 50%로 포트폴리오를 구성하는 경우, 실제 합산된 QQQ의 비중은 70%에 가까워진다. DGRW에만 해당되는 비중은 30%에 불과하다. 이러한 '시너지 조합'에 대해선 뒤에서 더 자세히 다루겠다.

인생을 바꾸는
최고의 ETF

자산의 종류와 투자전략에 따른 수익률

자산 다이어그램

주식(대표 ETF → 강화 ETF)

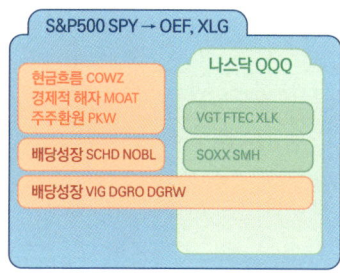

주식 외 자산

자산별 연 수익률, 변동성 (2015~2024)

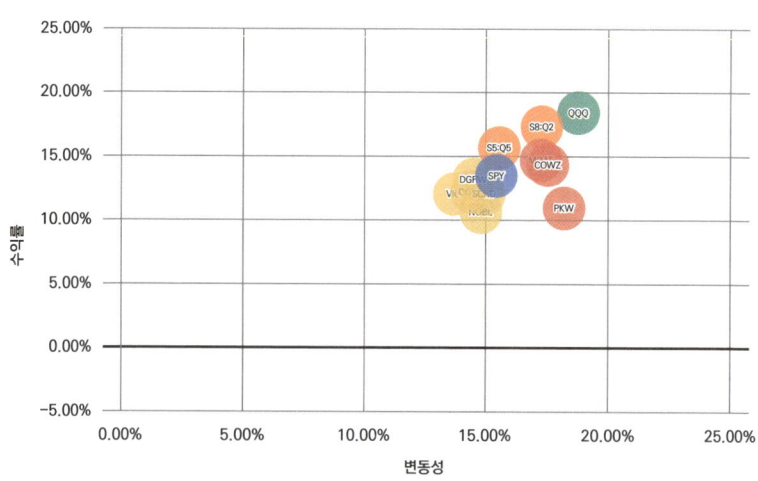

인생을 바꾸는 최고의 ETF

위험하지만 피할 수 없는
기술성장 ETF

이번에 살펴볼 것은 최고의 성장주 투자방법 중 하나인 기술성장 ETF이다. 기술성장 ETF로는 나스닥100 지수를 추종하는 QQQ가 대표적이다. QQQ는 그 자체로 기술주의 상징이자 '성장의 신화'로 여겨진다. 많은 사람들이 "나스닥은 신이다"라고 말한다. 분명 맞는 말이다. 이 지수는 세계적인 대형 기술주들을 포함하고 있으며, 그만큼 높은 수익률을 기대할 수 있는 투자처다. 실제로 QQQ는 그간 놀라운 수익률을 기록하며 상승해 왔다. 이는 기술주가 지닌 성장잠재력과 연관이 깊다. 기술혁신은 경제성장의 핵심적인 동력이 되었고, 그 중심에는 항상 대형 기술주들이 있었다. 나스닥100 지수에 포함된 기업들은 대부분이 혁신을 선도하는 기업들로 성장가능성을 높게 평가받고 있다.

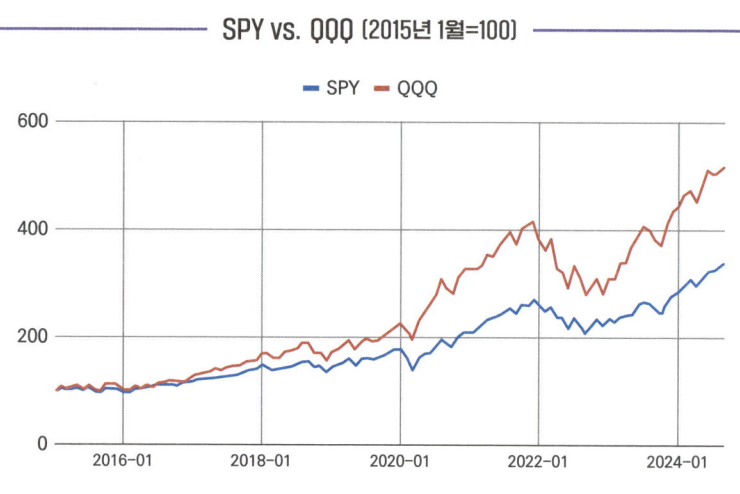

2024년 10월 기준 QQQ 상위 10개 기업

티커	기업	업종	비중
AAPL	애플	기술(전자제품 제조업체)	9.2%
MSFT	마이크로소프트	기술(소프트웨어 및 클라우드)	8.1%
NVDA	엔비디아	기술(반도체)	7.7%
AVGO	브로드컴	반도체 및 통신 장비	5.1%
AMZN	아마존	전자상거래 및 클라우드	4.9%
META	메타 플랫폼	소셜미디어 및 광고 플랫폼	4.7%
TSLA	테슬라	전기차 제조	2.7%
COST	코스트코	소매(창고형 할인점)	2.7%
GOOGL	알파벳(클래스 A)	검색 및 광고 플랫폼	2.5%
GOOG	알파벳(클래스 C)	검색 및 광고 플랫폼	2.4%
합계			49.9%

그러나 문제는 수익률이 높아지는 만큼 변동성도 그만큼 커진다는 점이다. 투자는 정직하다. 수익률이 올라가면 변동성, 다시 말해 투자자가 겪어야 하는 고통도 더 커진다. 아래 차트를 보면 좀 더 쉽게 체감할 수 있다. 나스닥100 지수의 경우 지난 30여 년간 연 14.5%이라는 놀라운 수익을 기록했다. 하지만 이건 매우 결과론적인 숫자에 불과하다.

연 수익률 추세선(빨간선)과 실제 지수(파란선) 사이의 괴리를 보자. 이게 연 14.5%라는 숫자 뒤에 가려진 현실이다. 이 격차가 실제 투자자들이 겪었을 희로애락이다. 보통 많은 사람들이 투자를 생각할 때, 연 수익률인 빨간선에 집중한다. 하지만 우리가 실제 겪어나가야 할 현실은 파란선이다. 주가는 절대 일직선으로 쭉 오르지 않는다.

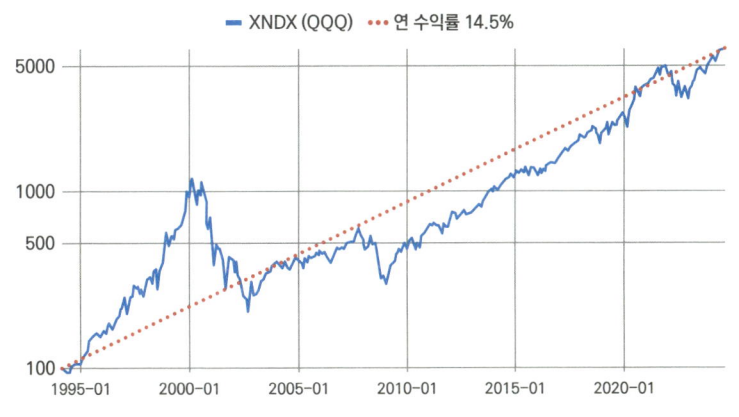

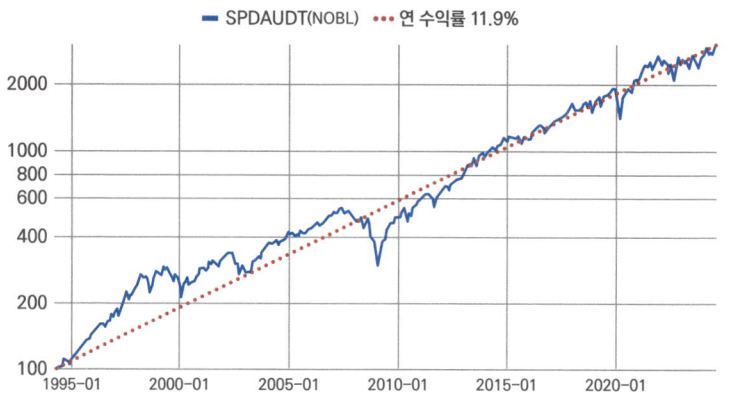

반면 동일기간 S&P 배당귀족인 NOBL의 경우 반대 양상을 보였다. 지난 30년간 연 수익률 11.9%를 기록했고, 대부분의 구간에서 결과적인 수익률과 동일한 기울기를 가진다. 결과와 과정 사이에서 큰 괴리가 발생하지 않았다는 것이다. 낮은 변동성은 실제 장기투자를 실천하는 데 있어 매우 중요하다.

높은 변동성이 위험한 이유는 단지 투자자가 고통스럽다는 감정적인 요인에만 국한되지 않는다. 어디까지가 진정한 가치이고 어디서부터가 버블인지 아무도 예측할 수 없다는 점이 문제다. 그래서 한 번 떨어지면 어디까지 떨어질지 모른다. 나스닥은 과거에도 그랬듯이 언제든 가파르게 하락할 수 있다. 특히 닷컴 버블 당시에는 거의 증발에 가까울 정도(-83%)로 주가가 추락했다. 다시 전고점을 회복하기까지는 약 15년이 걸렸다. 불과 몇년

전인 2022년에도 큰 폭으로 하락(-36%)했다는 걸 기억해야 한다. 따라서 QQQ는 단기적으로 급격한 성장이 가능하지만, 반대로 급격한 하락도 언제든지 일어날 수 있는 종목이다.

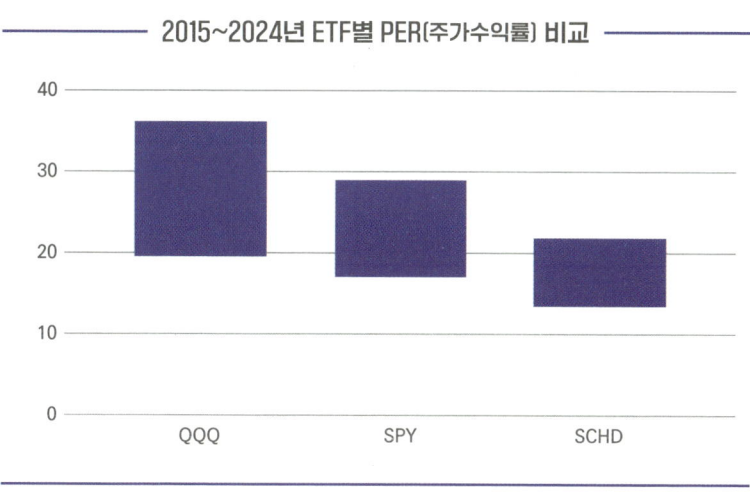

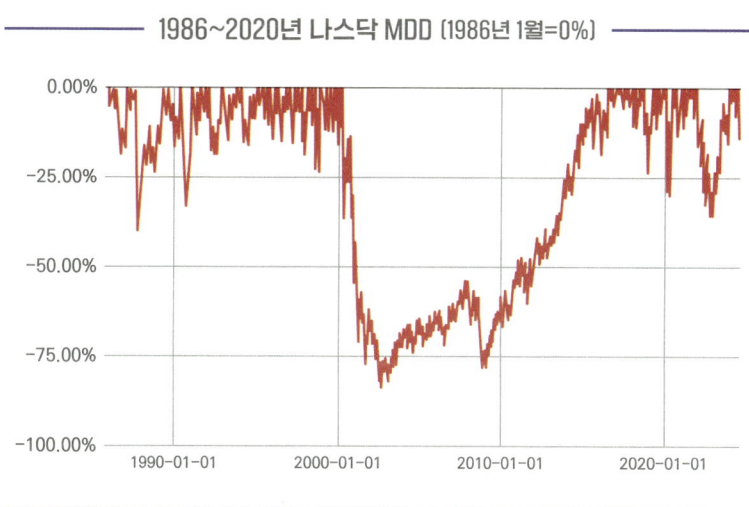

하지만 이러한 특성에도 불구하고, 세계가 점점 더 기술주 중심으로 양극화되고 있다는 사실을 부인할 수 없다. 나는 대형 기술주들이 세계 경제를 주도하는 시장에서 투자를 하지 않는 것이 오히려 더 큰 위험이라고 생각한다. 기술주가 보여주는 성장가능성은 여전히 매력적이다. 기술성장주를 완전히 배제하는 것은 대부분의 투자 포트폴리오에서 안 좋은 판단이 될 확률이 높다.

QQQ 또는 기술성장주에 투자하지 않는다면 말리고 싶다. 반대로 QQQ에만 '몰빵'으로 투자하고 있다면 이것 또한 말리고 싶다. 그렇다면 QQQ는 어떻게 투자하는 게 좋을까? 다음 챕터에서 알아보도록 하겠다.

창과 방패를 함께 드는
혼합 ETF 전략

기술주의 성장성은 가져가면서 리스크는 줄이는 방법은 간단하다. 섞으면 된다. 상호보완이 가능한 종목들과 함께 투자하는 것이다. 서로 다른 성격의 ETF를 조합해 분산투자한다면, 위험을 줄이면서도 수익을 극대화할 수 있다. 조합이 좋은 자산을 함께 투자하는 건, 포트폴리오를 만들 때 가장 중요한 요소다. 가장 공격적인 전략과 가장 방어적인 전략, 창과 방패를 함께 들면 된다. 굳이 토끼와 거북이로 싸울 필요가 없다. 힘들 때 서로 도와주면 된다.

공격적인 전략과 방어적인 전략을 동시에 활용하는 '바벨 전략'이 좋은 예다. 상관성이 낮은 자산들을 함께 투자해서 분산효과를 통해 변동성을 줄이면서도 수익을 높이는 것이다. 보통 이와 같은 전략은 '주식'과 '채권'을 함께 활용하는 것이 대표적이지만, 주식 안에서도 동일한 전략을 사용할 수 있다. 예를 들어 성장주 중심의 ETF와 배당성장주 중심의 ETF를 함께 투자하면 서로의 장단점을 보완할 수 있다. 주식 ETF 사이에서 이렇게 낮은 상관성을 보여주는 경우를 쉽게 찾아보기는 어렵다.

배당성장 ETF인 SCHD와 기술성장 ETF인 QQQ를 조합해서 투자하는 경우를 가정해 보자. SCHD는 기술주 비중이 거의 없어 QQQ의 큰 하락, 변동성을 완화할 수 있는 완벽한 보완재 역할을 한다. 반대로 QQQ는 폭발적인 수익으로 SCHD의 FOMO를 방지할 수 있다. 투자자들이 흔히 걱정하는 FOMO나 하락장에 대한 우려를 동시에 잡을 수 있는 방법이다. 따라서 주기적인 리밸런싱 Rebalancing을 통해 두 종목을 적절한 비율로 투자하면, 오히려 SPY(시장 ETF)보다 더 안정적이면서도 높은 수익률을 기대할 수 있다.

● **리밸런싱**

정해진 기간(분기, 반기, 연 1회 등)마다 투자하고 있는 종목과 자산의 비중을 다시 맞추는 것이다. 상승한 종목은 높은 가격에 매도하고, 하락한 종목은 낮은 가격에 매입해 정해놓은 종목 및 자산별 비중을 맞춘다. 리밸런싱은 기계적인 고점매도, 저점매수가 가능하며 이에 따라 전체 포트폴리오의 수익률은 높아지고, 변동성은 낮아진다. 상관성이 낮을수록 리밸런싱 효과는 극대화된다. 상승한 종목을 매도하고 발생한 수익금으로 하락한 종목을 매수해서 목표 비중을 다시 맞추는 경우 절세계좌에선 괜찮지만, 일반계좌에선 시세차익에 대한 양도세 문제가 발생할 수 있다. 기존 종목 매도 없이 하락한 종목만 목표 비중에 도달할 때까지 추가로 매수하는 경우 세금 문제가 없다는 장점이 있다. 하지만 지속적인 매수가 필요하기 때문에 거치식 투자자의 경우 적용하기 어렵고 적립식 매수를 유지하고 있는 경우에는 괜찮은 선택이다.

2020~2024년 ETF별 상관계수

	SPY	QQQ	SCHD	NOBL	VIG	DGRO	DGRW	MOAT
SPY	1.000	0.929	0.890	0.894	0.962	0.945	0.968	0.943
QQQ	0.929	1.000	0.709	0.702	0.832	0.782	0.854	0.841
SCHD	0.890	0.709	1.000	0.958	0.935	0.965	0.934	0.905
NOBL	0.894	0.702	0.958	1.000	0.954	0.967	0.937	0.912
VIG	0.962	0.832	0.935	0.954	1.000	0.977	0.983	0.930
DGRO	0.945	0.782	0.965	0.967	0.977	1.000	0.971	0.935
DGRW	0.968	0.854	0.934	0.937	0.983	0.971	1.000	0.925
MOAT	0.943	0.841	0.905	0.912	0.930	0.935	0.925	1.000

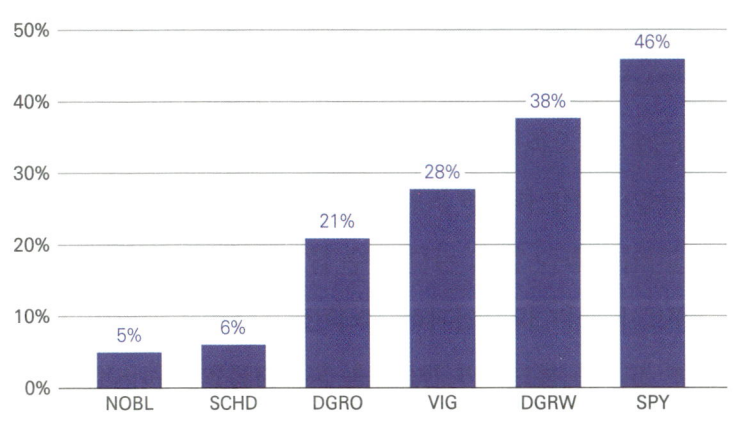

2024년 10월 기준 배당성장 ETF별 QQQ와의 중복 비중

- NOBL: 5%
- SCHD: 6%
- DGRO: 21%
- VIG: 28%
- DGRW: 38%
- SPY: 46%

4부 최고의 ETF, 최고의 투자전략

예를 들어, 8:2 비율로 SCHD와 QQQ를 조합하면 SPY보다 낮은 변동성에 더 높은 수익률을 기록할 수 있다. SCHD와 QQQ의 조합은 하락장에서 방어력을 보이면서도 상승장에서 높은 수익을 기록했다. 결과적으로 전체적인 수익이 오르는 모습을 보여줬다.

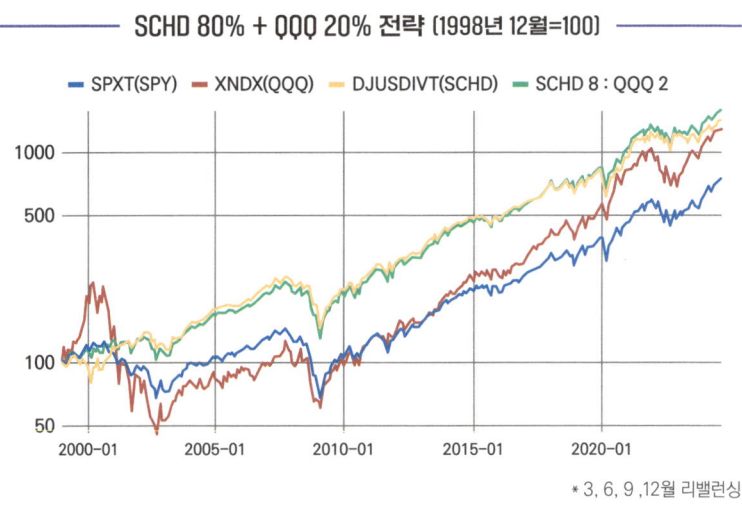

만약 은퇴 시점이 많이 남았다면 더 공격적인 5:5 비율도 고려할 수 있다. 8:2보다 변동성은 높아지지만 수익률도 그만큼 높아진다. 이 전략의 매력은 변동성이 큰 QQQ를 50%나 포함했음에도 불구하고, 전체 포트폴리오의 변동성은 SPY보다 작다는 점이다. 이는 두 ETF가 상관관계가 낮아 서로 다른 시장상황에서 상호보완적으로 움직이기 때문이다. 단, 기술주는 변동성이 크기 때문에 안정성을 위해 은퇴 시점에 맞춰 점차 SCHD와 같은 배당성장주의 비율을 높이는 것이 바람직하다.

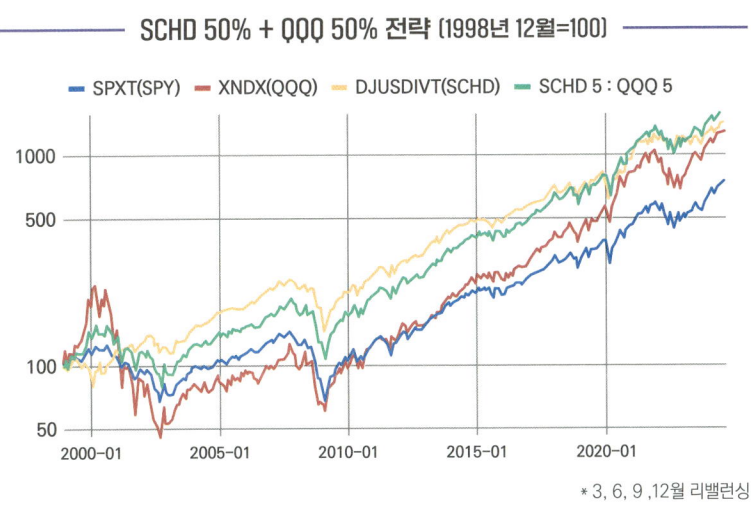

 이러한 '혼합 ETF 전략'의 가장 큰 장점은 투자자의 성향에 따라 직접 변동성을 조절할 수 있다는 점이다. 포트폴리오 비율은 1:9에서 9:1까지 다양하게 선택할 수 있다. 6.5:3.5와 같이 디테일하게 비중을 조절하는 것도 가능하다. 투자는 결국 꾸준히 하는 것이 중요한데, 어떤 비율을 선택하더라도 특정 종목에 100% 투자하는 경우보다 투자자가 지속적으로 투자를 할 확률이 높다. 자신의 목표와 감당할 수 있는 변동성 수준에 맞게 비율을 조정하면 된다.

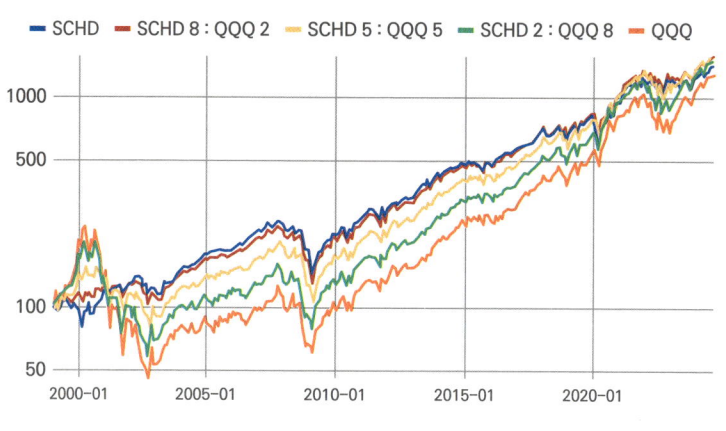

배당성장 ETF + 성장 ETF 투자시점에 따른 연 수익률

비중/투자시점	1998년 12월	2000년	2005년	2010년	2015년	2020년
DJUSDIVT(SCHD)	10.9%	11.7%	11.2%	13.5%	12.0%	12.6%
SCHD 90% + QQQ 10%	11.1%	11.5%	11.6%	14.2%	12.8%	13.5%
SCHD 80% + QQQ 20%	11.3%	11.4%	12.1%	14.8%	13.5%	14.3%
SCHD 70% + QQQ 30%	11.5%	11.2%	12.5%	15.5%	14.3%	15.1%
SCHD 60% + QQQ 40%	11.5%	10.9%	13.0%	16.1%	15.0%	15.9%
SCHD 50% + QQQ 50%	11.5%	10.6%	13.4%	16.7%	15.7%	16.6%
SCHD 40% + QQQ 60%	11.5%	10.2%	13.7%	17.2%	16.4%	17.3%
SCHD 30% + QQQ 70%	11.3%	9.8%	14.1%	17.8%	17.0%	18.0%
SCHD 20% + QQQ 80%	11.1%	9.3%	14.4%	18.3%	17.7%	18.6%
SCHD 10% + QQQ 90%	10.9%	8.7%	14.7%	18.8%	18.3%	19.1%
XNDX(QQQ)	10.5%	8.0%	15.0%	19.3%	18.8%	19.6%
SPXT(SPY)	8.1%	7.9%	10.5%	14.3%	13.6%	14.9%

물론 미래를 정확하게 예측하는 것은 불가능하고, 미래의 수익률이나 변동성은 과거와 다르게 나타날 것이다. 하지만 수익률과 변동성 간의 경향은 각 종목이 가진 특성에 기인하기 때문에 시간이 지난다고 해서 크게 바뀌지 않는다. 상관관계가 낮은 종목들로 분산투자함으로써 얻을 수 있는 효과는 시점에 관계 없이 항상 유효하다는 것을 기억하자.

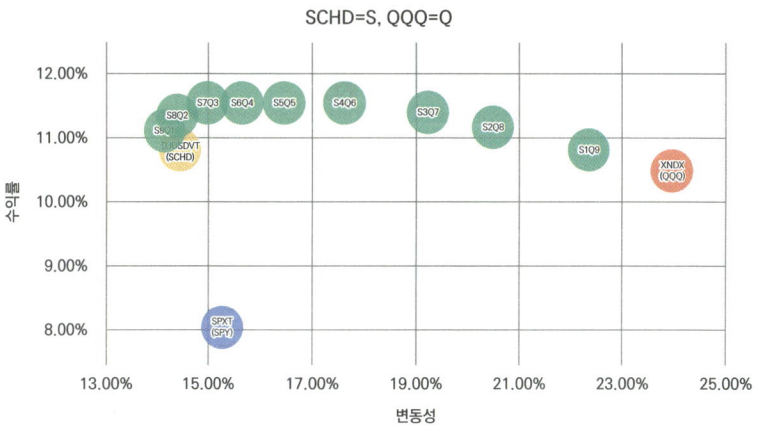

- 1998년 12월~2024년 9월 SCHD + QQQ 혼합 비중에 따른 수익률과 변동성 -

이어서 시장 ETF와 성장 ETF의 조합 전략도 살펴보자. 앞선 내용을 잘 따라온 독자라면, 아마 결과를 예상할 수 있을 것이다.

1. SPY와 QQQ는 현재 중복 비중이 약 50%다.

2. 하락할 때 같이 떨어질 조합보다, 반대로 움직여서 서로 보완할 수 있는 조합이 더 좋다.
3. 분산효과는 상관성이 낮은 종목에 분산투자할 때 나타난다.

이제 실제로 SPY와 QQQ를 함께 투자했을 때 어떤 결과를 얻을 수 있었는지 살펴보자. 이 조합은 닷컴버블의 충격을 그대로 받았고, 고점 회복까지 약 10년 이상 걸렸다. SCHD와 QQQ 혼합 전략과 같은 분산효과는 찾아보기 어려웠다. 오히려 기간에 따라 단일로 투자했을 때보다 못한 결과를 보이는 경우도 있었다.

이유는 앞서 언급했다. SPY와 QQQ는 서로 보완적인 성격을 가지기보다는 비슷하게 움직이는 경우가 많기 때문이다. 시기에 따라 두 자산 간 포트폴리오 중복 비율이 50% 이상으로 매우 커지기도 한다. 때문에 이 조합은 하락장에서 함께 하락할 가능성이 크며, 상승장에서 동시에 상승하는 경향을 보인다. 즉 SPY와 QQQ는 종목 간의 상관성이 높아 분산효과가 충분히 발휘되지 않는다. 결국 이 조합은 서로를 보완하기보다는 비슷한 성격의 자산을 중복해서 보유하는 효과에 그친다.

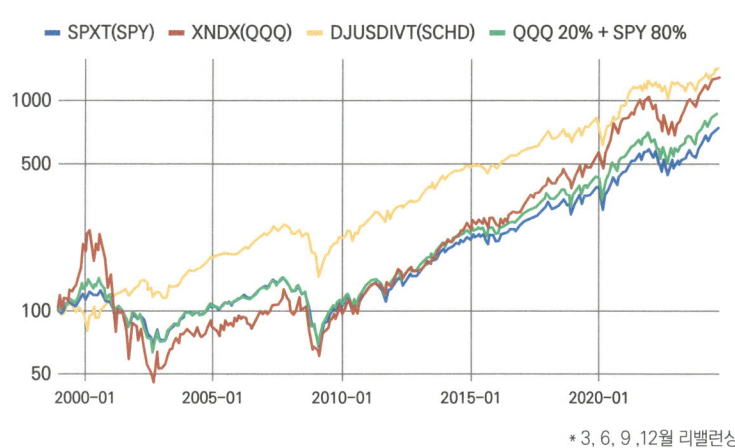

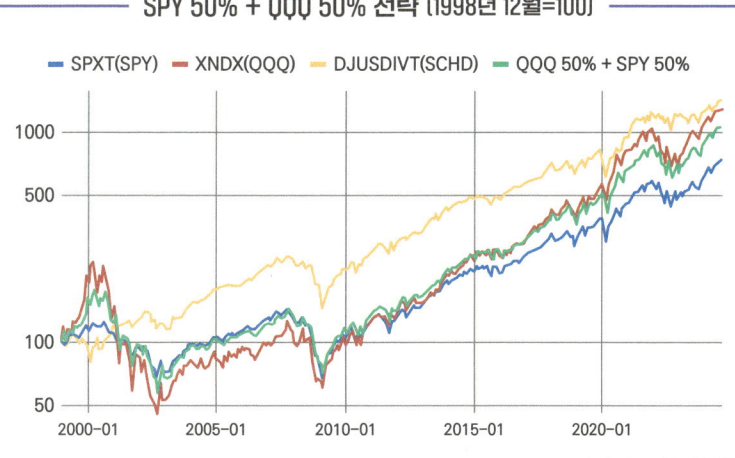

SPY와 QQQ의 조합은 상관성이 높은 두 자산에 투자하는 만큼 하락 위험이 분산되지 않는다는 점을 유의해야 한다. 따라서 큰 분산효과를 기대하기보다는 성장 중심의 포트폴리오에 약간의 안정성을 추가하려는 투자자에게 적절한 전략이다. 따라서 이 조합은 안정적인 성향의 투자자보단, 공격적인 성향의 투자자나 기술주에 강한 확신을 가진 투자자에게 더 적합하다.

장기적으로 SPY와 QQQ의 조합은 변동성이 높은 만큼 잠재적 수익률도 높다는 장점이 있다. 기술주 중심의 QQQ가 빠르게 성장하는 동안, 상대적으로 더 넓은 시장을 아우르는 SPY가

성장 ETF + 시장 ETF 투자시점에 따른 연 수익률

비중/투자시점	1998년 12월	2000년	2005년	2010년	2015년	2020년
XNDX(QQQ)	10.5%	8.0%	15.0%	19.3%	18.8%	19.6%
QQQ 90% + SPY 10%	10.4%	8.1%	14.6%	18.9%	18.3%	19.2%
QQQ 80% + SPY 20%	10.3%	8.2%	14.2%	18.4%	17.8%	18.8%
QQQ 70% + SPY 30%	10.1%	8.3%	13.7%	17.9%	17.3%	18.3%
QQQ 60% + SPY 40%	9.9%	8.3%	13.3%	17.4%	16.8%	17.9%
QQQ 50% + SPY 50%	9.7%	8.3%	12.9%	16.9%	16.3%	17.4%
QQQ 40% + SPY 60%	9.4%	8.3%	12.4%	16.4%	15.8%	16.9%
QQQ 30% + SPY 70%	9.1%	8.2%	11.9%	15.8%	15.2%	16.4%
QQQ 20% + SPY 80%	8.8%	8.1%	11.5%	15.3%	14.7%	15.9%
QQQ 10% + SPY 90%	8.5%	8.0%	11.0%	14.8%	14.1%	15.4%
SPXT(SPY)	8.1%	7.9%	10.5%	14.3%	13.6%	14.9%

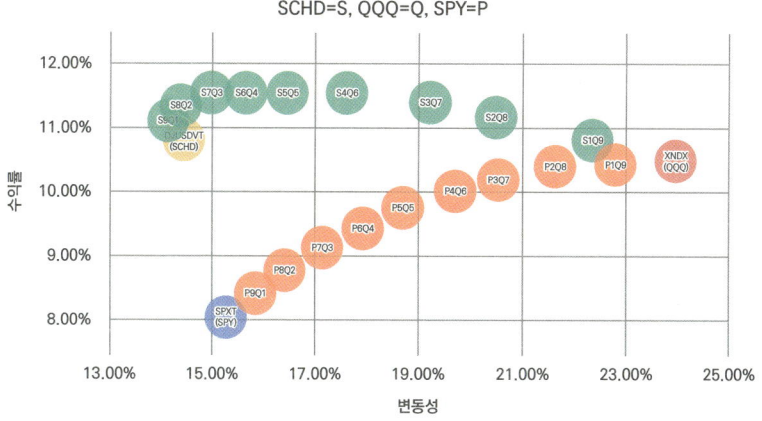

안정적인 기반을 제공해 줄 수 있기 때문이다. 이 조합을 활용하면 기술주가 성장할 때 큰 수익을 기대할 수 있으며, SPY의 안정성을 통해 포트폴리오의 전반적인 리스크를 조금이라도 줄일 수 있다. 특히 심리적인 안정감은 절대 무시할 수 없는 요소다.

SPY와 QQQ 조합을 고려할 때는 자신이 감당할 수 있는 리스크와 변동성을 명확히 이해하는 것이 중요하다. 기술주에 대한 높은 의존도가 부담스럽다면 SPY에 더 많은 비중을 두고, 상대적으로 더 안정적인 배당성장 ETF나 방어적인 자산을 추가하는 것도 좋은 전략이 될 수 있다.

이제 시장, 성장, 배당성장 ETF 3가지 종목을 조합한 전략을 한 번에 비교해 보겠다. 먼저 그래프를 통해 3가지 종목의 특성

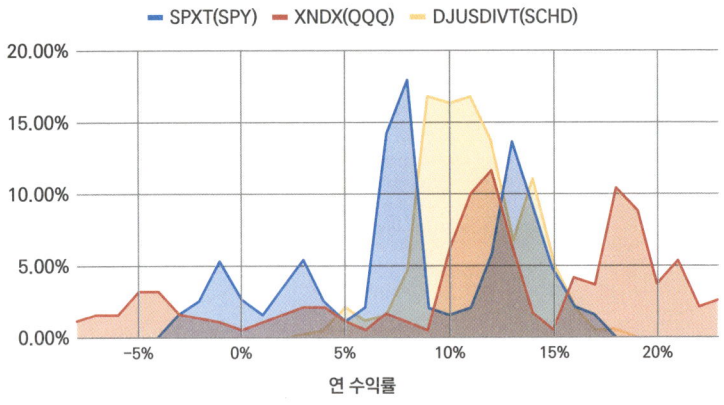

- **QQQ**: 가장 편차가 심하다. 10년 투자 시에도 손해를 보는 구간이 있었다.
- **SPY**: QQQ보다는 편차가 덜하다. 하지만 10년 투자 시에도 손해를 보는 구간이 있었다.
- **SCHD**: 가장 편차가 덜하다. 안정적이다. 10년 투자 시 손해를 보는 구간이 없었다.

을 살펴보자.

10년 동안 투자 시 연 수익률의 분포 그래프로 살펴보면, 각 ETF의 특성과 투자결과가 명확히 드러난다. QQQ의 경우, 연 수익률 분포를 보면 좌우로 넓게 펼쳐져 있다. 수익률의 편차가 심하다는 뜻이다. 그래서 10년 투자 시에도 손해를 보는 구간이 존재한다. 이는 기술주 중심의 QQQ가 높은 성장가능성만큼 높은 변동성을 내포하고 있다는 것을 의미한다. SPY는 QQQ에 비해 수익률 편차가 덜한 편이나, 10년 투자 시에도 손해를 볼 수 있는 구간이 여전히 존재했다.

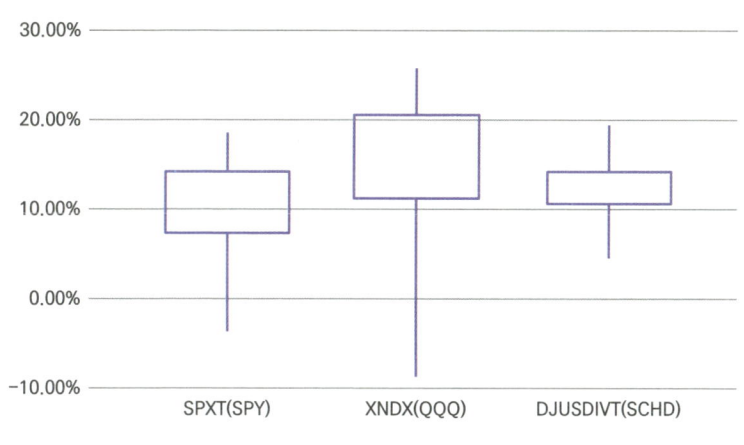

반대로 SCHD는 가장 안정적이다. SCHD에 10년간 투자했을 때, 손해를 보는 경우는 없었으며 연 수익률 분포가 10% 내외에 집중되어 있다. 이는 배당성장주 중심의 안정적인 포트폴리오 구성 덕분에 편차가 적고 안정적이라는 뜻이다.

하지만 일반적인 분포 그래프로는 각 ETF의 특징을 추론할 수 있을 뿐 각각 수십 개에 달하는 포트폴리오를 한눈에 비교하기 어렵다. 이럴 때 사용하면 좋은 것이 '박스플롯'이다. 최상단, 최하단은 기간별로 각 전략의 최고, 최저 수익률을 나타내고, 박스의 상단, 하단은 각각 상위 25% 수익률, 하위 25% 수익률을 나타낸다. 박스플롯을 사용하면 다수의 전략을 쉽게 살펴볼 수 있다.

SPY, QQQ, SCHD의 모든 조합을 박스플롯으로 나타내면 각 조합의 수익률 분포와 특성을 한눈에 볼 수 있다. 이를 통해 투자자는 어떤 조합이 자신의 투자성향과 리스크 관리에 적합한지 판단할 수 있다.

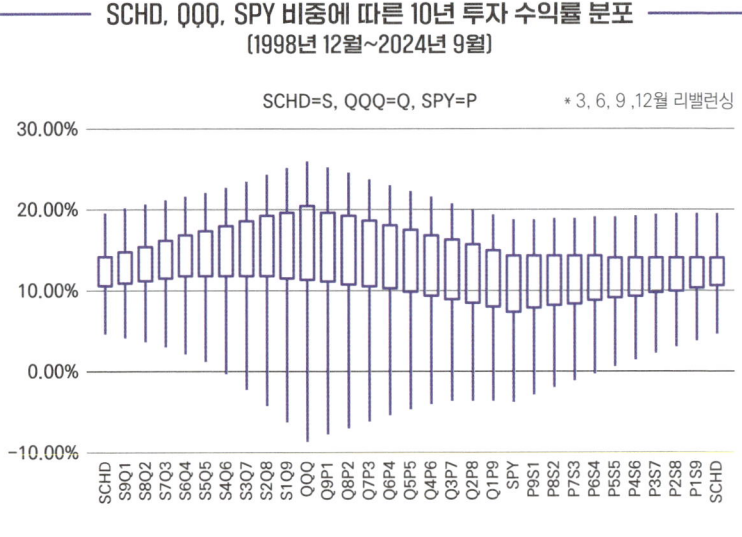

예를 들어 1) 마이너스 수익이 발생한 케이스를 제외하고, 2) 상위 25% 기준 수익률이 SCHD 단일 투자보다 높은 경우만 필터링한 경우를 보자. 분산효과를 통해 안정적인 수익률을 기대할 수 있는 조합이 명확히 드러난다. 간단하지만 강력한 방법이다.

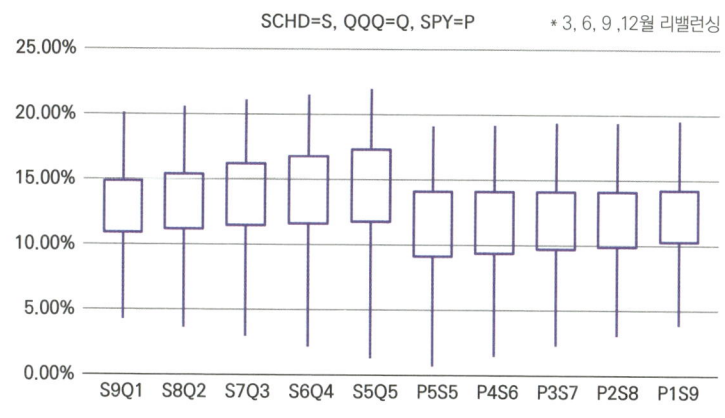

이제 변동성까지 함께 생각해 보자. 풍선 그래프를 사용하면 수익률과 변동성을 통해 각 조합의 성과를 한눈에 시각화할 수 있다. 이 그래프를 통해 상관성이 낮은 자산과의 조합에서 분산 효과가 극대화되는 모습을 확인할 수 있을 것이다.

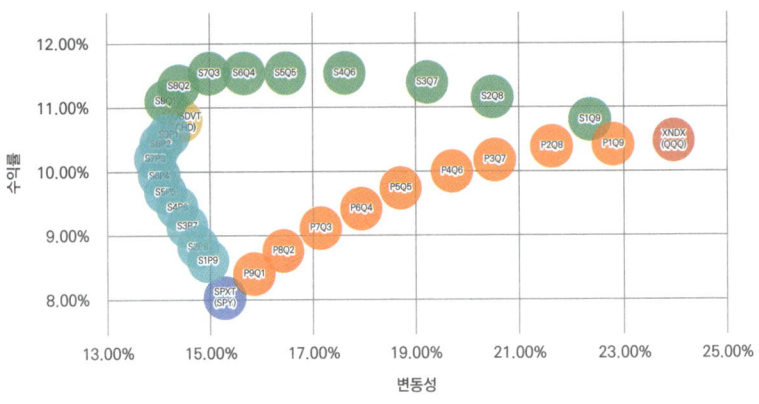

이제 지금까지 살펴본 모든 조합을 종합적으로 살펴보겠다. 모든 조합의 순위를 매길 때는 수익률과 변동성을 함께 고려하는 것이 좋다. 단순 수익률 기준으로는 레버리지가 있는 TQQQ(QQQ를 3배로 추종하는 ETF) 같은 ETF가 상위에 위치할 것이다. 반면 안정성, 변동성 기준으로는 예금이 1순위에 위치할 것이다. 따라서 변동성 대비 수익률을 함께 고려해야 투자성과를 제대로 평가할 수 있다. 이번 장에선 하락 변동성을 활용한 소르티노 지수(하락변동성 대비 수익률)를 통해 살펴보도록 하자. 장기투자를 위해선 수익률이 높고 하락 변동성이 낮은 것이 당연히 더 유리할 것이다. 고통(하락 변동성) 대비 성능비라고 생각하면 되겠다.

혼합 ETF 전략 조합별 순위 (1998년 12월~2024년 9월 투자 가정)

순위	전략	수익률	하락 변동성	소르티노 지수
1	SCHD 70% + QQQ 30%	11.5%	10.0%	1.15
2	SCHD 80% + QQQ 20%	11.3%	9.8%	1.15
3	SCHD 90% + QQQ 10%	11.1%	10.1%	1.10
4	SCHD 60% + QQQ 40%	11.5%	10.5%	1.10
5	SCHD 100%	10.9%	10.4%	1.05
6	SCHD 90% + SPY 10%	10.6%	10.3%	1.03
7	SCHD 50% + QQQ 50%	11.5%	11.3%	1.02
8	SCHD 80% + SPY 20%	10.4%	10.2%	1.02
9	SCHD 70% + SPY 30%	10.2%	10.1%	1.01
10	SCHD 60% + SPY 40%	9.9%	10.0%	0.99
11	SCHD 50% + SPY 50%	9.6%	9.9%	0.97
12	SCHD 40% + QQQ 60%	11.5%	12.2%	0.94
13	SCHD 40% + SPY 60%	9.4%	10.0%	0.94
14	SCHD 30% + SPY 70%	9.1%	10.1%	0.90
15	SCHD 20% + SPY 80%	8.8%	10.3%	0.85
16	SCHD 30% + QQQ 70%	11.3%	13.3%	0.85
17	SCHD 10% + SPY 90%	8.5%	10.5%	0.81
18	QQQ 10% + SPY 90%	8.5%	11.1%	0.77
19	SCHD 20% + QQQ 80%	11.1%	14.6%	0.76
20	QQQ 20% + SPY 80%	8.8%	11.6%	0.76
21	SPY 100%	8.1%	10.8%	0.75
22	QQQ 30% + SPY 70%	9.1%	12.1%	0.75
23	QQQ 40% + SPY 60%	9.4%	12.7%	0.74
24	QQQ 50% + SPY 50%	9.7%	13.3%	0.73
25	QQQ 60% + SPY 40%	9.9%	14.0%	0.71

26	SCHD 10% + QQQ 90%	10.9%	16.0%	0.68
27	QQQ 70% + SPY 30%	10.1%	14.8%	0.68
28	QQQ 80% + SPY 20%	10.3%	15.6%	0.66
29	QQQ 90% + SPY 10%	10.4%	16.5%	0.63
30	QQQ 100%	10.5%	17.5%	0.60

* 3, 6, 9 ,12월 리밸런싱

지금까지 분석한 데이터는 모두 SCHD가 추종하는 지수 데이터가 존재하는 1998년부터의 데이터를 기반으로 했다. 이 기간에는 큰 하락장 중 하나였던 닷컴버블도 포함되어 있다. 하지만 모든 데이터는 측정하는 기간에 따라 그 양상이 상당히 달라질 수 있다. 특히 데이터에 포함된 닷컴버블로 인해 SPY, QQQ의 성적이 크게 평가절하될 수 있다(각자 미래에 대한 관점에 따라 닷컴버블과 같은 사건이 반복되지 않을 것이라고 보는 사람도 있을 것이다).

이번에는 지금까지 살펴본 투자시점과 각기 다른 비중의 혼합 ETF 전략에 따른 수익률을 종합적으로 살펴보도록 하자.

혼합 ETF 전략별 투자시점에 따른 연 수익률

비중/투자시점	1998년 12월	2000년	2005년	2010년	2015년	2020년
DJUSDIVT(SCHD)	10.9%	11.7%	11.2%	13.5%	12.0%	12.6%
SCHD 90% + QQQ 10%	11.1%	11.5%	11.6%	14.2%	12.8%	13.5%
SCHD 80% + QQQ 20%	11.3%	11.4%	12.1%	14.8%	13.5%	14.3%
SCHD 70% + QQQ 30%	11.5%	11.2%	12.5%	15.5%	14.3%	15.1%
SCHD 60% + QQQ 40%	11.5%	10.9%	13.0%	16.1%	15.0%	15.9%
SCHD 50% + QQQ 50%	11.5%	10.6%	13.4%	16.7%	15.7%	16.6%
SCHD 40% + QQQ 60%	11.5%	10.2%	13.7%	17.2%	16.4%	17.3%
SCHD 30% + QQQ 70%	11.3%	9.8%	14.1%	17.8%	17.0%	18.0%
SCHD 20% + QQQ 80%	11.1%	9.3%	14.4%	18.3%	17.7%	18.6%
SCHD 10% + QQQ 90%	10.9%	8.7%	14.7%	18.8%	18.3%	19.1%
XNDX(QQQ)	10.5%	8.0%	15.0%	19.3%	18.8%	19.6%
QQQ 90% + SPY 10%	10.4%	8.1%	14.6%	18.9%	18.3%	19.2%
QQQ 80% + SPY 20%	10.3%	8.2%	14.2%	18.4%	17.8%	18.8%
QQQ 70% + SPY 30%	10.1%	8.3%	13.7%	17.9%	17.3%	18.3%
QQQ 60% + SPY 40%	9.9%	8.3%	13.3%	17.4%	16.8%	17.9%
QQQ 50% + SPY 50%	9.7%	8.3%	12.9%	16.9%	16.3%	17.4%
QQQ 40% + SPY 60%	9.4%	8.3%	12.4%	16.4%	15.8%	16.9%
QQQ 30% + SPY 70%	9.1%	8.2%	11.9%	15.8%	15.2%	16.4%
QQQ 20% + SPY 80%	8.8%	8.1%	11.5%	15.3%	14.7%	15.9%
QQQ 10% + SPY 90%	8.5%	8.0%	11.0%	14.8%	14.1%	15.4%
SPXT(SPY)	8.1%	7.9%	10.5%	14.3%	13.6%	14.9%
SPY 90% + SCHD 10%	8.5%	8.3%	10.6%	14.2%	13.4%	14.7%
SPY 80% + SCHD 20%	8.8%	8.7%	10.7%	14.2%	13.3%	14.5%
SPY 70% + SCHD 30%	9.1%	9.1%	10.8%	14.1%	13.2%	14.3%
SPY 60% + SCHD 40%	9.4%	9.5%	10.8%	14.0%	13.0%	14.1%
SPY 50% + SCHD 50%	9.6%	9.9%	10.9%	14.0%	12.9%	13.9%

SPY 40% + SCHD 60%	9.9%	10.3%	11.0%	13.9%	12.7%	13.6%
SPY 30% + SCHD 70%	10.2%	10.6%	11.0%	13.8%	12.5%	13.4%
SPY 20% + SCHD 80%	10.4%	11.0%	11.1%	13.7%	12.4%	13.1%
SPY 10% + SCHD 90%	10.6%	11.3%	11.1%	13.6%	12.2%	12.9%

이어서 최근 10년 데이터를 자세히 보겠다. 지금까지 살펴봤던 1998년부터의 장기간 데이터와는 다른 결과가 나온다. 특히 닷컴버블이 제거된 만큼, SPY와 QQQ의 성적이 매우 우세한 모습을 보인다. 하지만 그럼에도 앞서 분석했던 내용과 같이 분산효과에 의한 변동성 감소, 수익률 증가 효과는 동일하게 작동한다는 것을 알 수 있다. 측정기간에 따라 여러 수치들은 변화할 수 있지만, 분산효과는 똑같이 작동한다는 점을 기억하자.

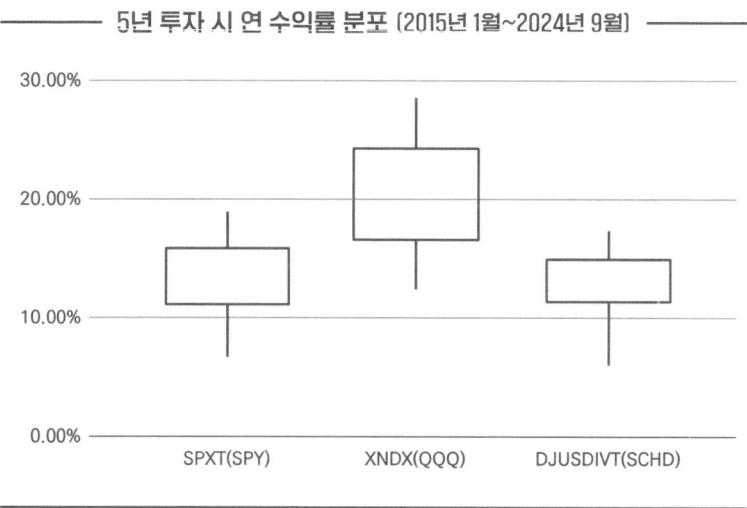

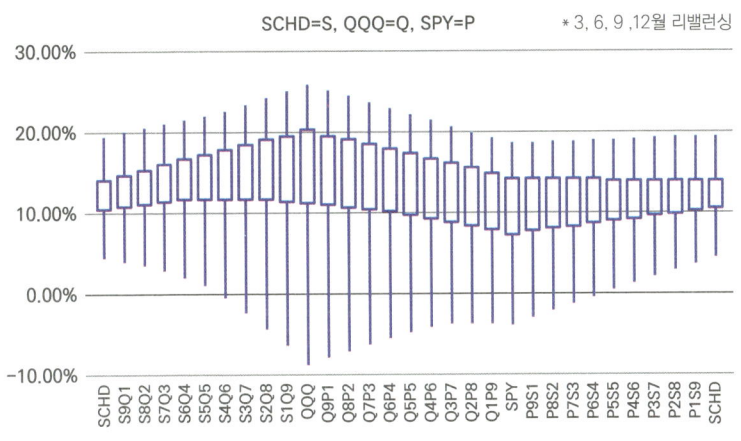

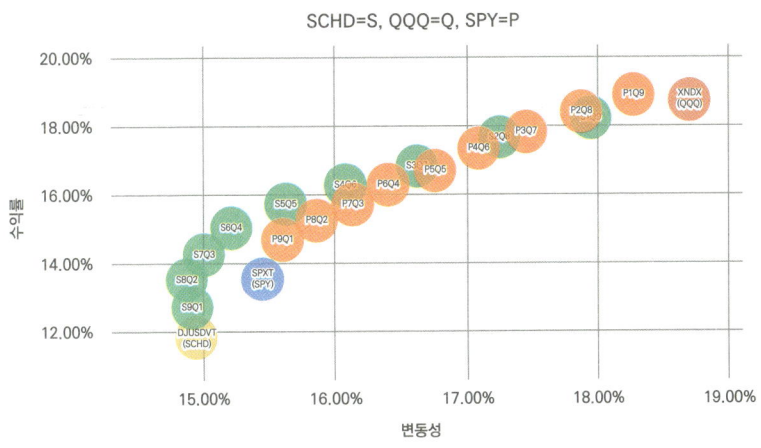

수익률과 하락 변동성을 감안한 소르티노 지수를 보더라도 이러한 분산효과를 확인할 수 있다. 특히 지난 10년 간은 기술성장주의 활약이 돋보였던 만큼 수익률로만 본다면 QQQ가 가장 성적이 좋다. 하지만 전체 포트폴리오의 변동성을 고려한다면, QQQ만 투자하는 것보다 오히려 상관성이 낮은 SCHD를 함께 투자하는 것이 수익률을 크게 감소시키지 않으면서도 더 안정적인 모습을 보여준다.

지금까지의 분석을 통해 전달하고자 하는 내용의 핵심은 가장 높은 수익률을 낼 수 있는 전략이나 안정성을 고려한 특정 종목들 간의 비율을 찾는 방법이 아니다. 각 투자종목이 가진 특성, 그리고 이들이 지닌 리스크를 충분히 이해하고, 이를 바탕으로 자신만의 포트폴리오를 구성하는 방법을 모색해 나가는 과정 자체가 가장 중요하다. 성공적인 투자전략은 단순히 하나의 공식에 의존하는 것이 아니라, 자신의 투자성향과 리스크 허용 범위를 이해하고 이를 반영한 전략을 세우는 것으로부터 나온다.

혼합 ETF 전략 조합별 순위 (2015년 1월~2024년 9월 투자 가정)

순위	전략	수익률	하락 변동성	소르티노 지수
1	SCHD 10% + QQQ 90%	18.3%	11.0%	1.66
2	SCHD 20% + QQQ 80%	17.7%	10.7%	1.65
3	QQQ 90% + SPY 10%	18.3%	11.1%	1.65
4	SCHD 30% + QQQ 70%	17.0%	10.3%	1.65
5	QQQ 100%	18.8%	11.5%	1.63
6	QQQ 80% + SPY 20%	17.8%	11.0%	1.62
7	SCHD 40% + QQQ 60%	16.4%	10.2%	1.61
8	SCHD 50% + QQQ 50%	15.7%	10.0%	1.58
9	QQQ 70% + SPY 30%	17.3%	11.0%	1.58
10	QQQ 60% + SPY 40%	16.8%	10.8%	1.55
11	SCHD 60% + QQQ 40%	15.0%	9.8%	1.54
12	QQQ 50% + SPY 50%	16.3%	10.8%	1.51
13	SCHD 70% + QQQ 30%	14.3%	9.6%	1.48
14	QQQ 40% + SPY 60%	15.8%	10.7%	1.48
15	QQQ 30% + SPY 70%	15.2%	10.6%	1.44
16	SCHD 80% + QQQ 20%	13.5%	9.5%	1.42
17	QQQ 10% + SPY 90%	14.1%	10.2%	1.39
18	QQQ 20% + SPY 80%	14.7%	10.6%	1.38
19	SCHD 90% + QQQ 10%	12.8%	9.5%	1.34
20	SPY 80% + SCHD 20%	13.3%	9.9%	1.34
21	SPY 70% + SCHD 30%	13.2%	9.9%	1.33
22	SPY 50% + SCHD 50%	12.9%	9.7%	1.33
23	SPY 40% + SCHD 60%	12.7%	9.6%	1.33
24	SPY 60% + SCHD 40%	13.0%	9.8%	1.32
25	SPY 100%	13.6%	10.3%	1.32

26	SPY 90% + SCHD 10%	13.4%	10.3%	1.31
27	SPY 30% + SCHD 70%	12.5%	9.6%	1.31
28	SPY 20% + SCHD 80%	12.4%	9.8%	1.27
29	SCHD 100%	12.0%	9.5%	1.26
30	SPY 10% + SCHD 90%	12.2%	9.6%	1.26

예를 들어, 지금까지 살펴봤던 SCHD와 QQQ의 조합이 무조건적인 정답은 아니다. 그저 과거 데이터를 기반으로 한 분석일 뿐이다. 분산효과를 제외한 다른 숫자들은 시장상황에 따라 언제든 변할 수 있다. 그러므로 이 책에서 백테스트*와 함께 제시한 숫자나 비율에 지나치게 집착하기보다는, 분산효과가 어떻게 발생하고 이 원리가 장기적인 성과에 어떻게 작용하는지 이해하는 것이 훨씬 더 중요하다.

투자성과를 극대화하고 위험을 최소화하려면, 변동성을 효과적으로 관리할 수 있어야 한다. 분산투자가 핵심이다. 상관관계가 낮은 자산을 조합하는 전략은 포트폴리오 전체의 변동성을 줄이면서도 높은 수익을 기대할 수 있게 만들어준다. 이를 위해 각 투자자는 자신의 장

> ● **백테스트의 활용과 한계**
> 과거의 데이터, 백테스트에 너무 집착하는 것은 좋지 않다. 각자에게 잘 맞는 종목, 전략을 찾는 것에 활용하는 것만으로 충분하다. 가장 중요한 것은 각 종목이 가진 리스크와 특성을 충분히 이해하는 것이다. 수익률과 변동성 사이에 어떤 관계가 있는지, 또 상관성이 낮은 자산을 혼합하는 건 어떤 효과가 있는지 여러 관점으로 직접 알아보는 것이다. 투자자마다 성향도 다르고, 감당할 수 있는 변동성의 크기도 다르다. 게다가 미래는 아무도 모른다. 그래서 포트폴리오에는 정답이 없다. 적당히 좋은 종목, 나에게 잘 맞는 전략이라면 그저 하루라도 더 오래 장기투자 하는 사람이 승자다.

기적인 목표와 리스크 허용 범위를 고려하여, 자신에게 적합한 포트폴리오를 설계하는 것이 필수다. 다시 말해 장기적인 성공은 '최적의 조합과 비율'을 찾는 것이 아니라 각 종목의 특성과 이를 활용한 분산효과를 명확히 이해하고 활용하는 데 달려 있다.

SPY, QQQ, SCHD 모두 우수한 자산이다. 이 세 가지 종목을 어떤 조합으로 투자하든 나쁜 선택이 될 가능성은 낮다. 심지어 세 종목을 동시에 투자하는 전략도 괜찮다. 중요한 것은 '어떤 종목을 선택할 것인가'가 아니라, '어떻게 해야 장기적으로 꾸준히 투자할 수 있는가'이다. 결국 성공적인 투자는 하루라도 더 오래 시장에 남아 장기적인 성장을 누릴 수 있는 지에 달려 있기 때문이다.

자산의 종류와 투자전략에 따른 수익률

자산 다이어그램

주식(대표 ETF → 강화 ETF)　　　　　　　　　주식 외 자산

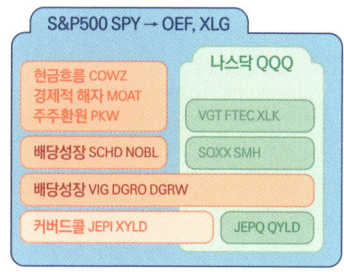

자산별 연 수익률, 변동성 (2015~2024)

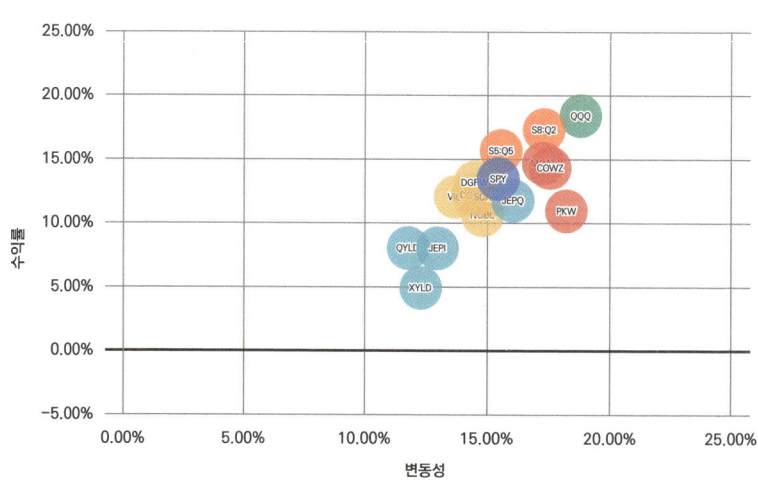

09

소수정예로 집중투자하는
강화형 ETF

꼭 전 세계 주식 전부 혹은 S&P500의 500개 기업, 나스닥100의 100개 기업에 모두 투자해야 할까? 우수한 기업만 좀 더 추려서 투자하면 어떨까? 좋은 생각이다. 특정 지수를 추종하는 ETF를 통해 분산투자하면서도, 더 집중적인 투자전략을 통해 보다 높은 수익을 기대할 수 있다. 이러한 투자전략에 활용될 수 있는 몇 가지 '강화 버전' ETF들을 살펴보도록 하자.

먼저, 전 세계 주식을 포괄하는 ETF인 VT의 강화된 ETF로 IOO가 있다. VT는 미국을 포함한 전 세계 주요 주식시장에 분산투자하는 포괄적 ETF로, 글로벌 경제성장의 혜택을 넓게 누리는 것을 목표로 한다. 그러나 VT보다 더 집중적인 투자를 원한다면 IOO가 훌륭한 대안이 될 수 있다. IOO는 글로벌 시장의 100개의 우량 기업에 집중투자하는 ETF이다. 쉽게 말해 VT의 소수정예 버전인 것이다.

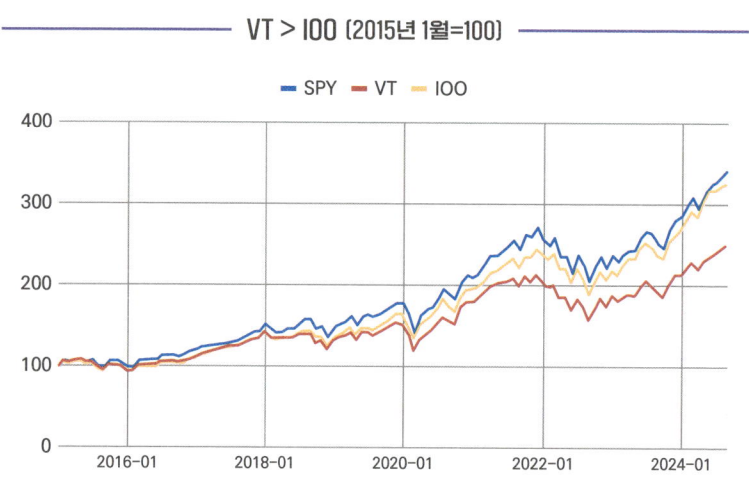

다음으로 미국 주식시장 전체를 추종하는 대표적인 ETF인 VTI의 강화판으로 SPY, OEF, XLG가 있다. SPY는 우리가 앞서 여러 번 다뤘던 ETF로 미국 시장을 대표하는 500대 대형주를 포함한 S&P500 지수를 추종하는 ETF다. 넓은 분산투자로 안정적인 수익을 목표로 하지만, 더 높은 수익을 추구하는 투자자들에게는 다소 보수적인 접근이 될 수 있다. 이 경우 S&P100 지수를 추종하는 OEF를 선택할 수 있다. OEF는 미국의 100대

대형주에 집중투자하여, SPY보다 더 집중적인 투자를 제공한다. 더 나아가 최상위 대형주에 집중하고자 한다면 XLG를 고려해 볼 수 있다. XLG는 S&P500 내에서 가장 큰 50개의 기업에 집중투자하여, 미국 시장의 가장 강력한 기업들로 포트폴리오를 구성하는 ETF다.

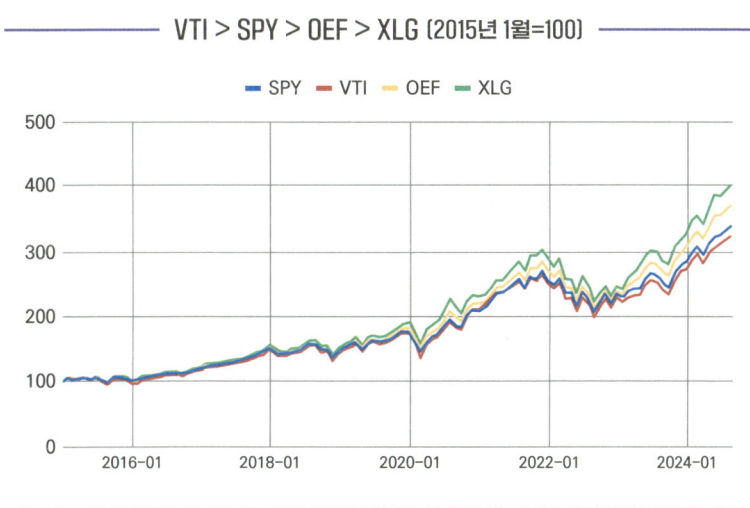

나스닥을 대표하는 ETF인 QQQ의 강화버전으로는 VGT, FTEC, XLK가 있다. QQQ는 나스닥100 지수를 추종하는 ETF로, 기술주 중심의 포트폴리오를 통해 높은 성장성을 노린다. 하지만 QQQ보다 더 집중적인 기술주 투자를 원한다면 VGT와 FTEC가 대안이 될 수 있다. 이들 ETF는 IT 섹터의 기업들 약

200~300여 개에 투자함으로써 기술산업의 성장을 더 직접적으로 반영한다. 이보다 강력한 기술주 투자를 원한다면 XLK가 괜찮은 선택지다. XLK는 S&P500의 기술 섹터에 속한 약 60여 개 종목에 집중투자하는 ETF다.

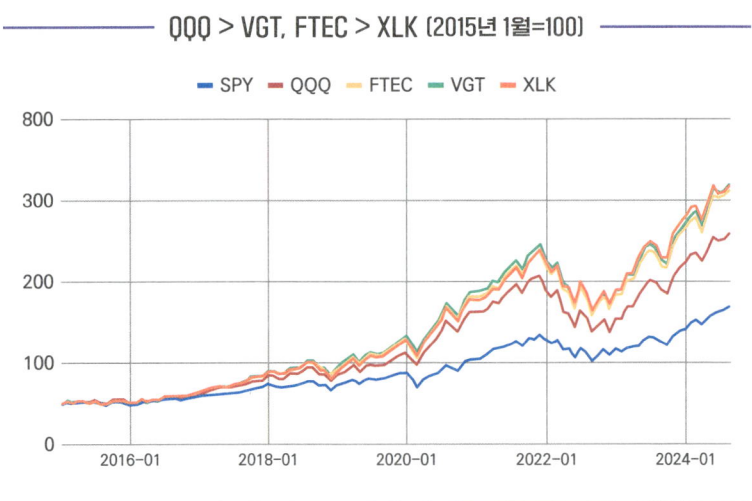

이와 같은 '강화 버전' ETF들은 특정 산업이나 시장에 대한 노출을 더욱 집중함으로써, 높은 수익을 기대하는 투자자들에게 적합하다. 분산된 투자보다 더 높은 리스크를 감수할 준비가 되어 있는 투자자라면, 이러한 강화된 전략을 고려해 볼 수 있을 것이다. 최근 S&P500 상위 20개 기업에 투자하는 TOPT나, 나스닥 상위 30개 기업에 투자하는 QTOP 등과 같은 ETF가 출시

되었지만 기본적인 골자는 똑같다. 초대형주에 집중적으로 투자하기 때문에 더 높은 성장성을 기대할 수 있지만 그 반대의 경우가 생길 수도 있다. '하이리스크-하이리턴'이라는 주식투자의 진리는 잊지 말자.

기본형 ETF와 강화형 ETF

구분	전 세계	미국	나스닥
기본형	VT (전 세계 모든 기업)	VTI (미국의 모든 기업)	QQQ (나스닥 100개 기업)
강화형	IOO (전 세계 상위 100개 기업)	SPY (S&P 상위 500개 기업)	VGT, FTEC (IT섹터 200~300개 기업)
		OEF (S&P 상위 100개 기업)	XLK (S&P 기술섹터 60개 기업)
		XLG (S&P 상위 50개 기업)	
		TOPT (S&P 상위 20개 기업)	QTOP (나스닥 상위 30개 기업)

자산의 종류와 투자전략에 따른 수익률

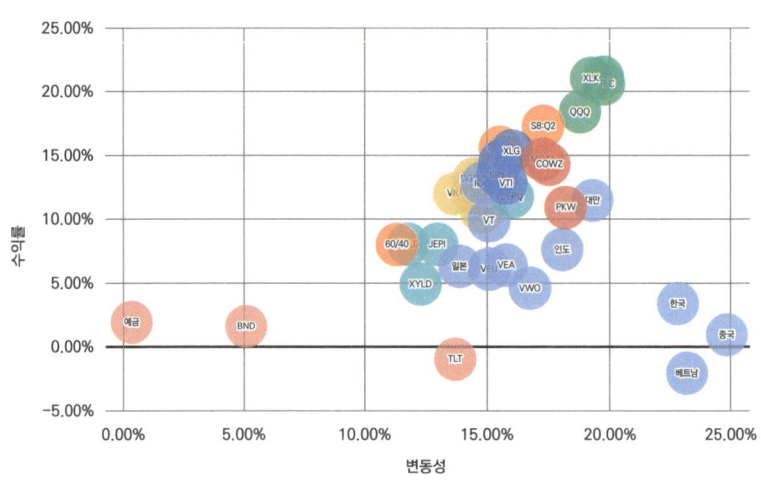

채권 ETF와 60/40 포트폴리오 전략

지금까지 다양한 주식 ETF들에 대해 살펴보았다. 그러나 주식은 본질적으로 높은 변동성을 지닌 위험자산에 속한다. 이번에는 대표적인 안전자산인 채권에 대해 알아보겠다.

채권은 전통적으로 안전자산으로 분류되며 상대적으로 수익률이 낮은 편이다. 하지만 모든 채권이 동일한 변동성을 지닌 것은 아니다. 주식 ETF처럼 채권에도 투자할 수 있는 ETF들이 많은데 먼저 주요 채권 ETF의 흐름을 살펴보자.

다음 그래프를 보면 특히나 장기국채 ETF인 TLT의 경우, 변동성이 상당히 큰 편에 속한다는 걸 알 수 있다. TLT는 장기채의 특성상 금리에 민감하게 반응하며, 때때로 주식시장과 반대

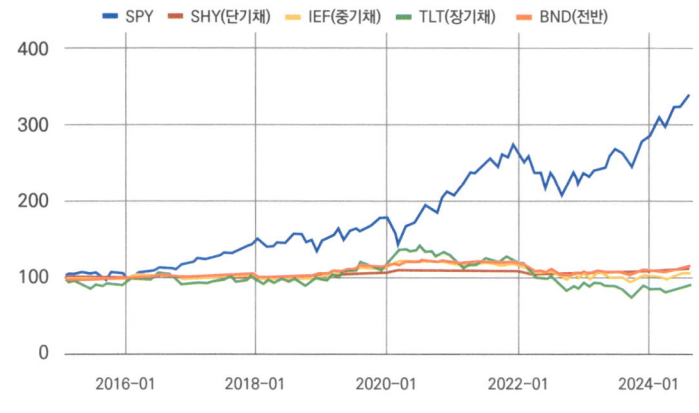

티커	주요 채권 ETF	설명
BND	Vanguard Total Bond Market ETF	미국 채권 종합
SHY	iShares 1-3 Year Treasury Bond ETF	미국 국채 단기
IEF	iShares 7-10 Year Treasury Bond ETF	미국 국채 중기
TLT	iShares 20+ Year Treasury Bond ETF	미국 국채 장기

방향으로 움직이는 모습을 보인다. 이러한 특성은 채권이 어떻게 포트폴리오에 안정성을 더할 수 있는지를 보여준다.

다만 채권이나 예금에만 100% 투자하겠다는 선택은 추천하고 싶지는 않다. 나아가 말리고 싶다. 장기적인 자산증식 측면에서 좋은 선택이 아니다. 지난 200년간의 역사를 돌아보면 인플레이션을 이기고 자산을 늘릴 수 있었던 건 오로지 주식밖에 없었다. 반면 채권과 예금은 물가상승을 따라잡기에도 벅찬 경우

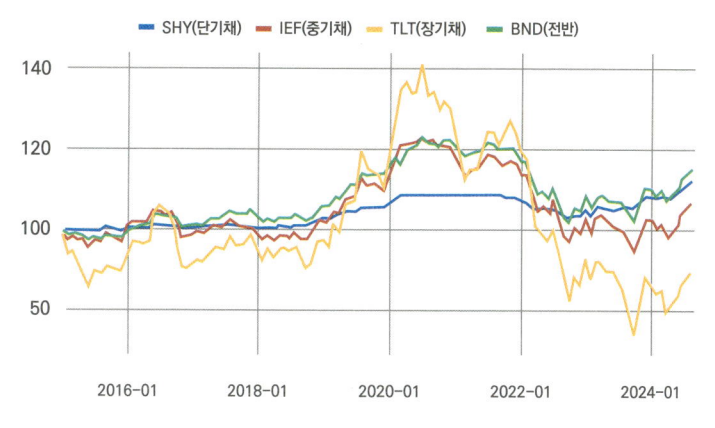

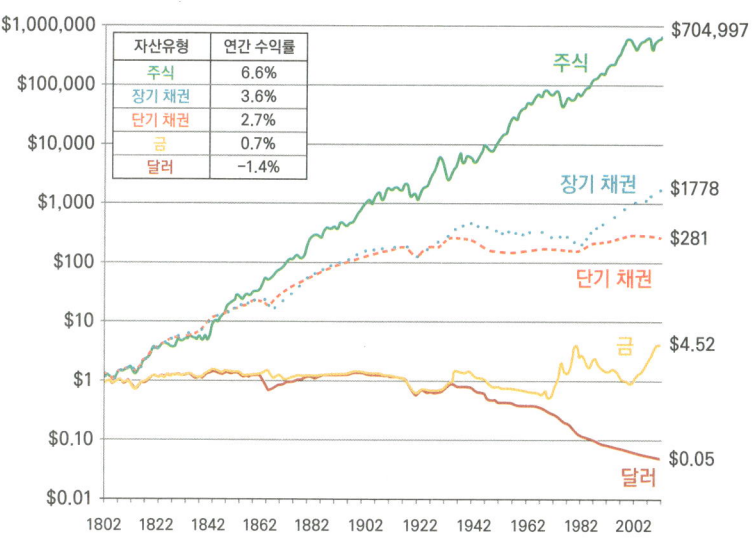

출처: Jeremy Siegel, 'Stocks for Long Run'

가 많았다. 채권과 예금은 안정성을 제공하는 대신, 장기적으로 자산의 실질적 가치를 크게 증대시키기는 어렵다는 사실을 기억해야 한다.

핵심은 포트폴리오를 구성할 때 주식의 보완재로서는 채권이 아주 유용하다는 사실이다. 채권은 주식과 상관관계가 낮거나 때로는 음의 상관관계를 보이기 때문에, 주식시장이 하락할 때 포트폴리오의 손실을 일부 상쇄할 수 있다. 가까운 예시만 보더라도 2020년 3월 코로나19 팬데믹 충격으로 인해 주가가 폭락할 때, 오히려 장기채는 치솟는 모습을 보였다.

이를 바탕으로 탄생한 전략이 바로 '60대 40 전략'이다. 이 전략은 포트폴리오의 60%를 주식에, 40%를 채권에 투자해 두 자산군의 상호보완적인 특성을 활용하는 방식이다. 역사적으로

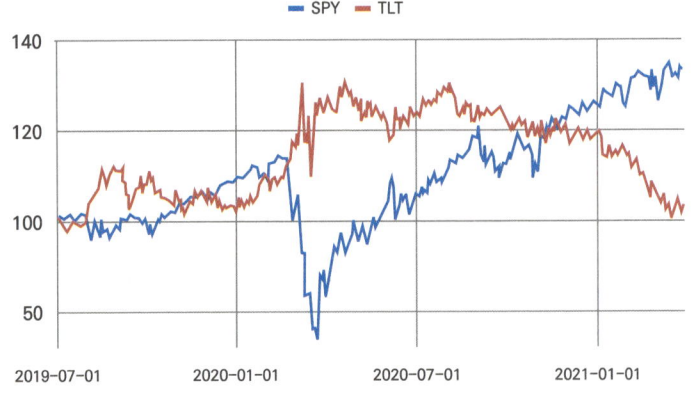

— SPY와 TLT의 낮은 상관성을 보여주는 팬데믹 시기 (2019년 7월=100) —

연평균 약 8% 내외의 수익률을 기록했다. 물론 수익률은 주식 100% 포트폴리오보다 낮을 수 있지만 중요한 점은 변동성 또한 낮다는 점이다.

따라서 안정적인 수익을 추구하거나 은퇴 후 자가배당을 원할 때 매우 유용하게 활용할 수 있는 전략이다. 2020년 3월 팬데믹 충격에서도 60/40 전략은 부드럽게 상승세를 이어나가는 모습을 보여줬다. 최근처럼 주식과 채권이 동시에 하락했던 경우도 있지만 과거 사례를 보면 이는 드문 경우에 해당한다. 장기적으로 60/40 전략은 여전히 투자자에게 유효한 선택지라 할 수 있다.

특히 투자자들은 단순히 60대 40이라는 고정된 비율에만 의존하지 않고, '타겟데이트 펀드TDF'와 같은 더 정교한 전략을 고

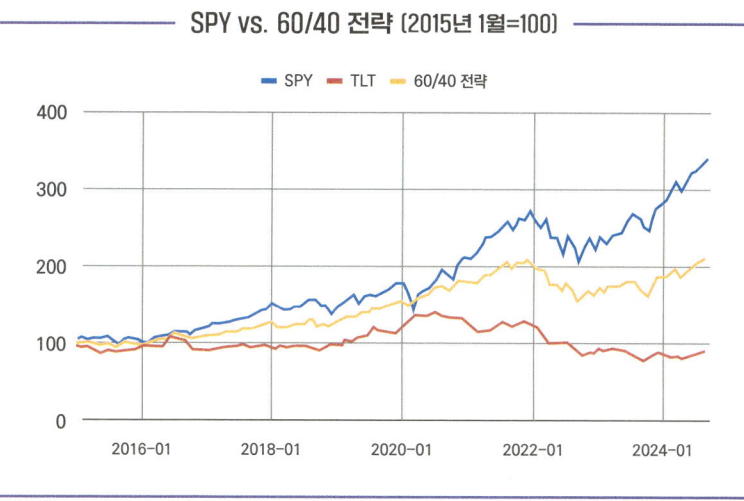
SPY vs. 60/40 전략 (2015년 1월=100)

려할 수도 있다. 타겟데이트 펀드는 투자자의 은퇴 시점에 맞춰 자산배분을 동적으로 조정하며, 주식과 채권의 비중을 점진적으로 변화시켜 리스크를 관리한다. 이러한 접근은 투자자의 생애주기에 따라 포트폴리오의 안정성을 최적화하는 데 효과적이다.

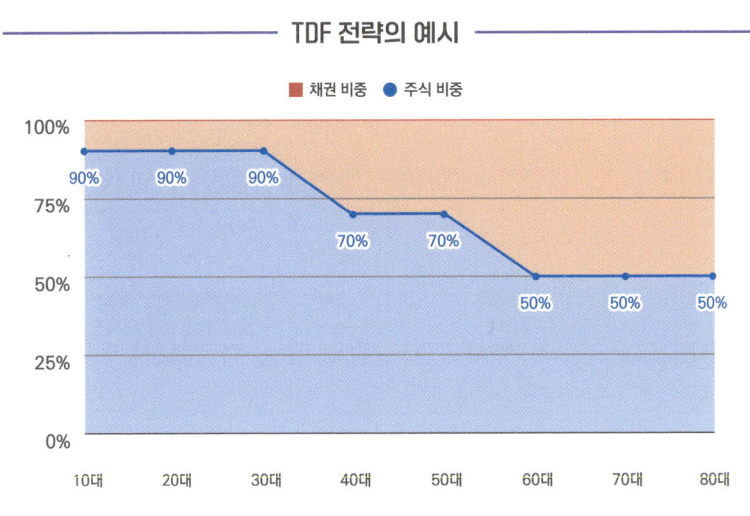

연령	10대	20대	30대	40대	50대	60대	70대	80대
주식 비중 (위험자산)	90%	90%	90%	70%	70%	50%	50%	50%
채권 비중 (안전자산)	10%	10%	10%	30%	30%	50%	50%	50%

채권은 주식과 더불어 포트폴리오의 균형을 잡아주는 중요한 요소다. 주식의 높은 변동성에 대비해 채권을 포함시키면 포트폴

리오의 전체적인 리스크를 줄이고 보다 안정적인 수익을 기대할 수 있다. 채권은 단순히 안전자산으로만 볼 것이 아니라, 주식과의 조화를 통해 장기적인 투자성과를 극대화할 수 있는 전략적 보완재로 봐야 한다.

자산의 종류와 투자전략에 따른 수익률

자산 다이어그램

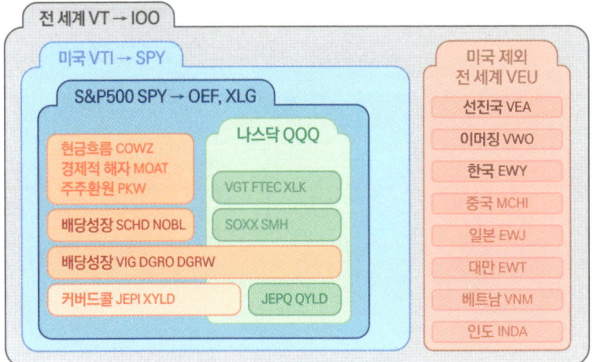

자산별 연 수익률, 변동성 (2015~2024)

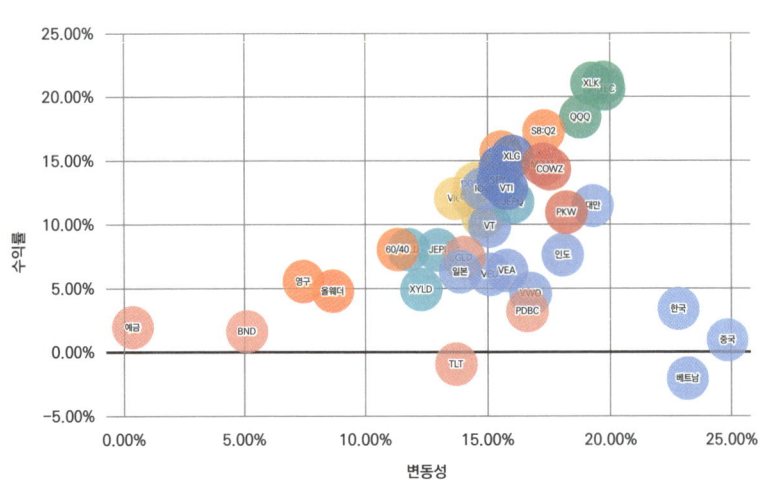

금과 원자재
자산배분 포트폴리오

채권 이야기를 했으니 금과 원자재에 대해서도 이야기해 보자. 이 두 자산 역시 투자 포트폴리오에서 주요 자산으로 활용되기보다는 보조 자산으로서의 역할이 크다. 금과 원자재는 경제가 불확실할 때 안전한 피난처 역할을 하며, 주식이나 채권과는 다르게 움직인다. 특히 경기 사이클에 따라 특정한 패턴으로 움직이는데, 이 점을 활용하면 다양한 시장상황에서도 견딜 수 있는 포트폴리오를 구성할 수 있다.

주식시장은 멀리서 보면 언제나 성장하는 것처럼 보이지만, 가까이서 과거 데이터를 살펴보면 반대의 현실을 마주하게 된다. 지수가 반토막 나는 일은 드물지 않게 꽤 자주 일어난다. 지난

30년 동안, S&P500 지수가 반토막에 가까운 수준으로 폭락한 사례를 살펴보자.

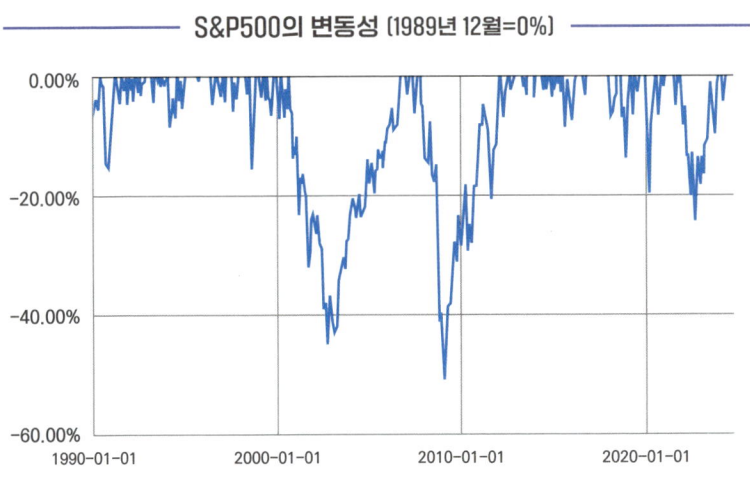

구분	시기	하락 규모
닷컴버블	2000~2002년	48% 하락, 회복까지 7년
금융위기	2008~2009년	60% 하락, 회복까지 5년
코로나19	2020년	34% 하락, 이후 빠른 반등
코로나19 회복 이후 하락장	2022년	25% 이상 하락

이처럼 주식시장의 대폭락은 누구도 피할 수 없는 현실이다. 중요한 건, 이런 하락이 앞으로도 반복될 것이라는 점이다. 그렇다면 이런 하락장을 경험할 때마다 우리는 어떻게 대응해야 할

미국을 제외한 선진국에 투자하는 VEA, 선진국과 개발도상국 사이에 위치하여 빠르게 성장하는 국가인 이머징마켓Emerging Market에 투자하는 VWO로 비교해 봐도 결과는 크게 다르지 않았다.

아시아 주요 국가별 투자성과를 살펴보면 중국은 성장률이 0%에 불과하고, 변동성은 세계 최고 수준이었다. 베트남, 인도, 대만, 일본 등 다른 아시아 국가들도 크게 다르지 않다. 특히 한국 주식시장은 더욱 실망스러운 성과를 보여주고 있다. 그나마 대만과 인도가 상대적으로 나은 성적을 거두었지만, 대부분의 국가들은 좋지 않은 성과를 기록했다.

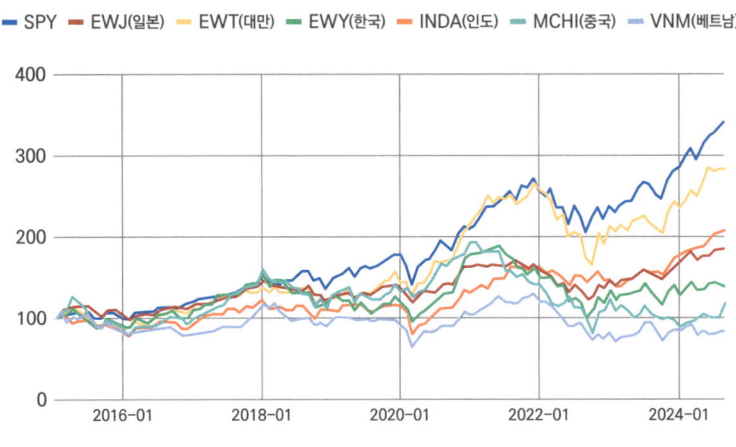

2024년 10월 기준 EWY(한국)의 상위 10개 기업

티커	기업	업종	비중
005930.KS	삼성전자	전자 및 반도체	21.3%
000660.KS	SK하이닉스	반도체	8.2%
005380.KS	현대자동차	자동차	3.2%
105560.KS	KB금융	금융	3.0%
068270.KS	셀트리온	제약	2.8%
000270.KS	기아	자동차	2.5%
055550.KS	신한금융그룹	금융	2.3%
005490.KS	포스코홀딩스	철강	2.2%
035420.KS	네이버	인터넷 서비스	2.0%
086790.KS	하나금융그룹	금융	1.7%
	합계		49.1%

미국을 제외한 다른 국가의 ETF 성과가 좋지 않은 이유는 여러 가지 복합적인 요인 때문이다. 반대로 미국 ETF의 성과가 뛰어난 이유는 단순히 미국 기업의 성과에만 국한되지 않는다. 이를 이해하기 위해서는 글로벌 경제와 시장의 구조적 차이를 살펴봐야 한다.

차이는 먼저 주식시장의 규모에서 비롯된다. 많은 이들이 미국 주식시장을 미국 기업과 동일시하지만, 실제로는 미국 주식시장은 미국 기업뿐만 아니라 최고의 글로벌 기업들이 모이는 곳이다. 미국은 세계에서 가장 큰 주식시장 규모를 자랑하며, 이는 글로벌 시장에서 미국이 차지하는 독보적인 위치와 경쟁력을 반영하는 결과다. 지금 이 순간에도 전 세계에서 가장 유망한 글로벌 기업들은 자국의 주식시장보다, 미국 주식시장에 상장하려고 노력한다.

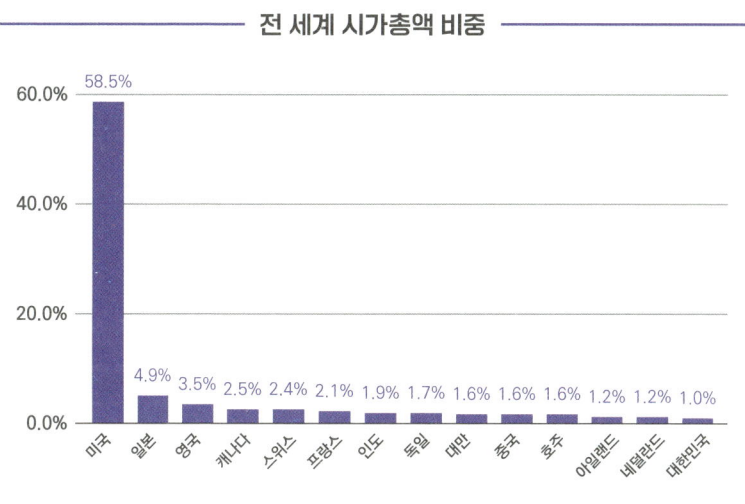

이는 단순히 미국이 부유한 국가이기 때문이 아니라, 미국 주식시장이 전 세계에서 가장 질서 잡히고, 혁신과 자본주의가 꽃피울 수 있는 환경을 제공하기 때문이다. 반면 다른 국가들은 정치적 불안정성, 규제 리스크, 비효율적인 주주환원 등으로 인해 기업과 투자자 모두에게 매력적이지 못하다. 눈을 씻고 찾아봐도, 현 시점에서 미국만큼 좋은 시장은 없다. 후보군도 없다.

다시 말하자면 시장의 '주인(미국)'이 좋아서가 아니라, 질서 잡힌 '시장'이 좋아서 가는 것이다. 당신이 온라인 셀러라면 어떤 플랫폼에서 물건을 팔고 싶은가? 당연히 트래픽이 많고, 공정한 알고리즘으로 물건을 잘 노출시켜주고, 더불어 부정한 사용자를 잘 막아주는 곳에서 물건을 팔고 싶지 않을까.

또 당신이 10조 원, 100조 원 단위의 사업을 꿈꾼다면 어느 나라에서 하고 싶은가? 현재 미국 최상위 기업의 대부분은 '차고 스타트업Garage Startup'으로 시작됐다. 지금도 미국에선 젊은이들이 차고 창업을 계속하고 있다. 이렇게 미국은 무일푼으로 시작했더라도 좋은 제품으로 시장에서 인정받으면 세계 1위가 될 수 있는 환경임이 매 순간 입증되고 있다.

그런데 같은 순간, 지구 반대편의 어느 나라에서는 말 한 마디 잘못했다가 수십년 이상 건실하게 쌓아온 사업이 한순간에 날아가는 경우도 있다. 또 그 옆의 나라에선 매번 굴지의 대기업들이 스타트업의 좋은 서비스, 아이디어들을 홀라당 뺏어가기도 한다. 합리적인 사업가라면 굳이 이러한 시장에서 시작할 이유가 없다.

좋은 시장의 대표적 사례: 차고에서 전 세계 1위까지

기업	창업연도	설명
애플 (Apple)	1976	스티브 잡스, 스티브 워즈니악이 차고에서 컴퓨터 개발을 시작한 회사
마이크로소프트 (Microsoft)	1975	빌 게이츠와 폴 앨런이 차고에서 소프트웨어 개발을 시작한 회사
구글 (Google)	1998	래리 페이지와 세르게이 브린이 차고에서 검색 엔진을 개발한 회사
아마존 (Amazon)	1994	제프 베조스가 차고에서 책 판매로 시작한 세계 최대 전자상거래 플랫폼
넷플릭스 (Netflix)	1997	리드 헤이스팅스와 마크 랜돌프가 차고에서 DVD 대여 사업을 시작해 세계 최대 스트리밍 플랫폼으로 성장
링크드인 (LinkedIn)	2002	리드 호프만이 차고에서 비즈니스 네트워킹 플랫폼을 시작한 회사
스냅챗 (Snapchat)	2011	에반 스피겔이 대학생 때 차고에서 개발한 사진 및 비디오 공유 플랫폼
페이팔 (PayPal)	1998	일론 머스크를 포함한 공동 창업자들이 차고에서 결제 시스템을 개발해 시작한 회사
레딧 (Reddit)	2005	스티브 허프만과 알렉시스 오헤니언이 차고에서 시작한 소셜 뉴스 웹사이트
슬랙 (Slack)	2013	스튜어트 버터필드가 차고에서 팀 협업 도구를 개발한 소프트웨어 회사
유튜브 (YouTube)	2005	스티브 첸, 채드 헐리, 자베드 카림이 차고에서 비디오 공유 플랫폼을 개발한 회사

마윈은 알리바바를 1999년 설립했다. 알리바바는 중국 최초이자 최대의 온라인 전자상거래 플랫폼 기업을 넘어 세계 최대의 온라인 쇼핑몰로 올라섰다. 이후 인공지능, 핀테크 등으로 사업영역을 확대했으나 2020년 중국 금융당국을 비판한 이후, 미운털이 박혔다. 중국 당국은 알리바바 핀테크 계열사 앤트그룹의 상장을 중단시키고 3조 원에 달하는 반독점 벌금을 물리며 알리

바바 그룹을 압박했다. 결과적으로 마윈은 사실상 알리바바에 대한 경영권을 잃고 2년여간 잠적 생활을 이어갔었다(매일경제, 2023.11.23.).

이번에는 투자자 입장에서 보자. 미국의 주주환원율은 순이익의 90%으로 전 세계 최고 수준이다. 그래프에서 볼 수 있듯이 미국만큼 주주가치를 최우선으로 생각하는 나라가 없다. 대부분의 나라는 정치적 불확실성과 비즈니스 환경의 불안정성으로 인해 주주환원이 낮다. 일부 공산주의 국가, 독재 국가의 경우 기업가 정신이 억압받는 경우도 많다. 특히 한국의 경우, 높은 상속세와 배당소득 과세, 그리고 재벌가의 지배구조 등으로 인해 주주환원율은 전 세계 최하위 수준이다. 합리적인 투자자라면 이러한 시장에 투자할 이유가 없다.

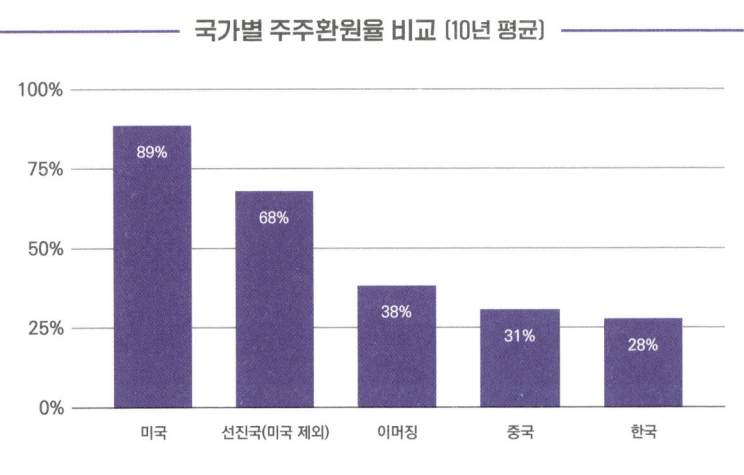

또한, 미국은 잘못된 경영이나 법적 문제가 발생했을 때 신속하고 단호하게 대응하는 규제 시스템을 갖추고 있다. 이러한 시스템은 투자자들에게 신뢰를 주고, 시장의 투명성을 높이는 중요한 요소로 작용한다. 2024년 미국 법무부가 애플을 비롯한 빅테크 기업에 반독점 소송을 제기한 몇몇 기념비적인 사건들에서도 볼 수 있듯이, 미국은 국가 단위의 거대 기업조차 잘못을 저지르면 철저하게 제재하는 나라다. 이는 건강한 시장을 유지하는 데 중요한 역할을 한다. 특히 미국은 이러한 측면에서 매우 우수한 평가를 받는다. 기업가가 안정적인 환경에서 사업을 영위할 수 있고, 비즈니스 윤리가 지켜지는 곳이기 때문이다.

누군가는 최근 미국주식의 성과가 좋은 건 순전히 빅테크, AI 덕분이 아닌가, 라며 의문을 제기할 수 있다. 하지만 그렇지 않다. 미국 주식에서 빅테크, AI를 제거하고 보면 비교가 쉬울 것이다. SCHD, NOBL과 같은 배당성장 ETF에는 로직상 빅테크, AI가 거의 포함되지 않는다. 그럼에도 실제 성과는 비교가 무색할 정도로 그 차이가 매우 크다. 배당성장뿐 아니라, 여러 관점으로 비교해도 결과는 크게 다르지 않다.

결국, 미국 주식시장의 뛰어난 성과는 단기간에 이루어진 결과가 아니다. 단순히 미국이 부유한 나라라서, 국방력이 강해서 이루어진 것도 아니다. 그 모든 성과 뒤에는 자본주의와 혁신이 자라날 수 있는 건강한 문화와 환경이 자리하고 있었다. 반면 미국 이외의 국가들은 이러한 조건이 아직 부족하거나 미비한 경우

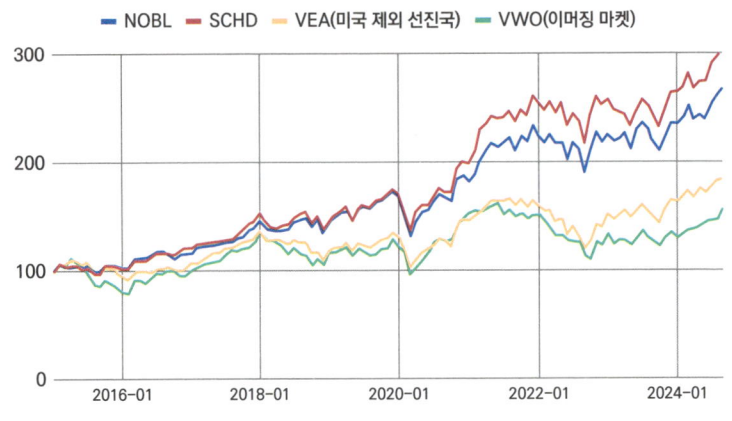

가 많다. 하물며 중국, 인도의 GDP가 미국을 능가한다 해도 무엇을 믿고 중국, 인도의 주식시장에 기업을 상장하고 투자할 수 있겠는가? 아직 한참 남았다.

지금 이 시점, 미국 주식시장을 대체할 만한 나라는 존재하지 않으며, 앞으로도 쉽게 바뀌지 않을 것이다. 미국 주식시장은 글로벌 자본과 혁신의 중심지로서 오랜 기간 그 역할을 지속할 것이다.

인생을 바꾸는
최고의 ETF

자산의 종류와 투자전략에 따른 수익률

자산 다이어그램

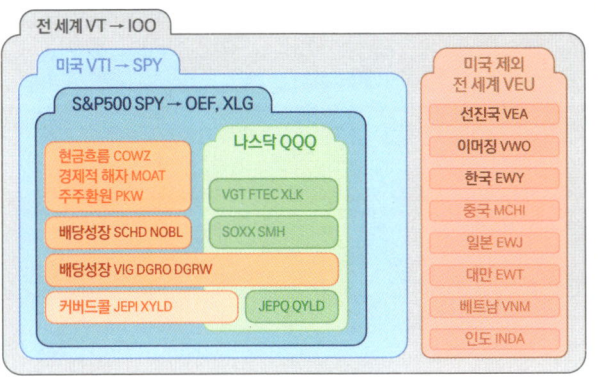

자산별 연 수익률, 변동성 (2015~2024)

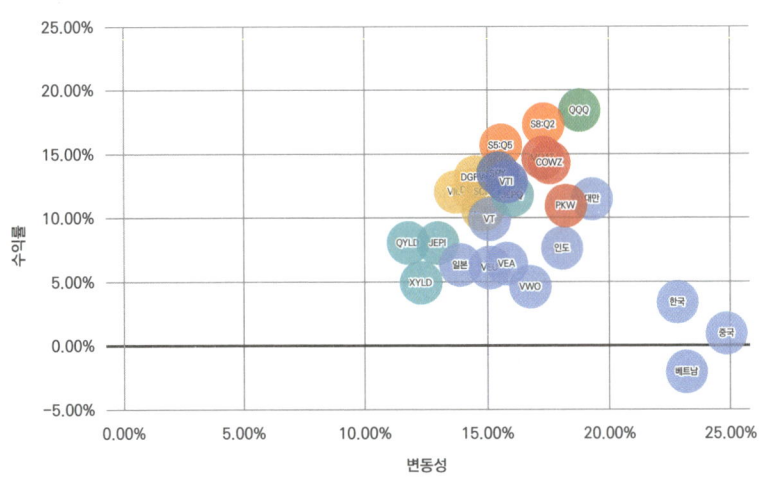

고민 없이 지구 전체에
투자하는 전 세계 ETF

앞서 미국 주식시장이 다른 주식시장보다 매력적인 이유에 대해 살펴보았다. 그럼에도 미국 주식시장에만 투자하는 것이 불안하거나, 미국 외에도 충분한 투자기회가 있다고 생각한다면, 전 세계 모든 주식에 투자하는 것도 좋은 방법이다.

'전 세계 ETF'는 미국을 포함한 다양한 국가의 기업에 분산투자하기 때문에, 특정 국가에만 의존하지 않고 전 세계 경제의 성장가능성을 모두 가져갈 수 있다. 대표적으로 뱅가드에서 운용하는 ETF인 VT를 들 수 있다. 이 ETF의 가장 큰 장점은 특정 국가에 얽매이지 않고, 각 시점에서 가장 우수한 성과를 내는 기업에 전략적으로 투자할 수 있다는 점이다. 이를 통해 미국 시장에만 집중함으로써 발생하는 위험을 분산시키고, 전 세계 경제의 다각적인 기회와 리스크를 균형 있게 조절할 수 있다.

물론 지금까지의 데이터로 봤을 때, 미국 주식에만 투자하는 것이 더 나은 성과를 보여줄 확률이 높은 건 사실이다. 하지만 이는 과거의 성과일 뿐, 미래에도 동일한 결과가 나온다는 보장은 누구도 할 수 없다. 미래는 예측할 수 없는 변수로 가득하다. 글로벌 경제의 판도는 언제든지 바뀔 수 있으며, 새로운 시장과 기업들이 급부상할 가능성도 항상 열려 있기 때문에 충분히 고려할 만하다.

세계 경제는 끊임없이 변화하고 있으며, 각국의 경제상황과 산업 트렌드에 따라 유망한 기업들은 언제나 새롭게 나타난다.

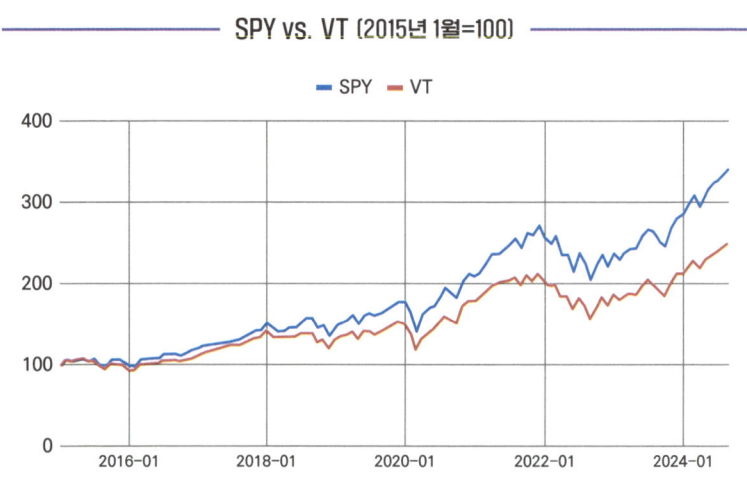

2024년 10월 기준 VT 상위 10개 기업

티커	기업	업종	비중
AAPL	애플	기술	3.8%
MSFT	마이크로소프트	기술	3.6%
NVDA	엔비디아	반도체	3.3%
AMZN	아마존	소매 및 전자상거래	1.9%
META	메타플랫폼스	소셜미디어 및 광고	1.3%
GOOGL	알파벳(A 클래스)	인터넷 서비스	1.1%
LLY	일라이 릴리	제약	0.9%
GOOG	알파벳(C 클래스)	인터넷 서비스	0.9%
AVGO	브로드컴	반도체	0.9%
BRK-B	버크셔해서웨이	금융	0.9%
합계			18.6%

예를 들어 비만 치료제 기업인 덴마크의 노보노르디스크, 프랑스의 럭셔리 그룹 LVMH, 스위스의 식품 회사 네슬레, 한국의 삼성전자, 대만의 반도체 기업 TSMC처럼 다양한 국가에서 성공을 거둔 기업들이 있다. 전 세계 주식 ETF는 이러한 글로벌 리더 기업들을 포함해 포트폴리오를 구성함으로써, 특정 시점에서 가장 뛰어난 성과를 내는 기업들을 놓치지 않고 투자할 수 있다.

미국 시장에 투자할지, 전 세계 시장에 투자할지는 과거 성과에만 얽매이기보다는 각자가 지닌 미래에 대한 관점을 바탕으로 결정하는 것이 중요하다. 미국 주식시장에만 투자하거나, 반대로 미국을 제외한 전 세계 주식에만 투자하는 방식은 모두 리스크 관리 측면에서 최선이 아닐 수 있다.

다만 전 세계 주식에 장기투자하는 것은 향후 미국 주식시장의 성장가능성이 미국을 제외한 전 세계 투자에 비해 상대적으로 낮아질 것이라는 가정 하에 이루어지는 선택임을 잊지 않도록 하자. 그래야만 당신의 투자가 더 좋은 결과를 보여줄 수 있다.

2024년 10월 기준 미국 외 국가별 주요 기업

국가	시가총액 순위	회사명	설명
사우디아라비아	6	Saudi Aramco	사우디아람코(석유 생산)
대만	9	TSMC	TSMC(반도체 제조)
중국	15	Tencent	텐센트(기술 및 인터넷)
덴마크	19	Novo Nordisk	노보노디스크(제약 및 바이오)
프랑스	26	LVMH	루이비통 모에 헤네시(패션)
네덜란드	28	ASML	ASML(반도체 장비)
대한민국	32	Samsung	삼성전자(반도체 및 전자)
독일	40	SAP	SAP(소프트웨어)
스위스	41	Nestlé	네슬레(식품 및 음료)
영국	43	AstraZeneca	아스트라제네카(제약)
일본	47	Toyota	도요타(자동차 제조업)
스페인	79	Inditex	인디텍스(의류 소매업체)
브라질	186	Petrobras	페트로브라스(석유 및 가스)
이탈리아	232	Ferrari	페라리(고급 자동차)
스웨덴	262	Spotify	스포티파이(음악 스트리밍)

― 가능성에 대한 베팅 ―

하지만 개인적으로 향후 10년 이내에 미국이 미국 외 전 세계보다 저조한 성과를 보일 가능성은 매우 낮다고 생각한다. 더불어 이미 대부분의 우수한 글로벌 기업들이 이미 미국 주식시장에 상장되어 있다는 사실도 고려해야 한다. 따라서 전 세계 주식에 투자하는 것은, 자신의 생애 동안 세계 경제의 판도가 변화할 것이라는 전망에 대한 베팅이라 할 수 있다. 이 정도의 확신이 있다면, 투자해도 좋다.

만약 미국의 지속적인 성장을 믿는다면 미국 주식에만 집중하면 된다. 중요한 것은 누구도 미래를 정확히 예측할 수 없다는 점을 인식하고, 자신에게 가장 적합한 투자전략을 찾는 것이다. 전 세계 주식 ETF에 투자하는 것은 이러한 불확실성에 대한 대응책이 될 수 있다.

자산의 종류와 투자전략에 따른 수익률

자산 다이어그램

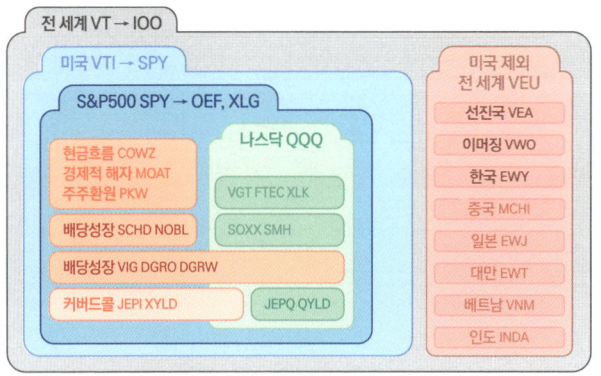

자산별 연 수익률, 변동성 (2015~2024)

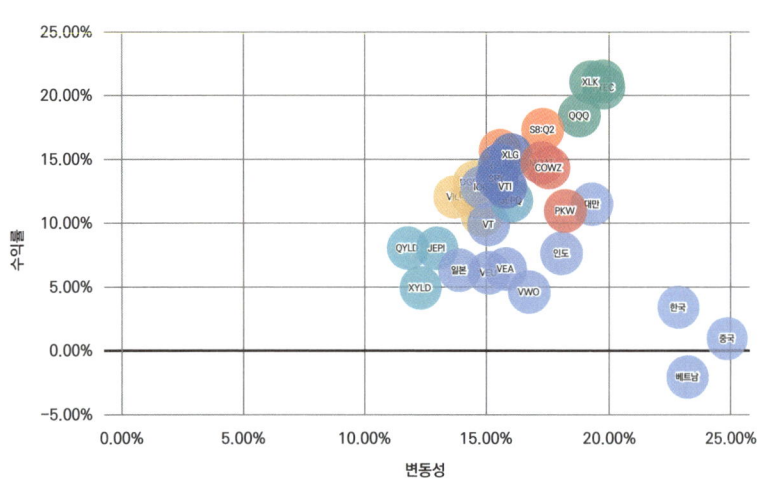

09

소수정예로 집중투자하는 강화형 ETF

꼭 전 세계 주식 전부 혹은 S&P500의 500개 기업, 나스닥100의 100개 기업에 모두 투자해야 할까? 우수한 기업만 좀 더 추려서 투자하면 어떨까? 좋은 생각이다. 특정 지수를 추종하는 ETF를 통해 분산투자하면서도, 더 집중적인 투자전략을 통해 보다 높은 수익을 기대할 수 있다. 이러한 투자전략에 활용될 수 있는 몇 가지 '강화 버전' ETF들을 살펴보도록 하자.

먼저, 전 세계 주식을 포괄하는 ETF인 VT의 강화된 ETF로 IOO가 있다. VT는 미국을 포함한 전 세계 주요 주식시장에 분산투자하는 포괄적 ETF로, 글로벌 경제성장의 혜택을 넓게 누리는 것을 목표로 한다. 그러나 VT보다 더 집중적인 투자를 원한다면 IOO가 훌륭한 대안이 될 수 있다. IOO는 글로벌 시장의 100개의 우량 기업에 집중투자하는 ETF이다. 쉽게 말해 VT의 소수정예 버전인 것이다.

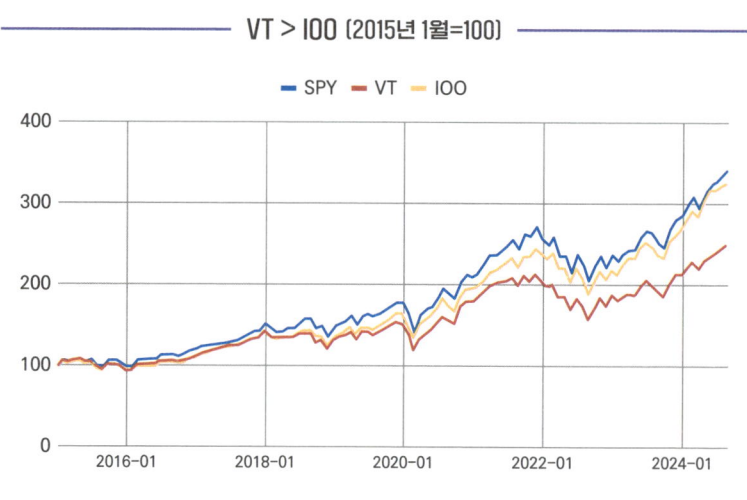

다음으로 미국 주식시장 전체를 추종하는 대표적인 ETF인 VTI의 강화판으로 SPY, OEF, XLG가 있다. SPY는 우리가 앞서 여러 번 다뤘던 ETF로 미국 시장을 대표하는 500대 대형주를 포함한 S&P500 지수를 추종하는 ETF다. 넓은 분산투자로 안정적인 수익을 목표로 하지만, 더 높은 수익을 추구하는 투자자들에게는 다소 보수적인 접근이 될 수 있다. 이 경우 S&P100 지수를 추종하는 OEF를 선택할 수 있다. OEF는 미국의 100대

대형주에 집중투자하여, SPY보다 더 집중적인 투자를 제공한다. 더 나아가 최상위 대형주에 집중하고자 한다면 XLG를 고려해 볼 수 있다. XLG는 S&P500 내에서 가장 큰 50개의 기업에 집중투자하여, 미국 시장의 가장 강력한 기업들로 포트폴리오를 구성하는 ETF다.

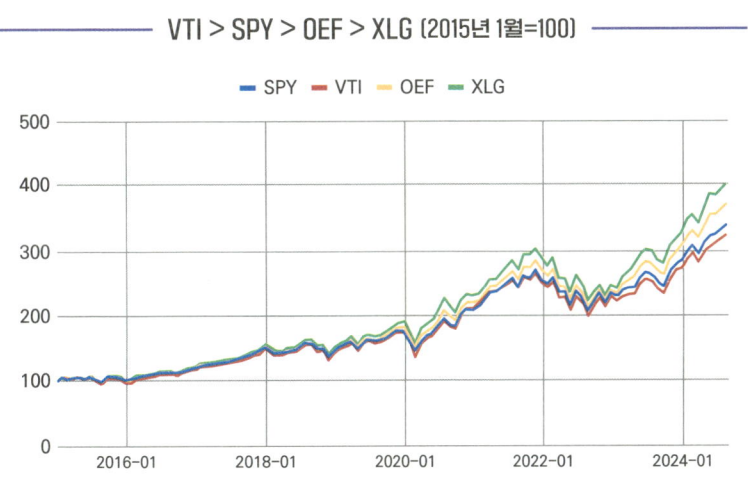

나스닥을 대표하는 ETF인 QQQ의 강화버전으로는 VGT, FTEC, XLK가 있다. QQQ는 나스닥100 지수를 추종하는 ETF로, 기술주 중심의 포트폴리오를 통해 높은 성장성을 노린다. 하지만 QQQ보다 더 집중적인 기술주 투자를 원한다면 VGT와 FTEC가 대안이 될 수 있다. 이들 ETF는 IT 섹터의 기업들 약

200~300여 개에 투자함으로써 기술산업의 성장을 더 직접적으로 반영한다. 이보다 강력한 기술주 투자를 원한다면 XLK가 괜찮은 선택지다. XLK는 S&P500의 기술 섹터에 속한 약 60여 개 종목에 집중투자하는 ETF다.

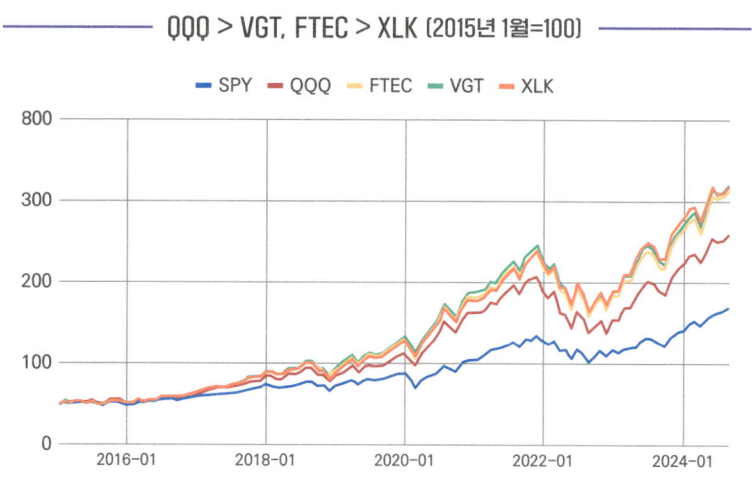

이와 같은 '강화 버전' ETF들은 특정 산업이나 시장에 대한 노출을 더욱 집중함으로써, 높은 수익을 기대하는 투자자들에게 적합하다. 분산된 투자보다 더 높은 리스크를 감수할 준비가 되어 있는 투자자라면, 이러한 강화된 전략을 고려해 볼 수 있을 것이다. 최근 S&P500 상위 20개 기업에 투자하는 TOPT나, 나스닥 상위 30개 기업에 투자하는 QTOP 등과 같은 ETF가 출시

되었지만 기본적인 골자는 똑같다. 초대형주에 집중적으로 투자하기 때문에 더 높은 성장성을 기대할 수 있지만 그 반대의 경우가 생길 수도 있다. '하이리스크-하이리턴'이라는 주식투자의 진리는 잊지 말자.

기본형 ETF와 강화형 ETF

구분	전 세계	미국	나스닥
기본형	VT (전 세계 모든 기업)	VTI (미국의 모든 기업)	QQQ (나스닥 100개 기업)
강화형	IOO (전 세계 상위 100개 기업)	SPY (S&P 상위 500개 기업)	VGT, FTEC (IT섹터 200~300개 기업)
		OEF (S&P 상위 100개 기업)	XLK (S&P 기술섹터 60개 기업)
		XLG (S&P 상위 50개 기업)	
		TOPT (S&P 상위 20개 기업)	QTOP (나스닥 상위 30개 기업)

자산의 종류와 투자전략에 따른 수익률

자산 다이어그램

주식(대표 ETF → 강화 ETF)

- 전 세계 VT → IOO
  - 미국 VTI → SPY
    - S&P500 SPY → OEF, XLG
      - 현금흐름 COWZ
      - 경제적 해자 MOAT
      - 주주환원 PKW
      - 배당성장 SCHD NOBL
      - 나스닥 QQQ
        - VGT FTEC XLK
        - SOXX SMH
      - 배당성장 VIG DGRO DGRW
      - 커버드콜 JEPI XYLD
        - JEPQ QYLD

주식 외 자산

- 채권/예금 TLT BND

- 미국 제외 전 세계 VEU
  - 선진국 VEA
  - 이머징 VWO
  - 한국 EWY
  - 중국 MCHI
  - 일본 EWJ
  - 대만 EWT
  - 베트남 VNM
  - 인도 INDA

자산별 연 수익률, 변동성 (2015~2024)

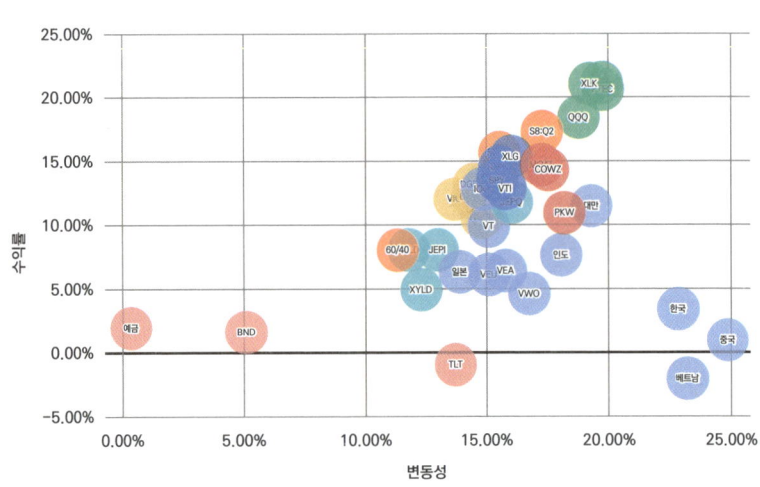

198　　　　　　　　　　　　　　　인생을 바꾸는 최고의 ETF

채권 ETF와 60/40 포트폴리오 전략

지금까지 다양한 주식 ETF들에 대해 살펴보았다. 그러나 주식은 본질적으로 높은 변동성을 지닌 위험자산에 속한다. 이번에는 대표적인 안전자산인 채권에 대해 알아보겠다.

채권은 전통적으로 안전자산으로 분류되며 상대적으로 수익률이 낮은 편이다. 하지만 모든 채권이 동일한 변동성을 지닌 것은 아니다. 주식 ETF처럼 채권에도 투자할 수 있는 ETF들이 많은데 먼저 주요 채권 ETF의 흐름을 살펴보자.

다음 그래프를 보면 특히나 장기국채 ETF인 TLT의 경우, 변동성이 상당히 큰 편에 속한다는 걸 알 수 있다. TLT는 장기채의 특성상 금리에 민감하게 반응하며, 때때로 주식시장과 반대

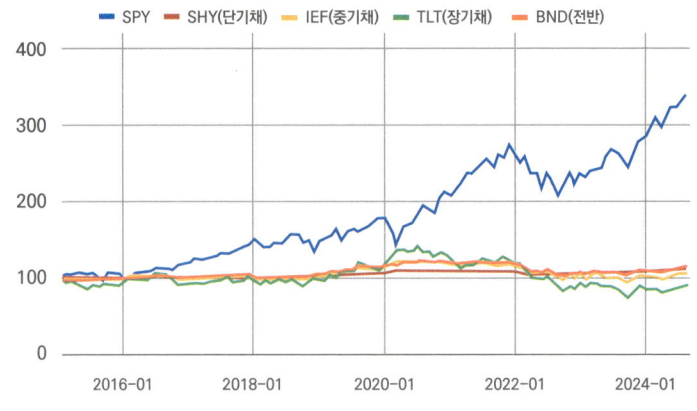

티커	주요 채권 ETF	설명
BND	Vanguard Total Bond Market ETF	미국 채권 종합
SHY	iShares 1-3 Year Treasury Bond ETF	미국 국채 단기
IEF	iShares 7-10 Year Treasury Bond ETF	미국 국채 중기
TLT	iShares 20+ Year Treasury Bond ETF	미국 국채 장기

방향으로 움직이는 모습을 보인다. 이러한 특성은 채권이 어떻게 포트폴리오에 안정성을 더할 수 있는지를 보여준다.

다만 채권이나 예금에만 100% 투자하겠다는 선택은 추천하고 싶지는 않다. 나아가 말리고 싶다. 장기적인 자산증식 측면에서 좋은 선택이 아니다. 지난 200년간의 역사를 돌아보면 인플레이션을 이기고 자산을 늘릴 수 있었던 건 오로지 주식밖에 없었다. 반면 채권과 예금은 물가상승을 따라잡기에도 벅찬 경우

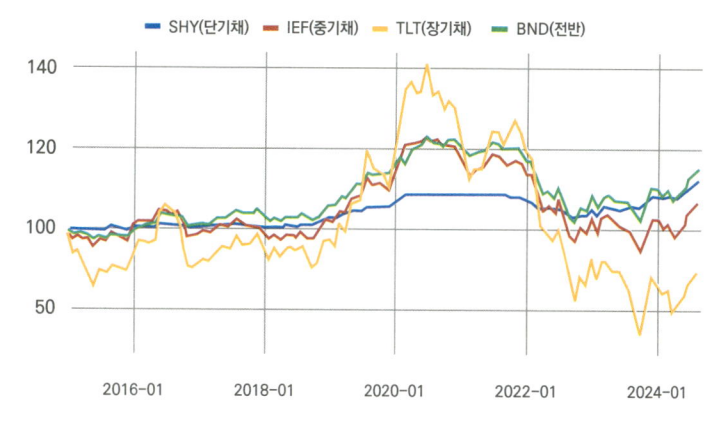

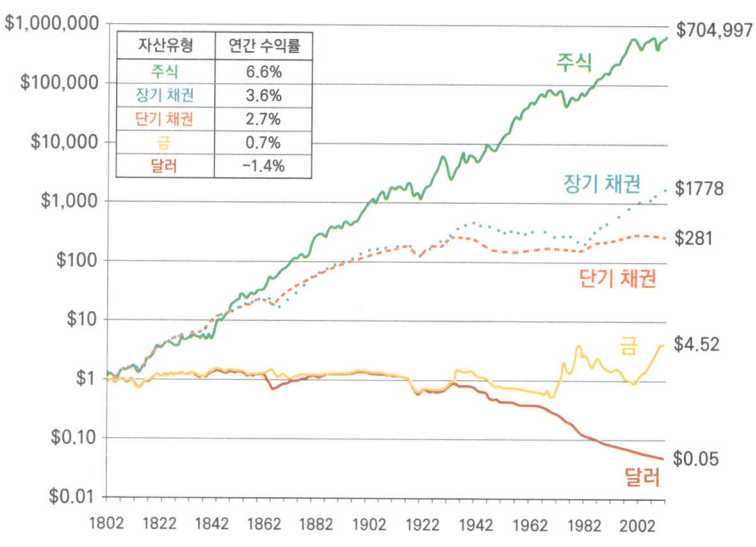

가 많았다. 채권과 예금은 안정성을 제공하는 대신, 장기적으로 자산의 실질적 가치를 크게 증대시키기는 어렵다는 사실을 기억해야 한다.

핵심은 포트폴리오를 구성할 때 주식의 보완재로서는 채권이 아주 유용하다는 사실이다. 채권은 주식과 상관관계가 낮거나 때로는 음의 상관관계를 보이기 때문에, 주식시장이 하락할 때 포트폴리오의 손실을 일부 상쇄할 수 있다. 가까운 예시만 보더라도 2020년 3월 코로나19 팬데믹 충격으로 인해 주가가 폭락할 때, 오히려 장기채는 치솟는 모습을 보였다.

이를 바탕으로 탄생한 전략이 바로 '60대 40 전략'이다. 이 전략은 포트폴리오의 60%를 주식에, 40%를 채권에 투자해 두 자산군의 상호보완적인 특성을 활용하는 방식이다. 역사적으로

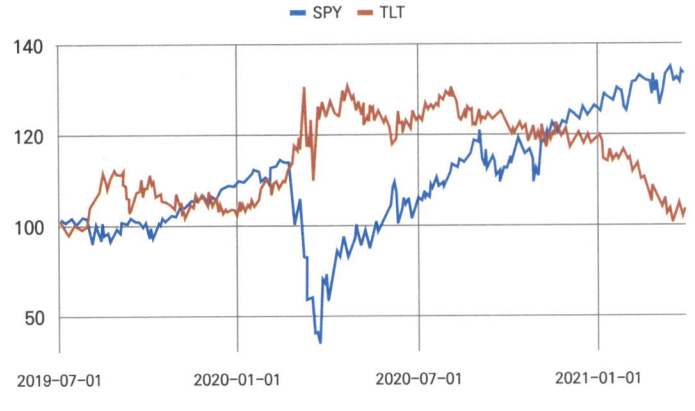
— SPY와 TLT의 낮은 상관성을 보여주는 팬데믹 시기 (2019년 7월=100) —

연평균 약 8% 내외의 수익률을 기록했다. 물론 수익률은 주식 100% 포트폴리오보다 낮을 수 있지만 중요한 점은 변동성 또한 낮다는 점이다.

따라서 안정적인 수익을 추구하거나 은퇴 후 자가배당을 원할 때 매우 유용하게 활용할 수 있는 전략이다. 2020년 3월 팬데믹 충격에서도 60/40 전략은 부드럽게 상승세를 이어나가는 모습을 보여줬다. 최근처럼 주식과 채권이 동시에 하락했던 경우도 있지만 과거 사례를 보면 이는 드문 경우에 해당한다. 장기적으로 60/40 전략은 여전히 투자자에게 유효한 선택지라 할 수 있다.

특히 투자자들은 단순히 60대 40이라는 고정된 비율에만 의존하지 않고, '타겟데이트 펀드^{TDF}'와 같은 더 정교한 전략을 고

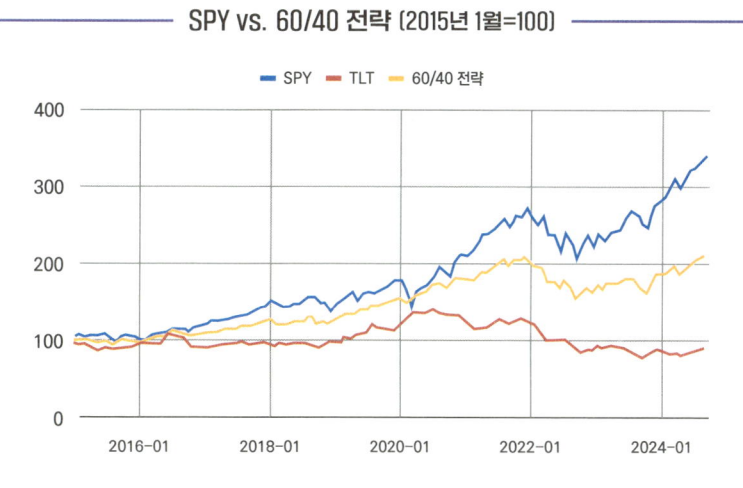

려할 수도 있다. 타겟데이트 펀드는 투자자의 은퇴 시점에 맞춰 자산배분을 동적으로 조정하며, 주식과 채권의 비중을 점진적으로 변화시켜 리스크를 관리한다. 이러한 접근은 투자자의 생애주기에 따라 포트폴리오의 안정성을 최적화하는 데 효과적이다.

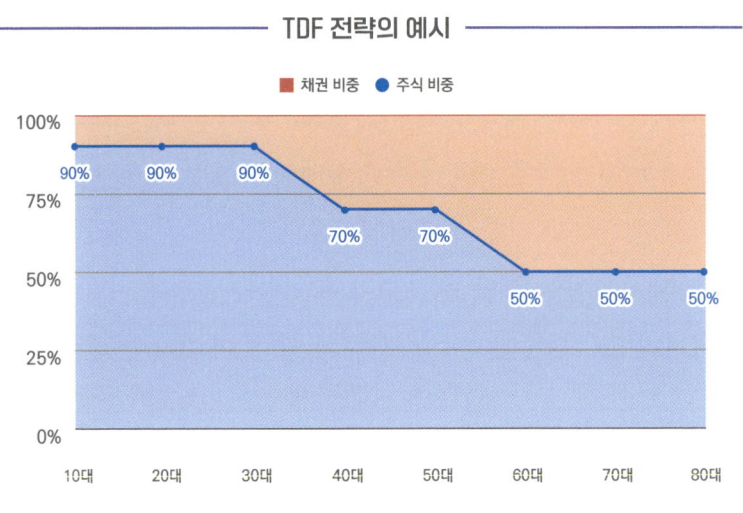

연령	10대	20대	30대	40대	50대	60대	70대	80대
주식 비중 (위험자산)	90%	90%	90%	70%	70%	50%	50%	50%
채권 비중 (안전자산)	10%	10%	10%	30%	30%	50%	50%	50%

채권은 주식과 더불어 포트폴리오의 균형을 잡아주는 중요한 요소다. 주식의 높은 변동성에 대비해 채권을 포함시키면 포트폴

리오의 전체적인 리스크를 줄이고 보다 안정적인 수익을 기대할 수 있다. 채권은 단순히 안전자산으로만 볼 것이 아니라, 주식과의 조화를 통해 장기적인 투자성과를 극대화할 수 있는 전략적 보완재로 봐야 한다.

자산의 종류와 투자전략에 따른 수익률

─ 자산 다이어그램 ─

주식(대표 ETF → 강화 ETF)

- 전 세계 VT → IOO
  - 미국 VTI → SPY
    - S&P500 SPY → OEF, XLG
      - 현금흐름 COWZ
      - 경제적 해자 MOAT
      - 주주환원 PKW
      - 배당성장 SCHD NOBL
      - 배당성장 VIG DGRO DGRW
      - 커버드콜 JEPI XYLD
    - 나스닥 QQQ
      - VGT FTEC XLK
      - SOXX SMH
      - JEPQ QYLD
  - 미국 제외 전 세계 VEU
    - 선진국 VEA
    - 이머징 VWO
    - 한국 EWY
    - 중국 MCHI
    - 일본 EWJ
    - 대만 EWT
    - 베트남 VNM
    - 인도 INDA

주식 외 자산

- 채권/예금 TLT BND
- 금/원자재 GLD PDBC

자산별 연 수익률, 변동성 (2015~2024)

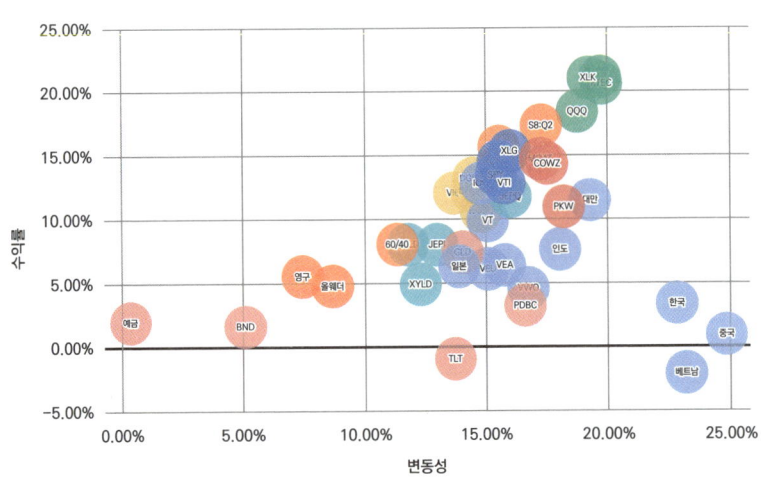

206 인생을 바꾸는 최고의 ETF

금과 원자재
자산배분 포트폴리오

채권 이야기를 했으니 금과 원자재에 대해서도 이야기해 보자. 이 두 자산 역시 투자 포트폴리오에서 주요 자산으로 활용되기보다는 보조 자산으로서의 역할이 크다. 금과 원자재는 경제가 불확실할 때 안전한 피난처 역할을 하며, 주식이나 채권과는 다르게 움직인다. 특히 경기 사이클에 따라 특정한 패턴으로 움직이는데, 이 점을 활용하면 다양한 시장상황에서도 견딜 수 있는 포트폴리오를 구성할 수 있다.

    주식시장은 멀리서 보면 언제나 성장하는 것처럼 보이지만, 가까이서 과거 데이터를 살펴보면 반대의 현실을 마주하게 된다. 지수가 반토막 나는 일은 드물지 않게 꽤 자주 일어난다. 지난

30년 동안, S&P500 지수가 반토막에 가까운 수준으로 폭락한 사례를 살펴보자.

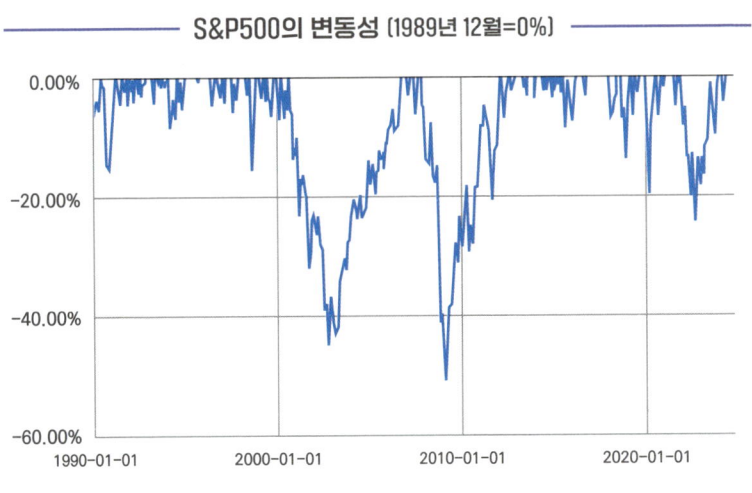

구분	시기	하락 규모
닷컴버블	2000~2002년	48% 하락, 회복까지 7년
금융위기	2008~2009년	60% 하락, 회복까지 5년
코로나19	2020년	34% 하락, 이후 빠른 반등
코로나19 회복 이후 하락장	2022년	25% 이상 하락

이처럼 주식시장의 대폭락은 누구도 피할 수 없는 현실이다. 중요한 건, 이런 하락이 앞으로도 반복될 것이라는 점이다. 그렇다면 이런 하락장을 경험할 때마다 우리는 어떻게 대응해야 할

까? 아쉽게도 시장이 폭락한 이후에 대응을 고민하는 건 이미 한참 늦다. 실제 제대로 된 대응이 가능한 사람도 극소수에 불과할 것이다. 정말 중요한 건, 대응이 아니라 대비다. 어차피 하락장은 무조건 온다. 피할 수도 없다. 그래서 포트폴리오를 설계하는 단계에서 '미리 대비'해야 한다.

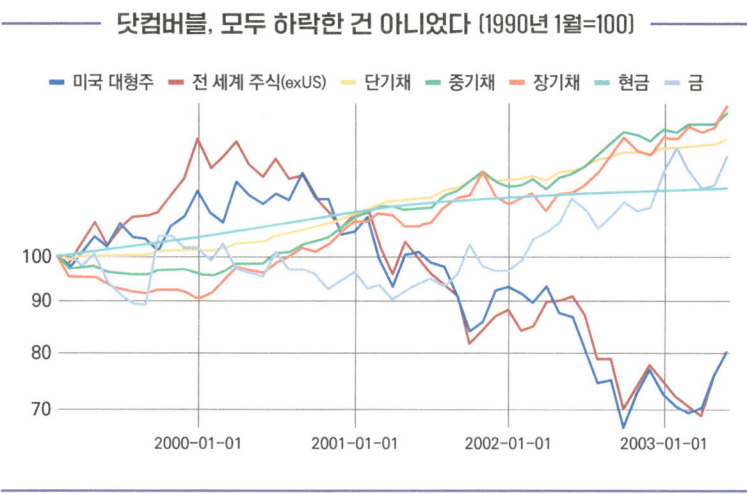

대비책은 바로 자산배분Asset Allocation이다. 자산배분이란, 단순히 주식만 투자하는 것이 아니라 서로 다른 자산을 조합해서 포트폴리오를 구성하는 전략이다. 주식이 폭락할 때, 다른 자산들도 모두 함께 떨어지진 않는다. 오히려 전혀 다른 방향으로 움직인다. 닷컴버블, 금융위기, 코로나19 등의 경우처럼 대부분 예외

없이 그렇다. 만약 주식 100%로 포트폴리오를 구성했다면, 반토막의 고통에서 벗어나기 어려웠을 것이다. 하지만 채권, 현금, 금을 적절히 섞어두었다면 반토막을 피하면서도 시장의 수익을 충분히 누릴 수 있었다.

자산배분의 핵심은 서로 상관성이 낮은 자산을 조합하는 것이다. 대표적인 자산군으로 주식, 채권, 현금, 금이 있으며 이들은 주식과 낮은 상관성을 보이거나 반대 방향으로 움직인다. 예를 들어 주식이 하락할 때 채권은 상승하거나 하락폭이 적었고, 금은 불확실한 시장에서 강세를 보였다. 한편, 현금은 변동 없이 안정성을 유지한다.

먼저 주식과 금의 조합을 살펴보자. 다음 페이지에 나오는 그래프를 통해 이 두 가지 자산을 다양한 비율에 따라 함께 투자했을 때의 결과를 살펴볼 수 있다. 하지만 단순히 수익률이 높고 낮다는 것만으로는 이 조합의 진짜 핵심을 이해하기엔 부족하다.

그래서 보다 정확한 분석을 위해 '리스크-리턴 프로파일'도 함께 확인해 보자. 일반적으로 더 높은 수익을 원한다면 더 큰 위험을 감수해야 한다. 즉, 리스크가 클수록 기대수익도 커지는 선형적인 관계가 존재하는 것이 보통이다. 하지만 여기서 흥미로운 점이 있다. 주식과 금을 함께 투자하면 주식-금을 잇는 단순한 선형조합이 아니라, 오히려 더 높은 수익을 유지하면서도 변동성이 줄어드는 현상이 발생한다.

1990~2024년 자산별 상관관계

	미국 주식	미국 대형주	미국 중형주	미국 소형주	미국 초소형	전세계 (exUS)	단기채	중기채	10년채	장기채	현금	금	귀금속
미국 주식	1.00	0.99	0.95	0.90	0.80	0.77	-0.05	-0.03	-0.03	-0.03	0.00	0.03	0.39
미국 대형주	0.99	1.00	0.93	0.84	0.74	0.77	-0.03	-0.01	-0.04	-0.02	0.01	0.01	0.37
미국 중형주	0.95	0.93	1.00	0.94	0.83	0.76	-0.06	-0.04	-0.06	-0.03	-0.01	0.06	0.44
미국 소형주	0.90	0.84	0.94	1.00	0.90	0.72	-0.10	-0.09	-0.12	-0.08	-0.03	0.05	0.40
미국 초소형주	0.80	0.74	0.83	0.90	1.00	0.64	-0.11	-0.13	-0.17	-0.14	-0.04	0.01	0.34
전세계(exUS)	0.77	0.77	0.76	0.72	0.64	1.00	-0.02	-0.01	-0.06	-0.03	-0.04	0.18	0.51
단기채	-0.05	-0.03	-0.06	-0.10	-0.11	-0.02	1.00	0.90	0.82	0.67	0.36	0.18	0.08
중기채	-0.03	-0.01	-0.04	-0.09	-0.13	-0.01	0.90	1.00	0.97	0.87	0.15	0.22	0.09
10년국채	-0.06	-0.04	-0.06	-0.12	-0.17	-0.06	0.82	0.97	1.00	0.93	0.10	0.20	0.05
장기채	-0.03	-0.02	-0.03	-0.08	-0.14	-0.03	0.67	0.87	0.93	1.00	0.05	0.19	0.06
현금	0.00	0.01	-0.01	-0.03	-0.04	-0.04	0.36	0.15	0.10	0.05	1.00	-0.03	-0.01
금	0.03	0.01	0.06	0.05	0.01	0.18	0.18	0.22	0.20	0.19	-0.03	1.00	0.68
귀금속	0.39	0.37	0.44	0.40	0.34	0.51	0.08	0.09	0.05	0.06	-0.01	0.68	1.00

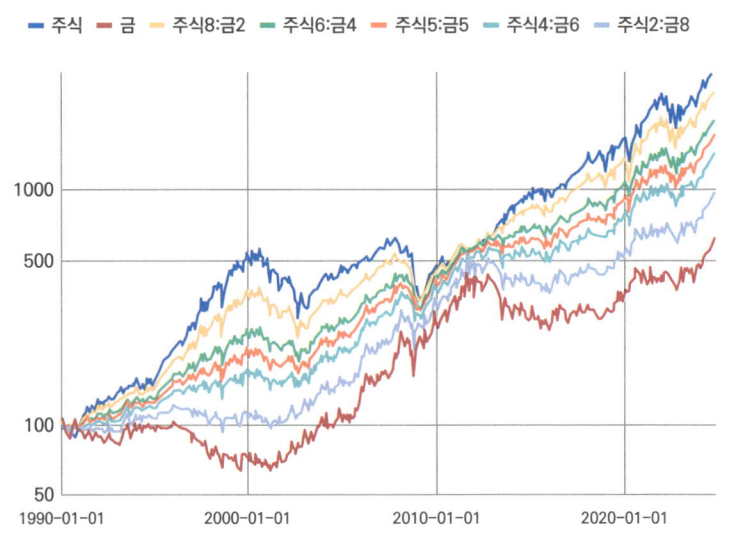

이런 것을 '분산효과'라고 한다. 두 자산 간의 선형조합으로는 달성할 수 없는 영역에 투자할 수 있게 되는 것이다. 이는 곧 자산 간의 상관성이 낮을수록 포트폴리오의 효율성이 높아진다는 것을 의미한다. 단순히 두 자산의 평균값이 나오는 게 아니라, 적절한 비율로 배분했을 때 평균값 이상의 최적화된 투자가 가능한 영역이 생긴다는 점이 핵심이다.

이어서 하락폭 Drawdown을 살펴보자. 먼저 주식을 보면, 특정 시장 위기 때마다 큰 폭으로 하락한다는 것을 확인할 수 있다. 주식은 높은 수익을 기대할 수 있지만, 그만큼 하락도 크다는 것이 특징이다. 한편, 금 역시 하락폭이 작지는 않다. 하지만 이 두 자산을 함께 섞으면 어떻게 될까? 다음 페이지 그래프의 노란색 선이 '주식 60% + 금 40%'의 조합이다. 놀랍게도 하락폭이 확연히 줄어든다. 두 자산을 각각 따로 투자했을 때보다, 함께 투자했을 때 하락폭이 훨씬 완화되는 것을 확인할 수 있다. MDD(최대하락폭)를 비교해도 결과는 같다. 정신없는 자산 A과 정신없는 자산 B를 섞으면, 재밌게도 침착한 자산 C가 나오는 것이다.

지금까지는 약 35년간의 데이터셋 1개를 기반으로 분석했지만, 특정 기간에서는 시장의 특정 이벤트(금융위기, 닷컴버블 등)에 과도하게 영향을 받을 수 있다. 그래서 보다 신뢰할 수 있는 방법은 일정 기간을 쪼개어 장기적인 패턴을 분석하는 것이다. 이번에는 10년 단위로 나눈 총 300여 개의 데이터셋을 통해 다양한 시장환경에서 자산배분 전략이 어떤 성과를 보이는지 살펴보자.

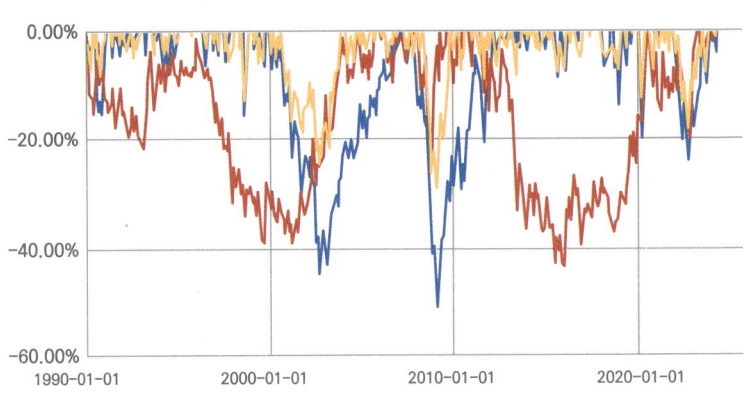

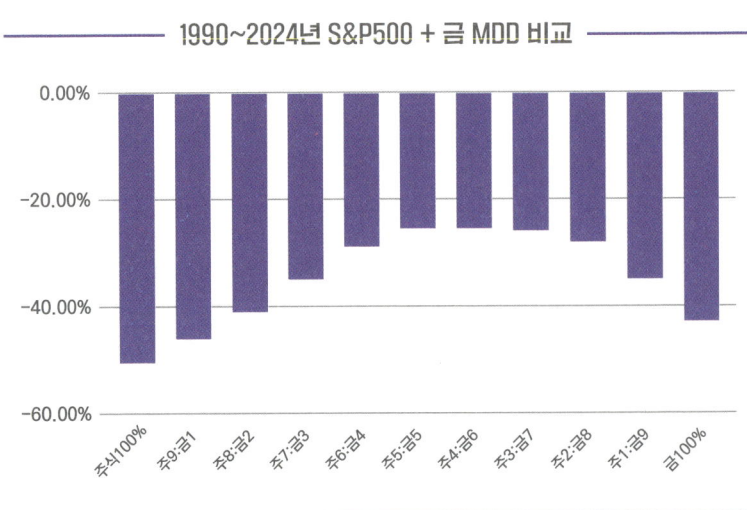

이 데이터를 가장 직관적으로 시각화할 수 있는 방법이 바로 앞서도 잠깐 살펴봤었던 박스플롯이다.

박스플롯에서 머리와 꼬리는 각각 10년 투자 시의 최대, 최저 수익률을 나타내고 상단과 하단은 각각 상위 25%와 하위 25% 수익률을 의미한다. 이를 통해 단순한 평균수익률이 아니라, 다양한 시장상황에서의 변동성과 안정성을 한눈에 확인할 수 있다.

이제 주식 100%, 금 100%, 그리고 '주식 60% + 금 40%'의 조합을 비교해 보자. 대부분의 기간에서 단일 자산에 올인하는 것보다 두 자산을 적절한 비율로 조합했을 때 훨씬 더 안정적인 모습인 것을 확인할 수 있다.

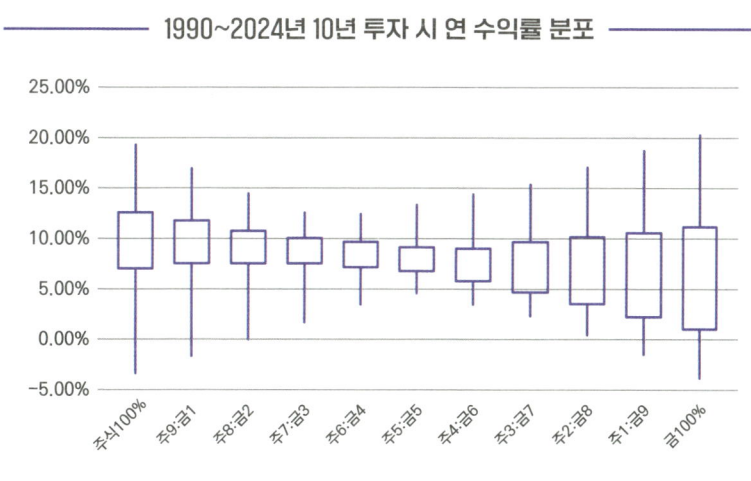

앞에서 봤던 박스플롯을 다시 한 번 시계열로 풀어서 보자. 아래는 각각의 조합을 10년 단위로 투자했을 때의 연 수익률 그래프이다. 예를 들어 2000년 1월의 경우, 1990년부터 2000년까지 10년간 금에 투자했을 때의 연 수익률이 -3% 가량이었다는 의미이다. 그래프를 보면 주식과 금 모두 변동성이 상당히 크다. 심지어 각각 10년씩 투자해도 수익률이 마이너스인 구간이 존재한다. 하지만 주식과 금을 함께 투자했을 때의 노란색 선이 보이는가? 변동폭이 아주 크게 줄어든다. 연평균 8% 내외의 안정적인 수익률을 보이는 포트폴리오가 만들어졌다. 결과적으로 승차감이 좋은 투자, 변동성이 적은 투자는 결국 장기투자의 지속가능성을 높여준다.

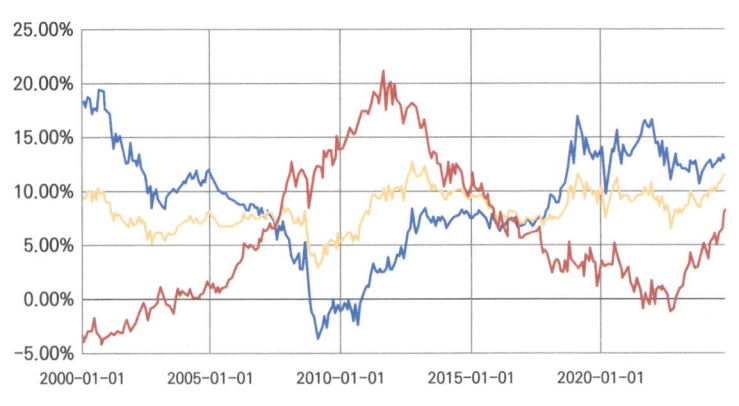

1990~2024년 10년 투자 시 연 수익률 분포

이제 같은 방식으로 금, 현금, 채권이라는 세 가지 안전자산을 함께 살펴보자. 현금은 가장 안정적인 자산으로 변동성이 거의 없다. 현금은 주식과 상호보완적인 움직임을 보이지 않는다. 따라서 주식과 조합하면 수익률이 선형적으로 조정되는 특징을 보인다. 즉, 주식 비중이 많을수록 변동성이 커지고, 현금 비중이 높을수록 변동성이 줄어든다. 다시 말해 주식이 하락할 때 이를 역으로 보완해 주는 효과는 크지 않지만 가장 간단한 방법으로 진폭(변동성)을 작게 만들 수 있다.

반면 채권과 금은 주식과의 상관성이 낮거나 음의 상관관계를 가질 때가 많다. 이를 리스크-리턴 프로파일과 MDD 그래프를 통해 살펴보면 분산효과를 확실히 확인할 수 있을 것이다. 여기서도 핵심은 이 세 가지 안전자산을 활용하면 주식 100% 포트폴리오보다 변동성을 크게 낮출 수 있다는 것이다. 특히 채권과 금을 적절히 조합하면 단순한 변동성 축소가 아니라, 포트폴리오의 변동성과 MDD를 효과적으로 줄이는 분산효과가 나타난다.

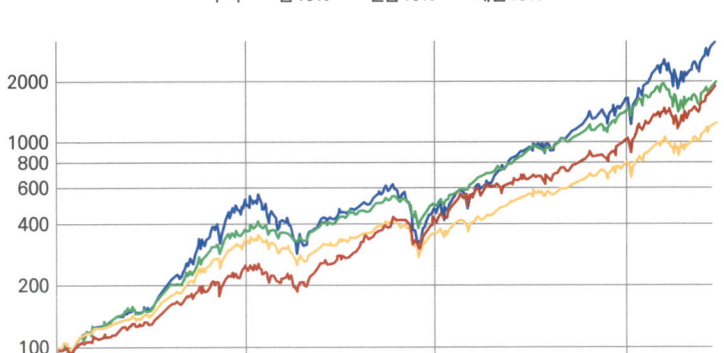

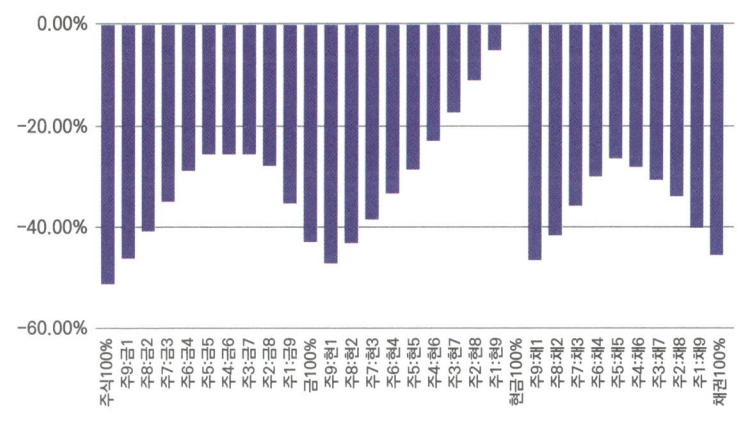

이어서 10년 구간 수익률(10-Year Rolling Return)을 다음 페이지의 그래프를 통해 살펴보자. 이전까지 살펴본 주식, 금, 현금, 채권을 포함한 모든 자산을 비교하면, 구간별로 강세를 보이는 자산이 달라진다는 것을 확인할 수 있다. 어떤 시기에는 주식이 가장 높은 수익을 보였고, 어떤 시기에는 채권이 상대적으로 더 안정적이었으며, 또 다른 시기에는 금이 강세를 보이기도 했다. 즉, 어떤 자산 하나만이 항상 최선의 선택이 되는 것은 아니다. 하지만 이 모든 자산을 조합했을 때, 주식 100% 투자보다 변동성을 확실히 낮출 수 있다는 점은 변하지 않는다.

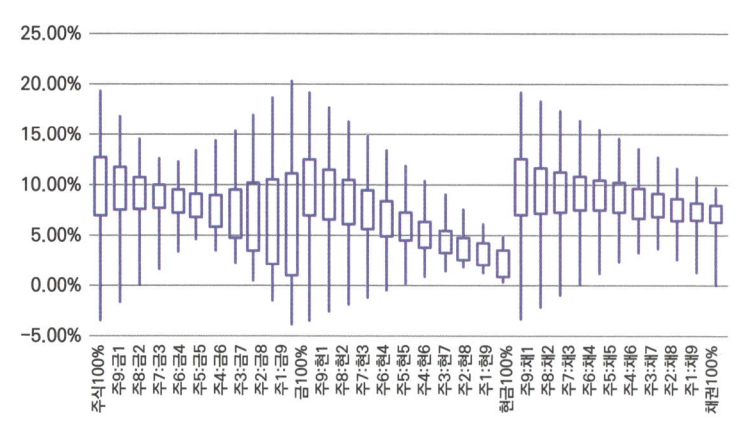

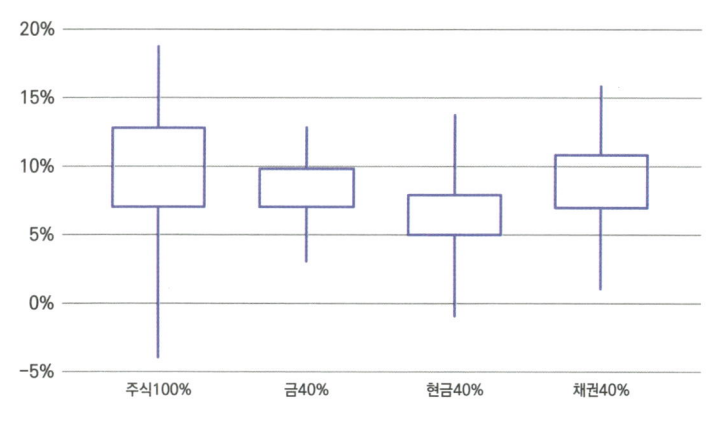

가끔 "마이너스 50%, 60%도 나는 견딜 수 있다"고 자신하는 사람들이 있다. 하지만 이런 말을 하는 사람들은 대부분 투자금액이 크지 않은 경우가 많다. 1,000만 원, 2,000만 원 투자할 때의 50% 손실과 10억 원을 투자했을 때의 50% 손실은 차원이 다르다. 예를 들어 투자금이 10억 원인데 MDD가 60%라면 6억 원이 날아가는 상황이다. 이 정도 손실을 정말 감당할 수 있을까? MDD를 고려할 때는 현재 투자금액이 아니라, 향후 목표하는 금액을 기준으로 생각해야 한다. 1,000만 원을 투자하는 지금은 감당할 수 있더라도, 앞으로 투자금액이 커진다면 상황은 완전히 달라질 것이다.

사람들은 그래프를 보며 흔히 착각한다. "연평균 10%라면 무조건 오르겠지?" 하지만 현실은 다르다. 이 숫자 뒤에는 수많은 하락과 그에 따른 심리적 고통이 포함되어 있다. 특히 10년을 투자해도 연평균 5%도 안 나오는 구간이 존재하고, 심지어 10년 동안 마이너스 수익이 나는 경우도 있다. 그리고 이러한 일은 앞으로도 반드시 반복될 것이다. 그러니까 지금 우리가 살고 있는 이 순간이, 통계적으로 보면 꽤나 행복한 투자환경일 수도 있다는 점을 기억해야 한다.

"높은 수익률이 중요하니까 주식에 몰빵하고 레버리지를 쓰겠다"는 생각도 가능하다. 말리지는 않겠다. 하지만 그만큼 감당해야 할 하락폭도 크다는 사실을 반드시 인지해야 한다. 반면, 이번 장의 내용처럼 수익률이 높으면서도 안정성이 담보되는 조합들도 존재한다. 연 8~9%를 기대할 수 있는 포트폴리오, 혹은 연 7% 이상의 꾸준한 수익을 낼 수 있는 조합들이 있다. 즉, 극단적인 변동성을 감수하지 않아도 충분히 높은 수익률을 기대할 수 있는 방법이 있다. 그걸 알고도 위험을 감수할 것인지, 아니면 안정적인 길을 선택할 것인지 혹은 대응할지, 아니면 대비할지는 각자의 선택이다.

한편 앞서 다룬 채권, 현금, 금 등의 안전자산을 모두 사용하는 '영구 포트폴리오 Permanent Portfolio' 전략도 있다. 주식 25%, 장기채 25%, 현금 25%, 금 25%로 구성하는 포트폴리오로 예측하기 어려운 시장상황에서 꾸준한 수익을 내는 것을 목표로 한다. 주식은 경제성장기에서 성과를 내고, 장기채는 경제침체나 디플레이션 시기에 이익을 제공한다. 현금은 유동성을 보장하고, 금은 인플레이션이나 금융위기 시기에 자산의 가치를 지켜준다. 자산을 균등하게 나누어 특정한 경제상황에 지나치게 의존하지 않는 안정적인 포트폴리오를 구성하는 것이다.

또 다른 전략으로는 '올웨더All-Weather 포트폴리오'가 있다. 주식 30%, 장기채 40%, 중기채 15%, 금 7.5%, 원자재 7.5%로 구성된 이 포트폴리오는 인플레이션, 디플레이션, 경제성장, 경제침체 등 다양한 상황에 대비하는 것을 목표로 한다. 경제가 성장할 때는 주식이 수익을 창출하고, 경제가 침체될 때는 채권이 안정적인 수익을 제공한다. 인플레이션이 발생하면 금과 원자재가 자산가치를 보호하는 역할을 한다. 이렇게 여러 자산을 혼합함으로써 변동성을 낮추고 장기적인 안정성을 높이는 전략이다.

하지만 두 전략 모두 아쉽게도 수익률이 매우 낮다. 부진한 성적 때문에 최근 이 전략들에 대한 사람들의 관심도도 최하에 가깝다. 최근 10년간 SPY의 연 수익률은 13%가 넘는 반면 영구, 올웨더 포트폴리오의 수익률은 5~6%에 그쳤다.

그럼에도 불구하고, 금과 원자재를 포트폴리오에 포함하는 것은 여전히 유효한 전략이다. 예측할 수 없는 경제의 불확실성은 절대 무시해선 안 된다. 금과 원자재는 전통적으로 인플레이션 헤지 역할을 했고, 주식과 채권의 변동성을 줄이고자 하는 투자자에게는 유용한 자산이다.

주식 100% 포트폴리오부터 60/40 전략, 올웨더 포트폴리오, 영구 포트폴리오 혹은 그 외 여러 전략까지 투자자들이 선택할 수 있는 전략은 무궁무진하다. 아마 대부분의 투자자가 주식 100% 전략을 선택할 것이지만 알고 안 하는 것과 몰라서 못하는 것은 천지차이다. 각자 감당할 수 있는 변동성과 리스크에 따라 자신의 투자목표와 성향에 맞는 선택을 내리기 위해서는 다양한 투자전략과 자산배분 방법을 충분히 공부해야 한다.

**인생을 바꾸는
최고의 ETF**

자산의 종류와 투자전략에 따른 수익률

자산 다이어그램

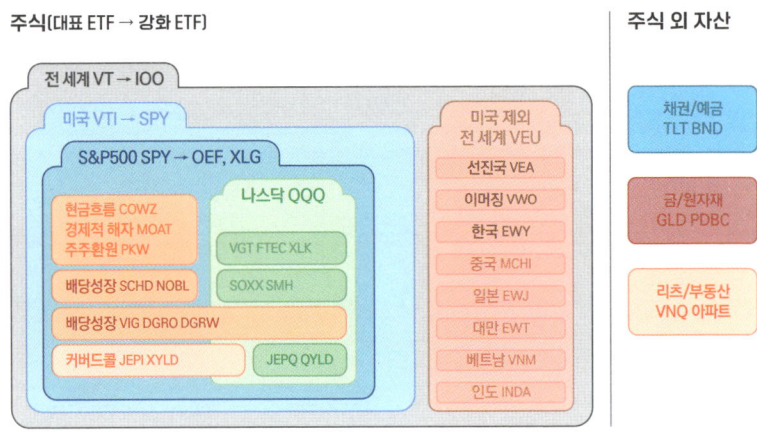

자산별 연 수익률, 변동성 (2015~2024)

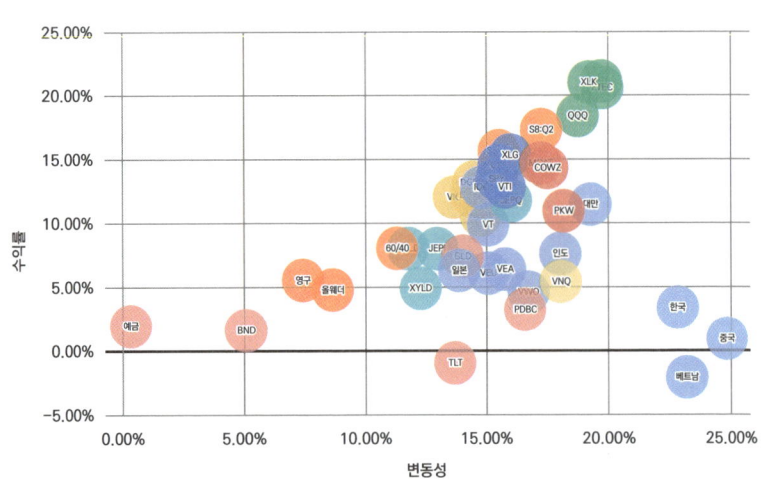

인생을 바꾸는 최고의 ETF

부동산에 투자하는
리츠 ETF

주식으로도 부동산 투자를 할 수 있다. 대표적으로 VNQ 같은 리츠REITs ETF를 통해 투자할 수 있다. 리츠는 부동산 자산을 기초로 한 투자상품으로 임대 수익과 부동산 가치의 상승을 통한 수익을 추구한다. 수십에서 수천 개의 부동산을 리츠라는 형태의 ETF를 통해 간단하게 분산투자할 수 있는 것이다.

하지만 과거 리츠의 성과를 보면, 높은 변동성에 비해 수익률은 기대에 미치지 못하는 경우가 많았다. 예를 들어 최근 10년간 리츠는 커버드콜 전략과 비슷한 수익률을 보였지만 오히려 변동성은 더 컸다. 리츠보다 낮은 변동성으로 더 높은 수익률을 보여줬던 선택지도 많았다. 비슷한 수익률을 제공하는 다른 대안들이 많은데 굳이 변동성이 더 높은 리츠를 선택할 이유는 없는 것이다.

주가의 흐름이나 배당성장 등을 종합적으로 고려해도 리츠는 그리 매력적이지 않다는 것을 알 수 있다. 먼저 일반적인 주식 ETF에 비해 수익률이 낮다. 또 현금흐름을 위한 배당률의 측면에서는 배당성장 ETF와 비슷한 수준이거나, 커버드콜 ETF에 비해 크게 뒤처진다.

배당성장 측면에서는 배당성장 ETF, 시장 ETF가 더 안정적이고 높은 배당성장을 보여준다. 리츠 배당의 경우 오랜 시간 제자리걸음이거나 오히려 떨어진 경우도 많았다. 그리고 자산의 안정성 측면에서도 채권 혹은 주식과 채권의 조합을 넘어서지 못했다.

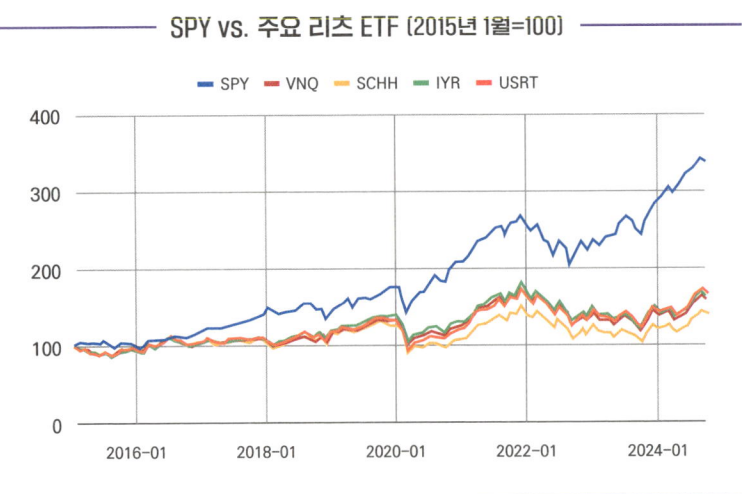

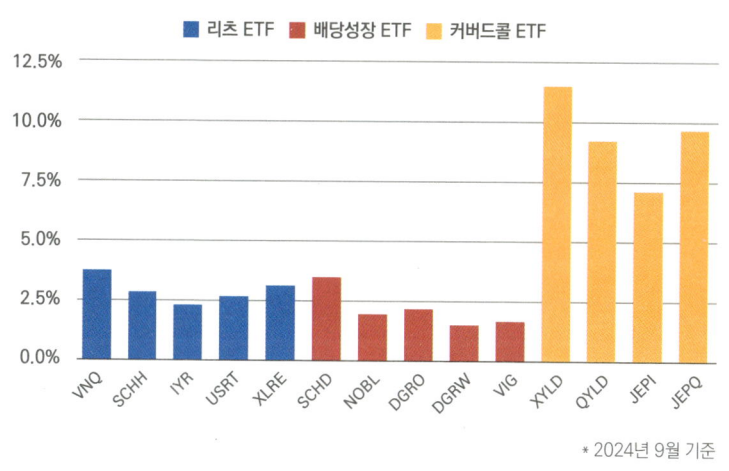

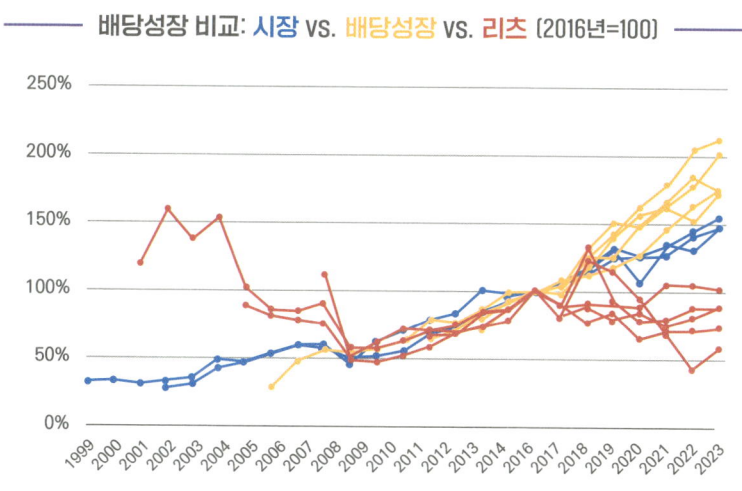

4부 최고의 ETF, 최고의 투자전략

결국 어느 쪽으로 보든 과거의 데이터를 살펴보았을 때 굳이 리츠에 올인하거나, 리츠를 메인 투자자산으로 선택할 만한 메리트는 없다고 생각한다. 분산투자 차원에서 포트폴리오에 일부 편입할 수는 있지만 50~80% 이상의 메인 투자자산으로 선택할 이유는 크지 않다는 것이다.

사실상 리츠에 투자하는 경우는 후광 효과 Halo Effect가 크게 작용한 결과라 생각한다. 부동산이라는 자산이 지닌 후광 효과가 주는 본질적인 안정감 혹은 신뢰도는 절대 무시할 수 없다. 하지만 결국 리츠 또한 수많은 자산군 중 하나일 뿐이다. 정확히는 부동산이라는 '단일 섹터'에 집중된 투자다.

부동산이라는 특정 섹터에 집중투자하기 때문에 본질적으로 금리에 민감할 수밖에 없다. 고금리 환경에서는 부동산 대출 비용이 증가해 리츠의 수익성에 부정적인 영향을 미칠 수 있다. 물론 금리인상의 영향은 부동산에만 국한되지 않고 전체 주식시장에도 영향을 미친다. 하지만 반대로 저금리 기조에서 리츠가 일반 주식에 비해 더 탁월한 성과를 보여준 것도 아니다.

심리적인 요인 때문에 리츠와 부동산에 대한 기대가 높을 수는 있지만, 특정 섹터에 올인하는 전략은 리스크 관리 측면에서 바람직하지 않다. 리츠뿐만 아니라, 어떤 포트폴리오라도 특정 섹터에 집중투자하는 것은 큰 위험이 따른다. 다양한 자산군에 분산투자해 포트폴리오의 안정성을 확보하는 것이 훨씬 좋은 선택이다.

결국 개인적으로 리츠는 '계륵'이라는 결론이다. 일부 자산을 리츠에 투자하는 것은 다각화 전략으로 활용할 수 있겠지만 포트폴리오의 대부분을 리츠로 채우는 것은 추천하기 어렵다. 리츠 자체가 나쁜 상품이라기보단, 그보다 더 나은 대안들이 많기 때문이다.

그렇다면 리츠 대신 진짜 상가, 건물은 어떨까? 부동산 관리의 물리적인 어려움은 차치하고 생각해 보자. 잘 공부해서, 잘 고를 수 있으면 개별 부동산 투자도 좋다. 물론 잘 골랐을 때의 이야기다. 하지만 개별 상가투자의 가장 큰 문제는 분산투자가 아닌 단일투자라는 점이다. 주변 사람들과 얘기해 봐도 개별 주식에 올인하는 것에 대해선 굉장히 염려하는 사람이 많은데, 개별

수익형 부동산 vs. 미국 배당성장 ETF

한국 상가/건물	vs.	배당성장 ETF
한국 어딘가의 상가/건물	투자대상	전 세계, 선진국 최고의 기업
1개 단일투자	투자범위	100~500개 분산투자
불가능	종목 리밸런싱	연, 분기 단위 종목교체
연 3~6%	월세 수익률 / 배당률	연 3~4%
연 5% 한계	월세 인상률 / 배당성장률	연 8~10% 내외
1억~10억 원 이상	최소 투자금	1,000원
어려움	거래 용이성	클릭 한 번으로 가능
건물 유지보수 세입자 및 계약 관리	유지관리	없음
어려움 (상권분석+권리분석+경매/공매)	난이도	쉬움 (대표 ETF 2~3개 투자)

상가나 건물에 투자하는 것에 대해선 다들 생각보다 덤덤한 눈치다. 사실 열심히 공부해 잘 선별하기만 한다면 개별 주식에 투자하는 것도 나쁘지 않은 데 말이다. 최소한 건물 관리, 세입자 관리는 할 필요 없다.

투자대상이 상가인지, 주식인지를 떠나서 평생 모은 전 재산을 분산하지 않고 투자하는 건 매우 무모한 일이다. 예를 들어 100명이 수익형 부동산 투자에 도전한다고 했을 때, 그중에서 장기적으로 주식 ETF 분산투자의 성과를 뛰어넘을 사람은 5~10%도 채 되지 않을 것이라고 확신한다. 꼭 주식과 부동산을 비교하지 않아도 괜찮다. 개별 상가투자 vs. 서울 상가 100개 분산투자. 이러한 경우에도 전자가 후자를 이길 수 있는 경우는 매우 극소수일 것이다. 충분히 분산된 투자는 통계적으로 개별투자를 압도할 수밖에 없다. 시간이 지나면 지날수록 분산투자의 승률은 점점 더 높아진다.

투자에는 정답이 없다. 누군가의 선택을 막을 이유도, 필요도 없다. 하지만 우리는 그간의 통계를 통해 미래를 예측해 볼 수 있다. 따라서 꼭 수익형 부동산에 투자하고자 한다면, 꼼꼼하게 살펴보고 고르길 바란다.

미국 주식 ETF vs. 서울 아파트

한국인들에게 아파트는 매우 특별한 자산이다. 한국의 아파트는 그간 높고 안정적인 수익을 보여주는 한편 변동성은 극도로 낮았다. 이는 주식이나 다른 금융 자산과 비교했을 때 가장 크게 두드러지는 장점이다. 물론 때때로 시장이 과열되거나 침체하는 구간도 있었지만, 매매 회전율이 낮은 만큼 안정성만큼은 최고다. 특히 서울 아파트의 과거 데이터를 보면, S&P500과 비교해도 밀리지 않는다. 비슷한 수익률을 보여지만, 변동성은 압도적으로 낮았다. 그래서 많은 사람들이 궁금해 한한다.

자가를 마련하는 것이 나은가, 아니면 미국 주식에 투자하는 것이 나은가?

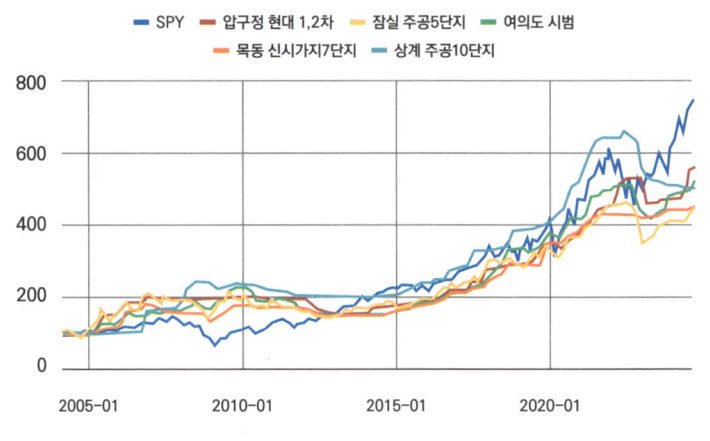

출처: KB 부동산

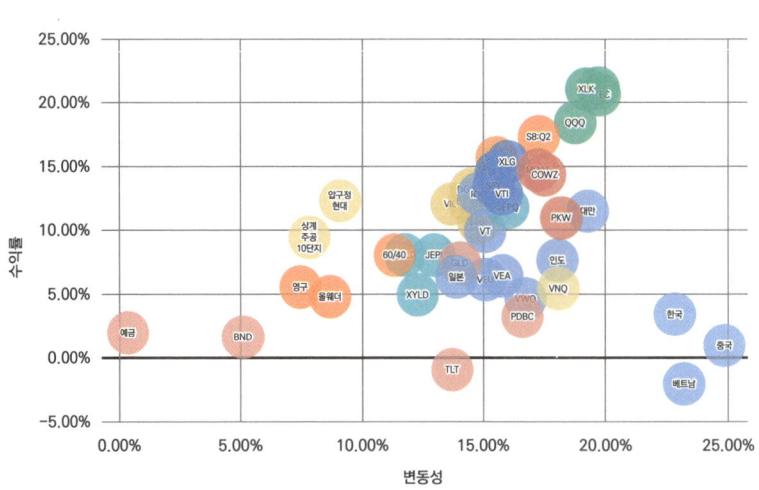

물론 둘 다 하는 것이 가장 좋다. 그러나 현실적으로 두 가지 모두 선택하기 어려운 경우가 많다. 수익률만 보면 장기적으로 미국 주식이 더 나을 가능성이 높다. 최소한 서울과 수도권처럼 일자리가 몰리는 지역의 부동산은 앞으로도 물가상승률과 비슷하거나, 혹은 조금 더 높은 수준의 성장을 기대할 수 있을 것이지만 지방의 부동산은 지속적인 상승세 없이 정책이나 경기에 따라 상승과 하락을 반복할 것이다. 현재 우리나라 지방 대부분이 인구가 줄어들고 고령화가 가속되고 있기 때문에 부동산에 대한 수요는 줄어들 확률이 높다. 당연히 오를 수가 없다. 여러 지역에 걸쳐 '테마성 파도타기'만 반복될 가능성이 높다.

결국 미국 주식과 비교할 수 있는 부동산은 서울과 일부 수도권 지역의 아파트로 한정된다. 주식이나 부동산이나, 결국 돈과 일자리가 몰리는 곳이 더 높은 성장잠재력을 가지기 마련이다. 단순히 시, 구 단위가 아니라 국가 단위로 확장해도 마찬가지다. 이러한 점에서 한국의 아파트가 글로벌 자본과 혁신의 중심지인 미국 주식을 장기적으로 이기기는 쉽지 않을 것이다. 현재 지구상에서 미국만큼 경제성장의 원동력을 빨아들이는 곳이 없기 때문이다.

● 한국의 아파트
오히려 서울 아파트가 전 세계 최상위 기업의 집합체보다 더 높은 수익을 내는 상황이 수년 이상 지속된다면, 그것이야말로 무언가 단단히 잘못된 신호라고 생각한다.

특히 최근의 원화 가치를 고려하면, 상황은 더욱 심각하다. 단순히 아파트 가격이 오른다고 좋아할 때가 아니다. 국제적인 기축통화를 기준으로 본다면, 원화 자산은 상승한 것이 아니라 오히려 실질적인 가치가 떨어지는 중이다. 서울의 몇몇 대장 아파트만 횡보 수준을 유지할 뿐, 대부분의 한국 부동산은 글로벌 자산과 비교해 그 격차가 점점 커지고 있다.

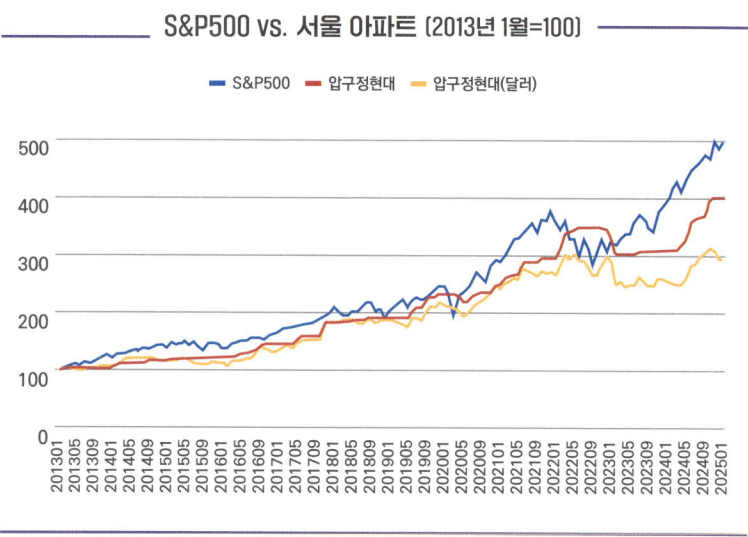

출처: KB 부동산

특히 S&P500을 기준으로 서울 아파트를 환산해 보면, 한국의 부동산 시장은 정체된 수준을 넘어 크게 하락하고 있다고 봐야 한다. 전 세계 강대국들이 4차 산업혁명, AI, 첨단기술 산업에 막대한 투자를 쏟아붓는 동안, 우리는 부동산 '몰빵'을 외쳤다. 부동산은 분명 안정적인 자산일 수 있지만, 한 나라의 경제성장 전략이 오로지 부동산에만 집중된다면 어떤 결과를 맞이하게 될까? 글로벌 시장에서 우리의 경제적 입지는 점점 좁아지고 있으며, 그동안 쌓아온 부의 가치가 점진적으로 희석되는 상황이다.

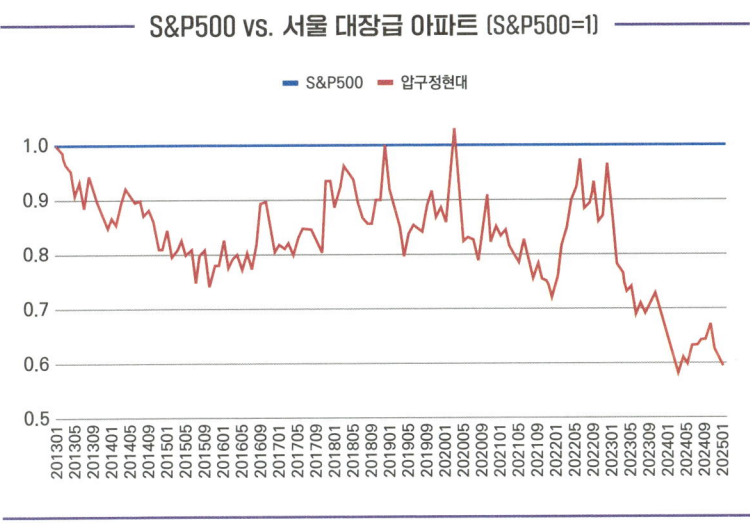

출처: KB 부동산

하지만 수익률이 전부는 아니다. 삶의 안정성 측면에서는 미국 주식에 투자하는 것보다 자가를 마련하는 게 확실히 더 나은 선택이다. 특히 실거주 주택을 소유하는 것은 소유자에게 압도적인 심리적 안정감을 제공한다. 내 집이 있다는 안정감은 실제로 경험하지 않으면 알기 어렵다. 집은 있으면 무조건 좋다. 특히 자녀가 있거나 자녀를 가질 계획이 있다면, 실거주 한 채는 후순위

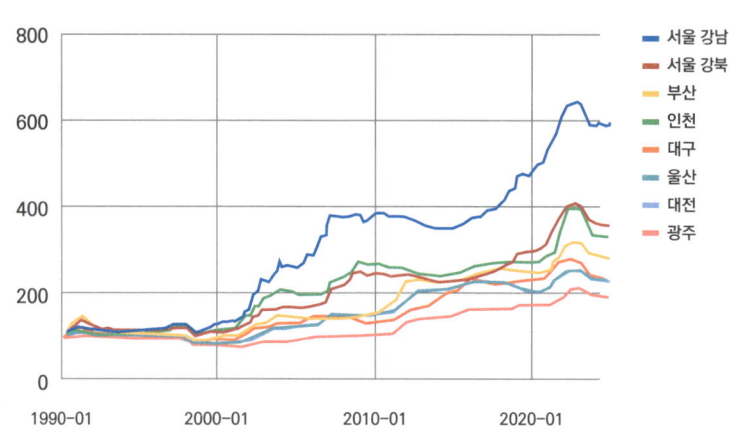

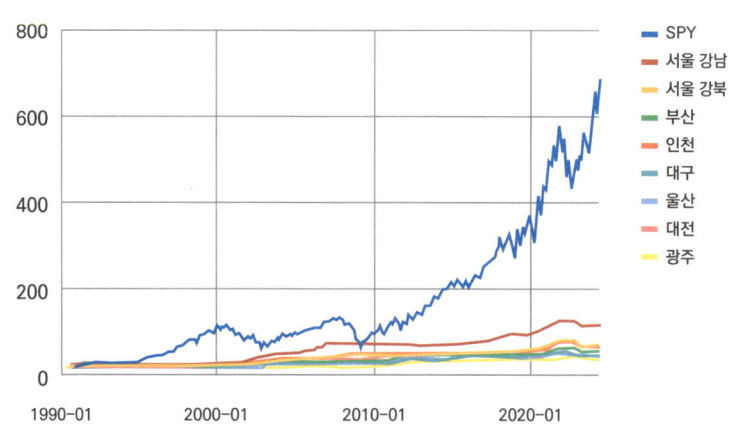

로 미루기 어려운 과제다. 아니, 자녀가 없더라도 실거주 한 채는 있으면 무조건 좋다.

결국 문제는 '주거 안정성'의 우선순위다. 주거 안정성이 가장 중요한 사람은 자가를 먼저 마련하면 된다. 만약 주식의 수익률이 더 높을지라도, 주거 안정성은 그만한 값을 치를 가치가 있다고 생각한다면 집을 먼저 마련하고, 남는 돈을 주식에 투자하면 된다.

반면 주거 안정성이 중요하지 않은 사람은 굳이 다른 사람들의 의견을 따라 필요하지도 않은 집을 힘들게 마련할 필요가 없다. 자가 없어도 안 죽는다. 자가 없이도 다 산다. 보통 집이 없어서 문제라는 사람은, 대체로 집을 포함한 어떤 자산에도 투자하지 않는 경우가 많다. 집이 필요 없으면, 다른 자산에 잘 투자하면 된다. 자산을 잘 굴리다가 나이가 들어 내 집이 필요해지면, 그때 사도 된다. 직접 살아보니 월세, 전세도 괜찮았다면 주식에 투자하는 게 맞다. 둘 중에 어느 걸 택해야 할지 잘 모르겠으면 일단 절약하고 저축이라도 해라.

다만 주식투자의 경우 당연히 '장기투자'를 전제로 한다는 점을 잊어서는 안 된다. 매일 매일 쏟아지는 시황이나 뉴스에 흔들리며 주식을 사고파는 단기투자자라면 오히려 손실을 볼 가능성이 크다. 그럴 바엔 주식에 투자하기보다 그냥 집을 사고 꾸준히 대출을 갚아 나가는 것이 훨씬 낫다.

자산의 종류와 투자전략에 따른 수익률

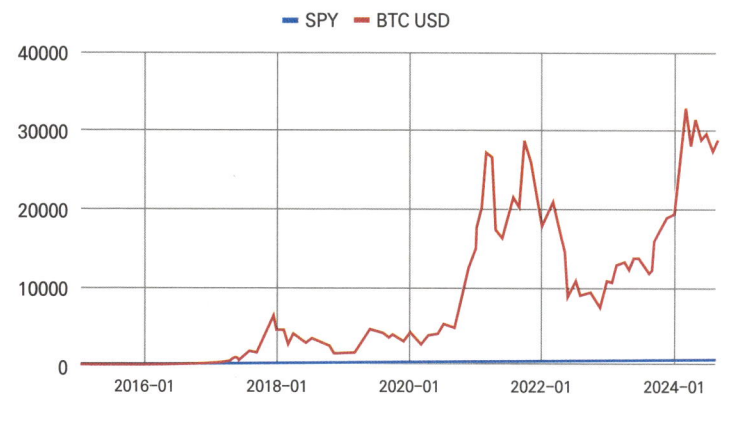

빼놓을 수 없는 투자자산, 비트코인

마지막으로 다룰 자산은 암호화폐이다. 비트코인과 암호화폐는 이제 투자를 논하는 데 빼놓을 수 없는 주제가 되었다. 나 역시 과거에 비트코인에 투자한 경험이 있다. 당시 결혼 준비에 도움이 될 만큼 큰 수익을 올리기도 했지만, 인생을 바꿀 정도는 아니었다. 현재는 비트코인에 투자하지 않고 있다. 비트코인에 대한 명확한 이해나 확신이 없고, 가치에 대해서도 아직까진 확신이 서지 않는다. 그래서 비트코인에 대해 길게 이야기하는 것 또한 조심스럽다.

하지만 많은 사람들이 이미 비트코인을 하나의 투자자산으로 인식하고 있는 상황에서, 전체 포트폴리오의 5%에서 10% 정도를 비트코인에 투자하는 것은 고려할 만한 전략이라고 생각한다. 물론 개인의 성향과 확신의 정도에 따라 더 많은 비중을 투자할 수도 있고, 아예 투자하지 않을 수도 있다. 중요한 것은 투자하려는 자산에 대해 충분히 알아보고, 자신이 감당할 수 있는 범위 내에서 결정을 내리는 것이다. 잘 모르겠다면 아예 투자하지 않거나, 많아도 5%를 넘지 않는 것이 적절하다고 생각한다.

암호화폐 시장은 여전히 불확실성으로 가득하다. 이 시장은 다른 전통적인 자산과는 다른 성격을 가지고 있다. 그래서 아직은 리스크가 훨씬 크다. 일부는 비트코인을 '디지털 금'이라고 부르며, 인플레이션에 대한 헤지 수단으로 보기도 한다. 그러나 실제로 금처럼 안정적인 자산이 될 수 있을지는 미지수다. 과거 몇 년간의 데이터를 보았을 때 비트코인은 여전히 매우 높은 변동성을 보이고 있다. 그래서 비트코인을 금이나 달러와 같은 전통적인 자산과 동일하게 접근하는 것은 위험할 수 있다. 특히 비트코인이 미국과 중국, 러시아 등 강대국 사이에서 정치적인 용도로 사용될 가능성은 무시할 수 없는 리스크다.

또 많은 사람들이 알트코인에도 투자하지만, 알트코인은 비트코인보다 훨씬 더 높은 변동성과 리스크를 가진다. 그중에는 스캠(사기) 코인도 많기 때문에 피해를 입을 위험이 크다. 암호화폐 중 99%는 스캠이라는 이야기도 심심치 않게 들린다. 피해 사례는 이미 수없이 많다. 꼭 비트코인이 아니더라도, 명확하게 제도화되지 않은 돈벌이 판은 역사적으로 사기꾼들의 놀이터였다.

하지만 사기꾼들만큼이나 스스로의 욕망을 절제하지 못한

투자자들에게도 책임이 있다고 생각한다. 일반적인 투자자가 보기엔 사기꾼이나, 그런 사기꾼에게 투자한 사람이나 둘 다 별반 다르지 않은 욕심쟁이로 밖에 안 보인다. 말도 안 되는 사기급의 수익률을 바랬다면, 응당 주변의 동정 또한 기대해선 안 된다는 점을 기억하자. 따라서 암호화폐에 투자하고자 한다면, 그나마 제도화 가능성이 높고 자산으로서 자리를 잡은 비트코인이 올바른 선택이라고 생각한다.

결국 암호화폐 투자를 고려할 때 중요한 것은 자산배분의 비중이다. 주식, 채권, 부동산과 같은 전통적인 자산에 대한 투자와 마찬가지로, 암호화폐 역시 리스크를 최소화하고 안정적인 수익을 추구하기 위해 적절한 비중을 유지해야 한다. 특히 변동성이 큰 자산에 모든 자금을 몰빵하는 것은 비트코인뿐만 아니라 어떤 자산이라도 적절하지 않은 투자방법이다.

예를 들어 전체 포트폴리오의 5~10%를 비트코인에 투자하고, 나머지를 더 안정적인 자산에 분산하는 것이다. 이런 전략을 통해 비트코인이 급격한 변동성을 보이더라도 포트폴리오의 전체적인 안정성을 유지할 수 있다. 비트코인이 엄청난 성장을 보인다면, 적은 비중의 투자로도 상당한 수익을 올릴 수 있다. 만약 비트코인이 10배, 100배의 성장을 기록할 경우 5% 비중의 투자가 전체 포트폴리오에 50%, 500%의 수익을 가져올 수 있는 것이다. 반면 비트코인이 실패하더라도 전체 포트폴리오에는 5% 이상 큰 영향을 미치지 않는다.

자산의 종류와 투자전략에 따른 수익률

자산 다이어그램

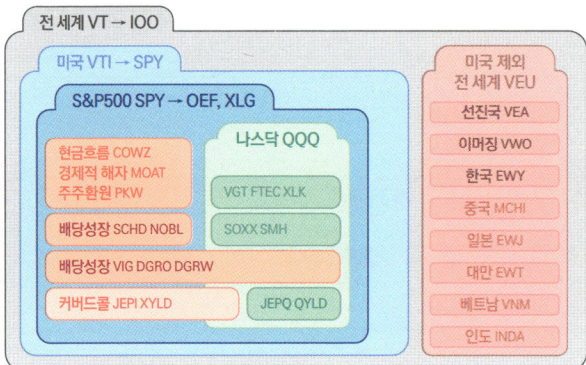

자산별 연 수익률, 변동성 (2015~2024)

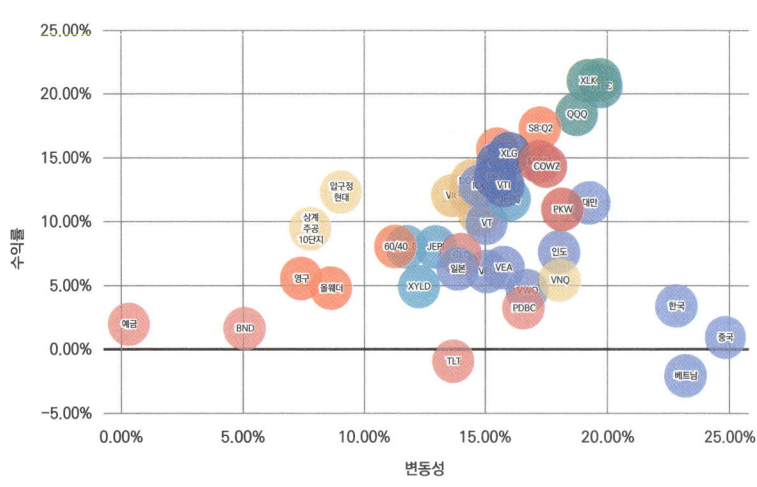

최고의 ETF
투자전략 총정리

다양한 자산들의 특징과 자산들 사이의 관계를 이해하는 것은 나만의 투자 포트폴리오를 구축하는 데 있어 중요한 출발점이다. 4부를 통해 우리는 여러 종류의 자산들의 과거 수익률과 변동성, 그리고 각 자산이 지닌 고유한 특징을 분석함으로써 분산투자와 자산배분의 중요성을 명확히 확인하였다. 궁극적으로 이 모든 분석의 목적은 투자자로서의 자신을 더 깊이 이해하는 것이다. 모든 사람에게 딱 맞는 완벽한 투자 포트폴리오는 세상에 존재하지 않는다. 나를 잘 알아야 나에게 맞는 나만의 투자 포트폴리오를 만들 수 있다. 이제 지금까지 살펴본 것들을 종합적으로 정리해 보겠다.

투자자산에 대한 이해

미국 주식 내에서도 다양한 로직을 통해 좋은 기업을 뽑는 여러 전략들이 존재한다.

주식의 경우 시장을 대표하는 S&P500 지수에 투자하는 시장 ETF(SPY)를 중심으로 여러 팩터를 통해 더 좋은 종목을 뽑는 스마트베타 ETF(MOAT, COWZ), 배당 팩터를 중심으로 안정적인 모습을 보여주는 배당성장 ETF(SCHD, NOBL, DGRW), 공격적인 투자를 가능하게 하는 기술성장 중심의 ETF(QQQ), 현금흐름을 위한 커버드콜 ETF(JEPI, JEPQ)까지 5가지 대표 전략은 주식투자의 큰 틀을 이해하기 위해 반드시 알아야 할 지식이다.

주식에 대한 기본적인 이해를 바탕으로 상반된 성향의 주식

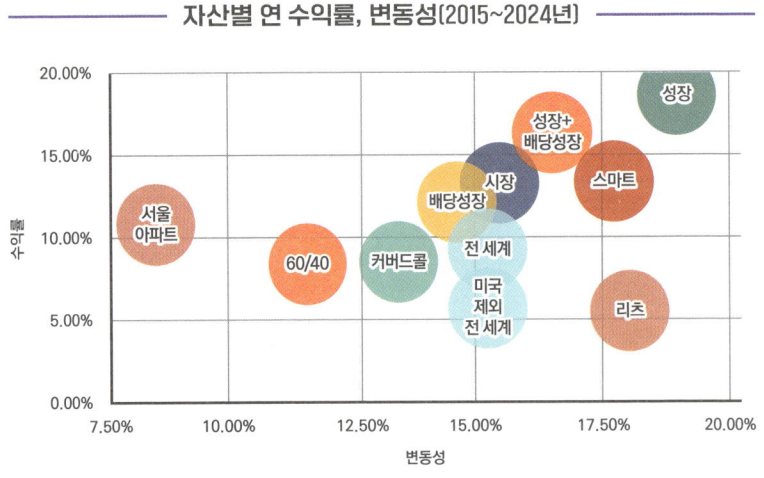

들에 투자하는 바벨 전략을 활용할 수 있다. 더 나아가 주식 외의 자산으로 관점을 넓힌다면, 먼저 채권을 포함한 60/40 전략을 적용할 수 있고, 금이나 원자재와 같은 대체 자산에 투자해 '올웨더'나 '영구 포트폴리오' 같은 장기적이고 안정적인 전략을 구사할 수 있다. 이처럼 다양한 자산의 특징과 상호작용에 대한 이해를 통해 각자의 투자성향에 맞는 최적의 포트폴리오를 선택하거나 혹은 더 나아가 새로운 전략을 설계할 수 있다.

포트폴리오의 조건

투자 포트폴리오를 만들 때 고려해야 되는 점은 첫째, 최소 7~8% 이상의 수익률을 기대할 수 있는 자산을 선택하는 것이다. 물가가 계속 오르기 때문에 인플레이션을 이기고 자산이 실질적으로 성장하려면 명목 수익률이 최소 7~8%는 되어야 한다. 그래야 물가상승을 감안한 실질 수익률이 5~6% 정도 된다.

그 이하는 수익을 거의 내지 못하거나 오히려 자산가치가 떨어질 가능성이 높다. 만약 오로지 저축만 한다면 최소한 거지는 되지 않겠지만, 장기적으로 실제 구매력은 늘어나기 어렵다. 따라서 투자자의 취향과 적성을 반영하더라도 최소한의 커트라인은 7~8% 이상이다. 굳이 그 아래를 고려할 필요가 없다.

과거 데이터가 미래를 결정하지는 않지만 잘 분산된 ETF를 기준으로 볼 때, 최근 10년간 시장의 평균치와 비슷한 성과를 보

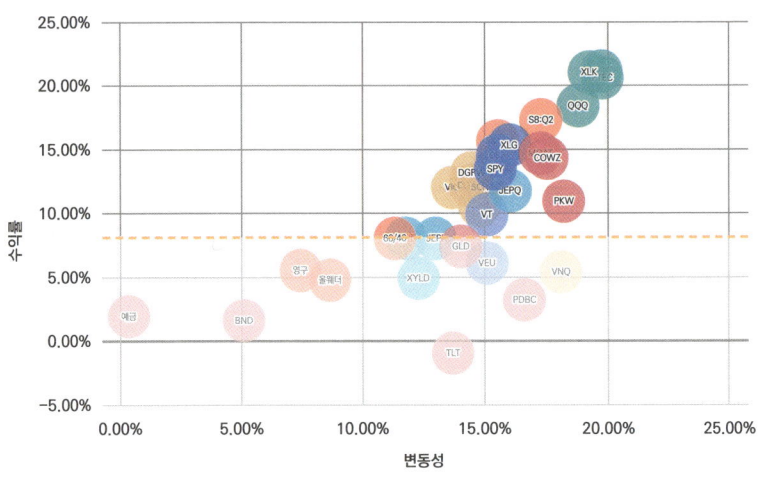

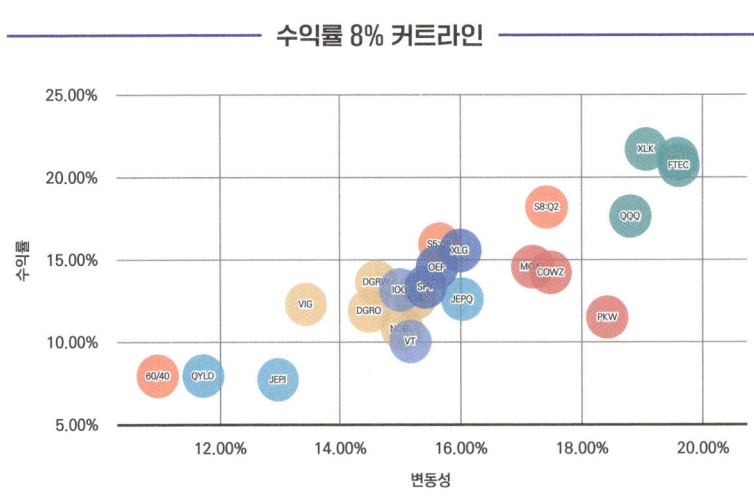

여주지 못한 전략이 있다면 후보군에 넣을 이유가 없다. 우리에게 필요한 건 과거에도 잘했고 미래에도 잘할 투자상품이다. 굳이 과거에 못했는데 미래에는 잘할 후보를 찾을 이유도 없고, 여유도 없다.

둘째, 지속가능한 투자를 해야 한다. 단순히 수익률만 본다면, 변동성이 큰 QQQ에 올인하는 것이 좋다. 꼭 QQQ뿐일까? 수익률은 QQQ보다 QLD, TQQQ 같은 레버리지 투자가 더 좋을 것이다. 이걸 모르는 사람은 없다. 단, 수년 간격으로 심심치 않게 찾아오는 -50%, -80% 이상의 하락을 견딜 수 있다면 말이다. 하지만 역사적으로, 그리고 통계적으로 대부분의 사람들이 저런 변동성을 감당하지 못했다. 결국 하락장에서 큰 손실을 떠안고 매도했다는 말이다. 수많은 레버리지 투자자들이 오히려 예적금보다 못한 성적표를 받는 이유이기도 하다.

따라서 각자 감당할 수 있는 리스크에 따라 안정적인 투자방법을 선택해야 한다. 일반적으로 미국 주식을 기준으로 본다면, 5년에 한두 번 -30% 이상의 하락이 발생했다. 이 정도의 하락을 견딜 수 있다면 미국 주식 100%도 좋은 방법이다. 그렇지 않다면 각자 감당할 수 있는 범위에 따라 주식의 비중을 줄이고, 현금이나 채권 비중을 늘리면 된다. 투자하려는 종목과 투자의 주체인 스스로를 잘 이해한다면 어렵지 않은 일이다.

투자는 복잡하지 않다

다양한 종목과 전략에 이렇게 선을 긋고 보면 투자의 진리가 명확히 드러난다. '하이 리스크-하이 리턴, 로우 리스크- 로우 리턴' 바로 고위험-고수익, 저위험-저수익이라는 불변의 원칙이다. 위험을 감수한 만큼 얻을 수 있는 것이 많아진다. 반대로 위험을 감수하지 않으면 얻을 것도 적다. 세상은 이렇게나 명쾌하다. 투자는 절대 복잡하지 않다. 본질적으로 위험과 수익 사이의 선택일 뿐이다.

따라서 대부분의 전략은 이러한 원칙, 오른쪽 그래프 상에서 검은색 점선 근처에서 크게 벗어나지 못한다. 일종의 상수와도 같은 자본주의 시장의 효율성은 예외적이거나 극단적인 마법의 무언가를 허용하지 않는다는 것이다. 만약 낮은 위험에 높은 수익을 기대할 수 있는 상품이 있다면, 곧바로 많은 사람들이 몰려

들어 그 기대수익을 금세 낮춰버린다. 반대로 높은 위험에 낮은 수익을 제공하는 상품은 사람들에게 외면받아 가격이 하락하고, 그 결과 기대수익이 다시금 높아지게 된다.

그럼에도 불구하고 세상에는 약간의 기회가 항상 열려 있다. 우리가 추구할 수 있는 투자공부의 핵심이 있다면, 각자 감당할 수 있는 동일한 변동성 속에서도 더 높은 수익률을 추구하는 것이다. 이는 투자자가 단순히 위험을 감수하는 것에 그치지 않고, 효율적으로 자산을 배분하고 전략을 세워 더 나은 결과를 만들어내는 것을 목표로 해야 한다는 의미이다. 만약 그게 어렵다면 투자의 효율선 상에서 크게 벗어나지 않는 선택을 하는 것만으로도 충분하다. 로우 리스크-하이 리턴이 어렵다면, 하이 리스크-로우 리턴이라는 최악의 선택지들만 피할 수 있어도 괜찮다는 말이다.

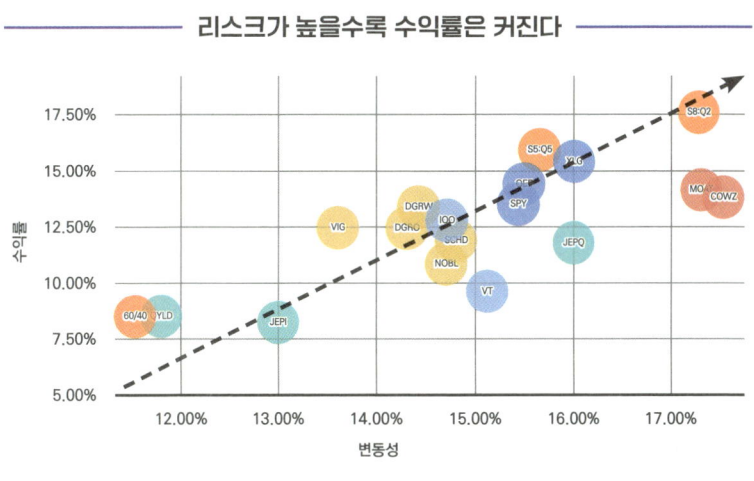

5부

최고의 ETF, 최고의 투자전략보다 더 중요한 것

인생을 바꾸는
최고의 ETF

똑같은 상품인데 수익률이 다른 이유

국내 주식 투자자들의 데이터를 분석하면 아주 흥미로운 부분을 발견할 수 있다. 같은 나스닥100 지수를 추종하는 ETF들 사이에서도 평균 수익률과 수익을 본 투자자 비율이 크게 다르다는 점이다.

특히 나스닥100 지수를 추종하는 국내 상장 ETF는 다른 직접투자(직투) 상품들보다 평균 수익률이 높고 손실을 본 투자자의 비율이 낮았다. 심지어 2배 레버리지 ETF인 QLD, 3배 레버리지인 TQQQ보다 평균 수익률이 높고, 손실 투자자는 적었다. 같은 지수를 추종하는데 이러한 차이가 발생한 이유는 무엇일까?

바로 '장기투자'라는 원칙에 대한 투자자들의 마음가짐 차이

국내 투자자들의 나스닥100 추종 ETF 투자현황

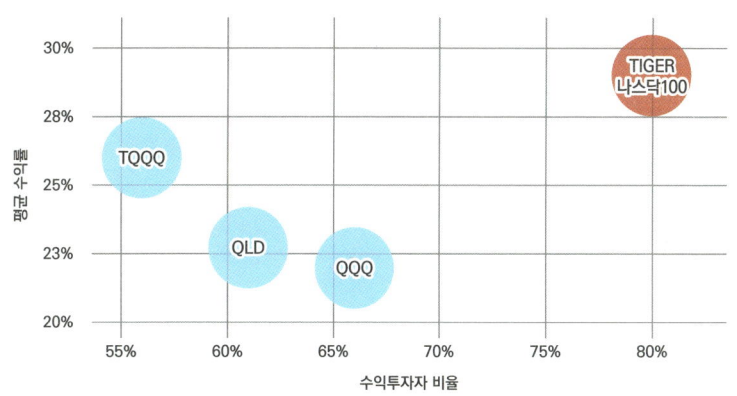

* 2024년 8월 기준

2024년 8월 기준 나스닥100 ETF 직접투자 vs. 국내 상장

총 투자자	6.1만명
손실투자자	34%
평균 수익률	+21.7%

총 투자자	1.1만명
손실투자자	39%
평균 수익률	+22.7%

총 투자자	7.2만명
손실투자자	44%
평균 수익률	+26.4%

출처: 카카오페이

때문이다. 국내에 상장한 나스닥100 ETF 상품들은 주로 연금저축펀드나 ISA•, IRP•• 계좌에서 거래된다. 현실적으로 수수료 부담이 높은 국내 상장 ETF는 연금저축펀드 등의 절세 계좌가 아닌 일반 계좌에서 투자할 이유가 없기도 하다. 그리고 이 계좌들의 가장 큰 특징은 바로 '장기투자'를 전제로 한다는 것이다.

연금저축펀드 투자자들은 매달 꾸준히 적립식으로 투자하고 무엇보다 투자금에 '손을 대지 않는다'는 특징이 있다. 직투 계좌와 비교했을 때, 상대적으로 매매 타이밍을 고민하지 않고 시장의 변동성에도 흔들리지 않는 모습을 보여준다. 이렇게 최소 10년, 20년 더 나아가 30년 후를 바라보는 마음가짐 하나만으로 훌륭한 투자전략이 만들어진다.

> • **ISA**
> 다양한 금융상품을 한 계좌에서 관리할 수 있는 개인종합자산관리계좌(Individual Savings Account)로 일정 금액의 투자수익에 대한 비과세 혜택을 제공한다. 투자자가 직접 운용하거나 기관에 운용을 일임할 수 있으며 예적금, 주식, 펀드 등에 투자할 수 있지만 해외주식에 직접투자는 불가능하다.
>
> •• **IRP**
> 개인형퇴직연금(Individual Retirement Pension)으로 퇴직금으로 예금, 펀드, ETF 등의 금융상품을 운용할 수 있다. 추가로 납부하는 금액에 대해 세액공제 혜택을 받을 수 있다. 근로소득이 5,500만 원 미만일 경우 16.5%, 초과하더라도 13.2%의 세액공제를 받을 수 있다. 연금저축 세액공제 한도액과 합산해 최대 900만 원까지 공제된다. 단 특별한 이유 없이 중도해지가 불가능하며 중도해지 시 받았던 혜택을 모두 토해내야 한다는 단점이 있다.

사실 적당한 ETF 2~3개만 '대충' 골라서 투자해도, 장기투자만 한다면 상위 10% 수익률을 달성하는 것은 어렵지 않다. 많은 투자자들이 최고의 ETF를 찾아 헤매지만, 실상 대부분 1년은커녕 6개월도 못 버티기 때문이다. 종목보다 중요한 건 투자의 지속성, 바로 시간이다.

한편, 직투 계좌는 정확히 반대의 모습을 보여준다. 직투 계좌는 대개 시장의 작은 변화에도 즉각적으로 반응하며 매수와 매도를 자주 반복하는 경향이 있다. 패닉셀, 뇌동매매와 같은 표현이 이 상황을 잘 설명한다. 이러한 환경에서 대다수 투자자들은 감정적인 결정을 내리게 된다. 결국 고점에 사고 저점에 파는 비이성적인 투자를 끊임없이 반복한다. 결과는 아주 명확했다. 연금저축펀드를 통해 투자한 국내판 QQQ는 과거에도 그랬듯, 앞으로도 직투 계좌로 투자한 QQQ의 성과를 꾸준히 앞지를 것이다. 이처럼 동일한 지수를 추종하는 동일한 투자상품이지만, 투자방법에 따라 성과는 극명히 달라진다.

이 결과는 나스닥100 지수에만 해당되는 이야기가 아니다. 가장 균형 잡힌 투자로 평가받는 S&P500 지수 투자에서도 동일한 결과가 나타났다. 국내 상장 ETF 투자가 직투에 비해 평균 수익률이 더 높았고 손실을 본 투자자의 비율도 낮았다. 심지어 변동성이 매우 높은 반도체 ETF에서도 동일한 양상을 보였다. 코스피의 TIGER반도체에 투자한 국내 투자자들의 평균 수익률이 직접투자 상품인 SOXX에 투자한 국내 투자자들보다 평균 수익률이 높았고, 손실을 본 투자자도 적었다.

꼭 직투 ETF와 국내 상장 ETF 간의 비교가 아니더라도 이와 비슷한 사례는 쉽게 찾아볼 수 있다. 주식 공부라고는 책 1~2권을 본 것이 전부지만 그냥 S&P500에만 꾸준히 투자했던 배우자의 통장, 자녀의 미래를 위해 2~3개의 지수 추종 ETF에 매달

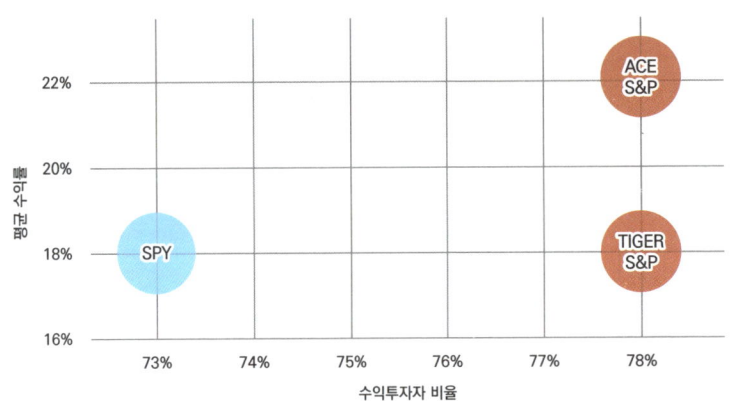

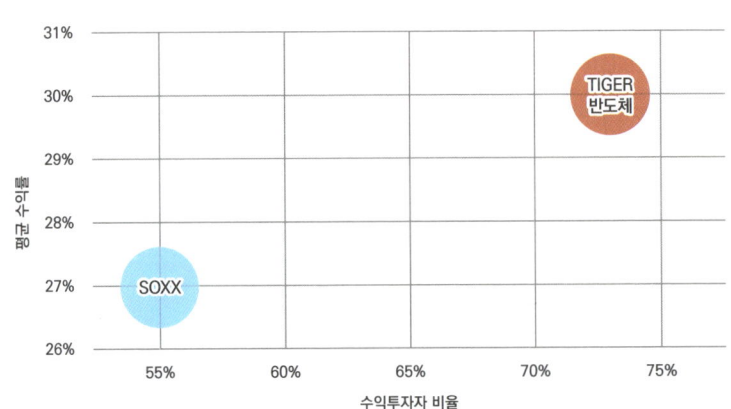

20만 원씩 투자해 온 통장, 혹은 과거 큰 하락에 매도했지만 실수로 일부 주식을 남겨둔 종목을 시간이 한참 흐른 후 발견하였는데 가격이 크게 올라가 있던 경우까지 모두 장기투자의 뛰어난 성과를 보여주는 사례들이다.

이와 반대로 시장의 움직임에 따라 매번 사고팔기를 반복했던 누군가 혹은 나의 계좌를 생각해 보자. 매일 유튜브, 카페, 블로그를 돌아다니면서 시황을 찾아보고, 시장 예측에 관한 유료 강의를 듣고, 주식 리딩방에 가입하고 온라인 커뮤니티에서 활동하며 유명한 인플루언서 따라하기, 요즘 새로 나와서 핫하다는 ETF에 투자하기…. 과연 어느 쪽이 더 높은 수익률을 기록했을까? 높은 확률로 전자의 수익률이 높을 것이다.

어떤 계좌의 수익률이 더 높을까?

시장의 움직임에 따라 매번 사고팔기를 반복했던 계좌		
• 매일 유튜브, 카페, 블로그 다니면서 시황 찾아보기 + 시황에 관한 유료 강의 듣기 + 주식 리딩방 가입하기 + 온라인 커뮤니티 활동하기 + 주식 카페에서 유명한 사람 따라하기 + 요즘 새로 나와서 핫한 ETF 투자하기…	VS.	노후 대비 연금저축펀드 계좌
		과거에 실수로 안 팔았던 1,000원짜리 종목
		매일 1만 원씩 주식 모으기했던 종목
		어쨌든 그냥 가만히 매수하는 계좌

데이터가 말해주는 인사이트는 명확하다. 그냥 사라. 그리고 건드리지 마라. 본인의 노후를 위해 투자하듯이, 연금저축펀드에

투자하듯이 최소 20년 뒤를 바라보고 꾸준히 투자하라. 종목이 중요한 게 아니다. 심지어 같은 종목에 투자하더라도 건드리지 않을수록 수익률은 더 높아진다.

특히 개인 투자자들의 경우, 이미 많은 리서치를 통해 계좌의 회전율이 높아질수록 평균 수익률이 낮아진다는 것이 증명되었다. 많은 투자자들이 단기적인 수익을 쫓아 시장 타이밍을 맞추려 하거나 이리저리 종목을 바꾸지만 이러한 전략은 대부분 실패하고 만다. 반면 장기적인 관점으로 그저 꾸준히 자신만의 투자를 실천한 이들의 성과가 더 낫다는 것이다.

이와 관련하여 재미있는 사례를 살펴보자. 지난 2024년 1월부터 6월까지 연령대에 따른 주식 수익률을 보면 해외 주식과 국내 주식을 막론하고 청소년의 주식계좌 수익률이 가장 높았다. 시기적으로 우연이 발생한 것도 아니다. 해외 주식이든 국내 주식이든 관계 없다. 언제 어떤 수익률 자료를 찾아봐도 청소년(자녀) 주식계좌의 수익률이 가장 높다. 비법은 별거 없다. 그저 몇 개의 ETF나 우량주를 골라서 장기투자했을 뿐이다.

한편 '똑똑한' 어른 투자자들은 열심히 시황을 보고, 새로운 종목을 찾고, 시장에 대응하려 했다. 노력의 결과가 자녀의 계좌보다 못하다는 게 문제이지만 말이다.

아쉽지만 이러한 노력은 모두 인내하지 못한 것에 대한 변명에 가깝다. 그냥 인내심이 부족했던 것이다. 투자는 기복신앙이 아니다. 열심히만 한다고 결과가 무조건 좋아지는 것도 아니다.

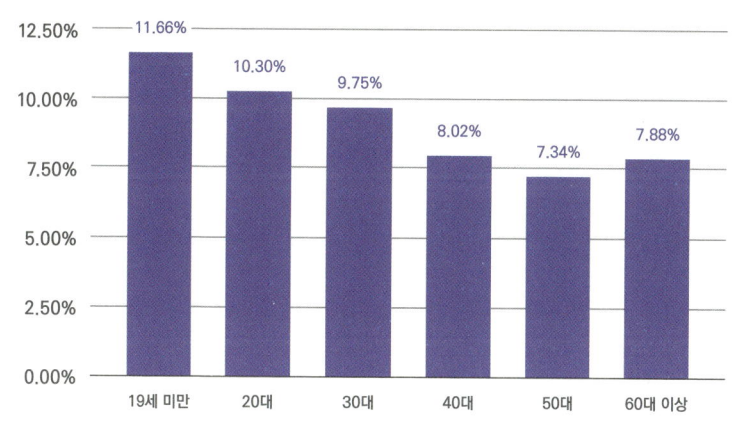

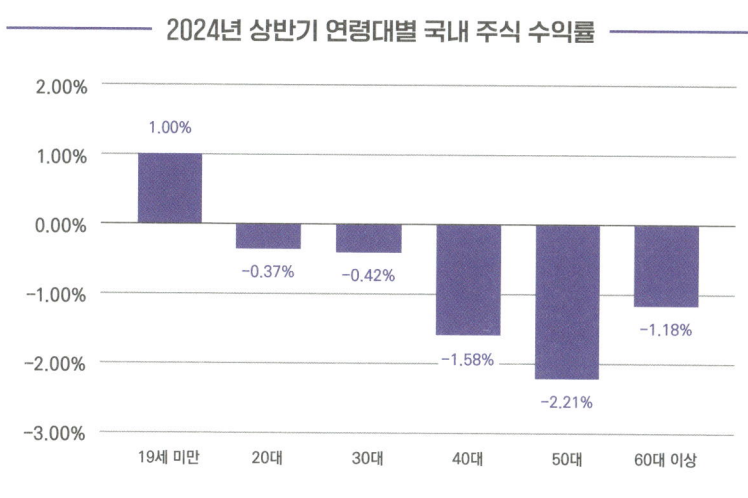

투자공부나 종목분석, 시황파악 같은 일들은 그저 '노력'이라는 거창한 이름 뒤에 숨어 자신의 불안감을 풀어내는 데 이용됐을 뿐이다.

장기투자에서 가장 어려운 일은 가만히 기다리는 것이다. 그동안 수많은 투자의 현인들도 입을 모아 말했고, 지금도 그렇게 말하고 있다. 각자에게 맞는 좋은 포트폴리오를 만들었으면, 이제 가만히 두고 현생에 집중하라고 말이다. 그러니까, 그냥 제발 가만히 있어라. 그게 어렵다면 나가서 운동을 해라. 그게 인생에 더 큰 도움이 된다. 앞으로도 주식계좌, 포트폴리오에 손을 대고 싶을 때마다 한 번씩 차분히 생각해 보자. 꾸준히 우상향하는 본인의 연금저축펀드의 계좌나 자녀들의 계좌를 한 번씩 보는 것도 좋겠다.

종목이 중요하지 않은 이유

앞서 우리는 같은 종목이더라도 투자기간에 따라 수익률이 천차만별인 것을 확인했다. 그렇다면 종목이 다를 경우는 어떨까? 투자자들에게 "SPY와 QQQ 중 어느 종목의 수익률이 더 높을까?"라고 물으면 대부분 "당연히 QQQ가 더 높다"라고 말할 것이다. SPY는 S&P500을 추종하고 QQQ는 성장주라 할 수 있는 나스닥100을 추종하기 때문이다. 주식에 조금이라도 관심이 있는 사람이라면 이걸 모르는 사람은 없다. 실제 과거 데이터를 보았을 때 대부분의 기간 동안 QQQ가 SPY보다 높은 수익률을 기록한 것이 사실이다.

하지만 실제 투자에서도 그럴까?

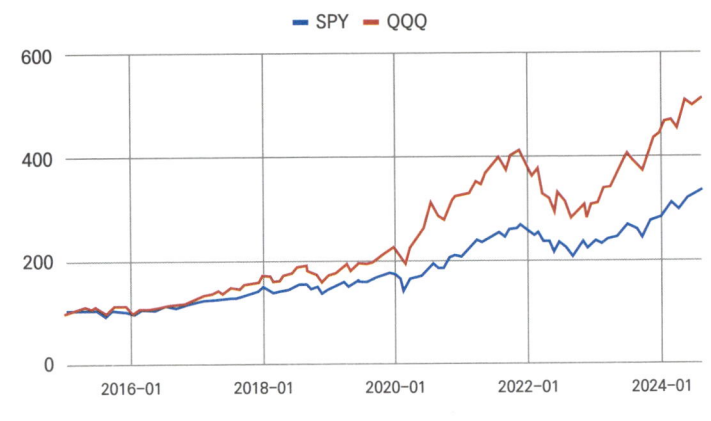

SPY vs. QQQ (2015년 1월=100)

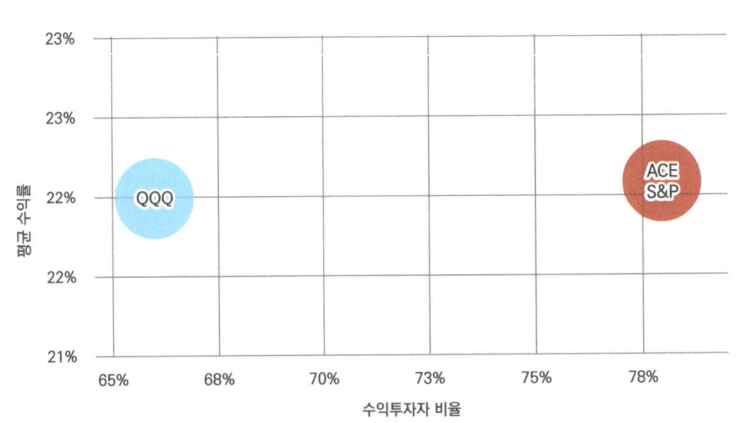

국내 상장 S&P500 vs. QQQ

* 2024년 8월 기준

출처: 카카오페이

S&P500에 투자하는 국내 상장 ETF 상품인 ACE미국 S&P500과 QQQ 두 종목에 투자한 투자자들의 성과를 비교해보자. 결과는 예상과는 전혀 달랐다. 국내 상장 S&P500 투자자들의 평균 수익률이 미세하지만 QQQ 투자자들의 수익률을 앞질렀다. 또한 국내 상장 S&P500에 투자한 사람들 중 손실을 본 투자자는 24%에 불과했으며, 무려 76%의 투자자가 수익을 냈다. 그러나 QQQ의 경우, 손실을 본 투자자의 비율이 35%에 달했고, 수익구간에 있는 투자장는 65%에 그쳤다. 흔히 QQQ가 더 높은 수익률을 낼 것이라고 생각하지만 현실은 꼭 그렇지만은 않았던 셈이다.

이것이 바로 진짜 현실 세계의 투자다. 지금도 정말로 QQQ가 SPY를 이긴다고 단언할 수 있나? 과거 데이터, 과거 차트로만 판단하면 안 된다. 내 계좌에 수익금이 찍히기 전까지는 백테스트상의 수익률은 그저 의미 없는 숫자에 불과하다. 즉, 누군가의 SPY는 QQQ를 이긴다는 사실을 기억해야 한다.

이러한 사실은 분포 그래프로 살펴보면 더욱 명확해진다. 다음 페이지의 그래프는 각각 국내 상장 S&P500과 QQQ의 투자자를 평단가순으로 나열한 백분위별 수익률 분포를 나타낸다.

2개 종목의 분포 그래프를 겹쳐서 보면, 국내 상장 S&P500에 투자한 투자자들 중 약 87%가 QQQ 투자자보다 더 높은 수익을 올렸다(파란색 선이 빨간색 선보다 더 높은 구간). 반면 QQQ가 더 나은 성과를 기록한 경우는 13%에 불과했다. 놀랍지 않은가?

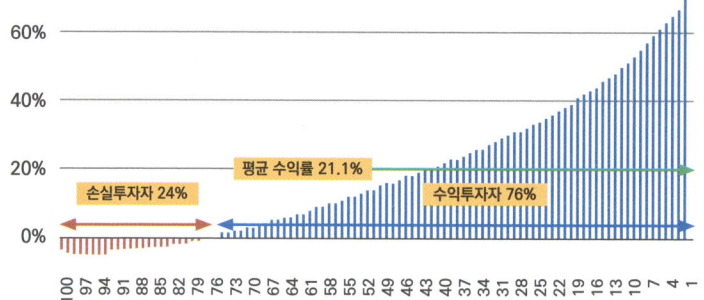

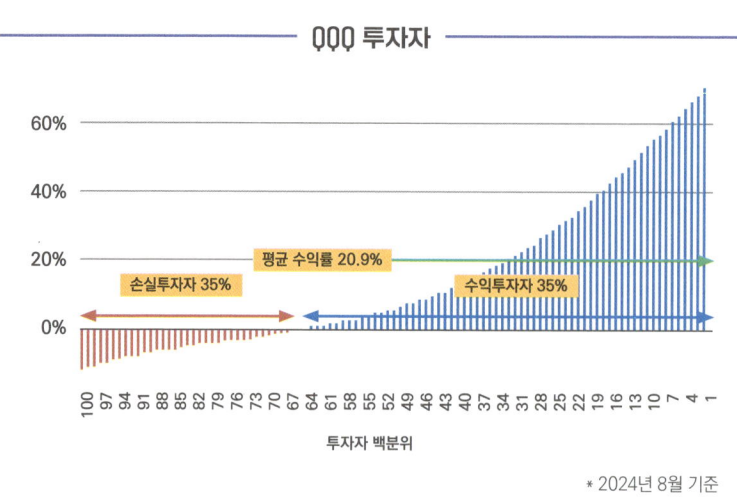

특정 지수나 상품이 이론적으로는 높은 수익률을 기록했다고 해서, 현실의 모든 투자자들이 같은 성과를 거두진 않는 것이다. 최소한 실제 데이터는 연금저축펀드 등을 통해 장기투자하는 국내 상장 S&P500이 상대적으로 단기적으로 QQQ에 접근하는 경우를 이긴다고 명확히 말해준다. 평균 수익률로 보나, 전체적인 분포로 비교하나 별반 다르지 않은 결과였다. QQQ를 사고파는 것보다 그냥 가만히 S&P 500을 사는 것이 수익률이 더 좋았다.

이러한 차이가 나타나는 이유는 아주 단순하다. 그저 더 오래 투자했기 때문이다. 분명 과거 데이터에서는 나스닥100이 S&P500보다 더 좋은 성과를 보여준 것이 맞다. 그런데 그래서?

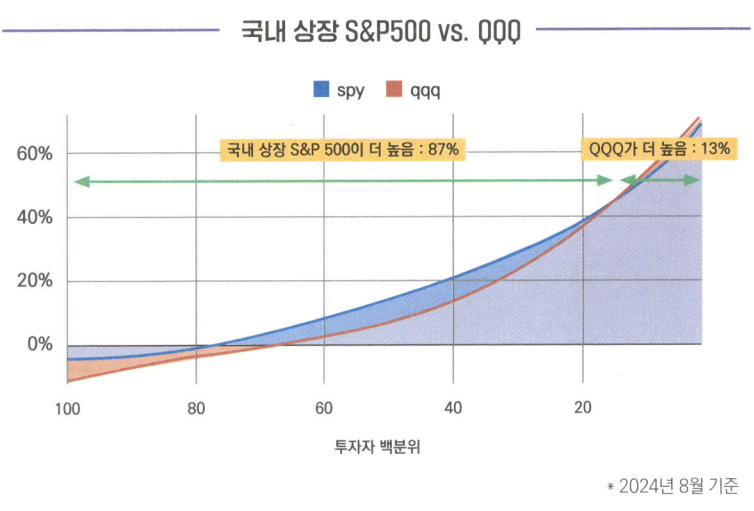

* 2024년 8월 기준

출처: 카카오페이

차트상의 수익률은 사실 큰 문제가 아니다. 아무리 좋은 투자상품이 있어도 직접 장기간 보유하지 않는다면 그건 남의 데이터, 남의 수익률일 뿐이다.

• 과거 차트, 데이터의 수익률 ≠ 내 계좌의 수익률

투자자의 최종 수익은 수익률에 시간을 곱해서 만들어진다. 그리고 앞서 본 데이터와 같이, 결국 투자자들의 실제 성과는 대부분 종목이 아니라 시간에 의해 결정된다. 하지만 투자자들은 언제나 종목에만 집착한다. 수년, 수십 년짜리 과거 데이터를 들고 와서 자신이 선택한 종목의 우월성을 증명하려 애쓴다. 누군가 SCHD를 추천하면 SPY를 들고 온다. 그래서 SPY를 추천하면 이번엔 QQQ를 들고 오고, QQQ를 추천하면 다음번엔 QLD와 TQQQ를 가져온다.

아니, 누가 정말 모를까? TQQQ의 과거 수익률이 높았던 사실을 모르는 한국 투자자는 아무도 없을 것이다. 그런데 정말 과거 데이터만 보자면, 그간 TQQQ나 SOXL보다 더 좋았던 종목들도 얼마든지 더 찾을 수 있다. 과거 데이터, 백테스트로 싸우면 끝도 없다. 그럴 땐 가슴에 손을 얹고 생각해 보자. 그래서 그 과거 차트의 수익률이 실제 우리들의 통장에 찍혀 있나?

아마 아닐 것이다. 그렇기 때문에 과거 데이터로 아무리 싸워도 소용이 없다는 말이다. 실제 계좌에 찍혀 있지 않은 '허상'의

> 난 SCHD가 잘 맞아!
> ↓
> 야~ (과거 데이터로는) SPY가 더 좋아!
> ↓
> 야~ (과거 데이터로는) QQQ가 더 좋아!
> ↓
> 야~ (과거 데이터로는) QLD가 더 좋아!
> ↓
> 야~ (과거 데이터로는) TQQQ가 더 좋아!
> ↓
> …

숫자로 대리전을 펼칠 이유가 없다. 더 좋은 종목을 찾느라 혹은 각자 보유한 종목이 더 우수하다는 걸 증명하기 위해 시간과 에너지를 소비할 필요가 없다. 그럴 시간과 에너지가 있다면, 나가서 뛰는 게 인생에 더 도움이 된다.

사실 투자는 생각보다 간단한 게임인데 사람들은 이 간단한 게임을 자꾸 복잡하게 만들고 있다. 어차피 '완벽한 종목'은 이 세상에 존재하지 않는다. 그런데도 사람들은 차트와 데이터를 끝없이 뒤적이며 완벽한 종목을 찾는 데 집착한다. 과거 데이터는 그저 '나에게 잘 맞는 종목'을 찾는 정도로만 활용하면 된다. 그 이상은 오히려 불필요한 소음이 될 뿐이다.

앞서 살펴봤던 데이터들이 이 사실을 간단하지만 명확히 말

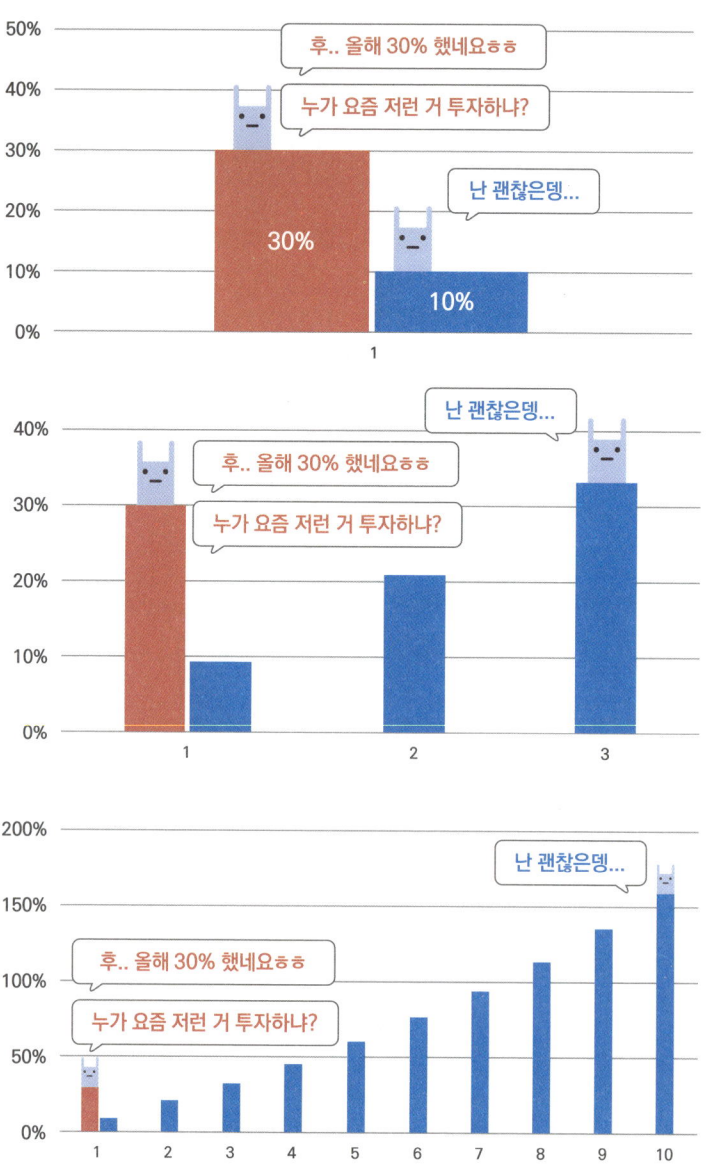

해주고 있다. 종목 자체에 과도하게 집착하기보다는 적당히 좋은 종목, 나에게 잘 맞는 종목을 찾아서 하루라도 더 오래 장기적으로 보유하는 것이 훨씬 현명하다. 그리고 이렇게 꾸준히 들고 갈 수 있는 종목을 찾는다면, 그 종목이 곧 '최고의 ETF'가 된다.

좋은 포트폴리오를 설계했다면, 그 후엔 스스로의 원칙을 지키기 위해 나 자신과 싸우는 것이 전부다. 나머지는 모두 시간에 달려 있다. 그래서 장기투자는 원래 지루한 게 정상이다. 이게 수많은 투자의 현인들이 말했던 장기투자이자, 복리효과를 누리는 가장 간단한 비결이다.

대충 2~3개 골라서 장기투자해도 인생이 망하지 않는다

종목이 아니라, 투자자가 문제다

이 책에서 아무리 누누이 '종목이 중요한 것이 아니다. 얼마나 오래 투자하는지가 더 중요하다'라고 반복하고 또 반복해서 얘기해도 누군가는 여전히 '그래도 어떤 종목에 투자할지 너무 고민되는데…'라고 말할 것이다. 그런 사람들을 위해 재미있는 이야기를 하나 들려주려 한다.

'마젤란 펀드 Magellan Fund'라는 것이 있다. 세계적인 자산운용사 피델리티에서 1963년에 출시한 액티브 펀드이다. 전설적인 투자자 피터 린치는 1977년부터 1990년까지 마젤란 펀드의 펀드매니저로 활약했는데 13년 동안 2,700%라는 놀라운 수익률을 기록했다. 그러나 아이러니하게도 마젤란 펀드에 투자한 사람들의 절반은 손실을 기록했다. 이처럼 뛰어난 성과를 낸 펀드에서조차 사람들이 손해를 본 이유는 무엇일까?

마젤란 펀드의 투자자들이 손실을 본 이유는 아주 간단하다. 매번 귀를 팔랑거리며 일희일비하며 사고파는 단기 매매에 치중했기 때문이다. 주가가 오르면 "지금이다!"하면서 달려들고, 조금이라도 떨어지면 "망했다!"하면서 팔아치웠기 때문이다. 실제 마젤란 펀드 투자자들의 평균 투자기간은 1년에도 못 미쳤다. 대부분 그 1년 남짓에 불과한 시간 동안에도 온갖 희노애락과 번뇌에 휩싸였을 것이다. 아마 역사상 최고의 펀드로 기록될 상품을 보면서 '잡주'라고 욕하고 피터 린치를 '사기꾼'이라며 욕하며 팔았을 것이다.

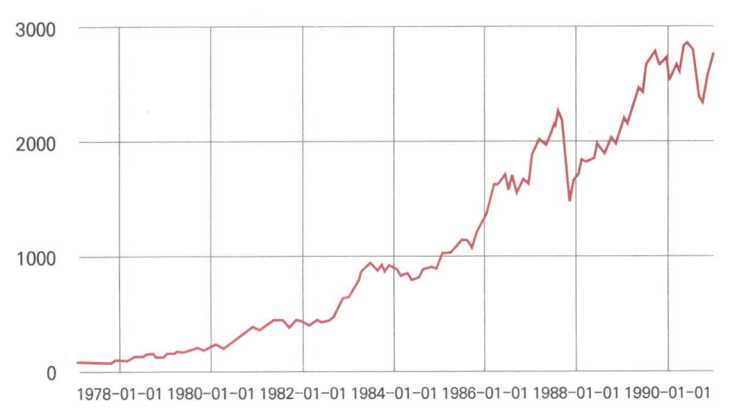

남의 이야기가 아니다. 지금 이 순간에도 많은 투자자들이 수많은 '최고'의 종목들을 두고 어리석은 행동을 반복하고 있다. 많은 투자자들이 굴곡진 차트 속에서 수익만을 뽑아내 가져가길 원하지만, 정작 투자자들이 가져가는 건 손실과 번뇌, 후회뿐이다. 주식시장에서 오르락내리락하는 변동성은 절대 멈추지 않는다. 그래서 아무리 좋은 종목일지라도 단기적인 흐름에 휩쓸리면 장기적인 수익을 기대하기 어렵다.

그렇기에 종목들은 아무런 죄가 없다. 남 탓은 언제나 쉽다. 투자가 실패한 이유를 종목이 나빠서, 시장이 안 좋아져서, 그 종목을 추천한 나쁜 놈으로 돌리면 마음은 편해질지 모른다. 많은 사람들은 이 편한 길을 택한다. 그래서 언제나 종목이 오르면 찬양하고, 내리면 욕하고 조롱하기를 반복한다. 그러나 투자실패는 결국 투자자 본인 때문이라는 사실을 알아야 한다.

장기투자 실패에 대한 회고

바람직하지 않은 사고	바람직한 사고
종목 탓	
시장의 호재와 악재 탓	
정책 탓	
유튜브 탓	그저 인내심이 부족한 내 탓
커뮤니티 탓	
카페 탓	
뉴스 탓	
아무튼 내 탓은 무조건 아님	

아이들은 넘어지면 엄마를 쳐다본다. 그리고 울면서 말한다. "엄마 때문이야. 엄마 미워." 그래. 맞다. 언제까지나 그 시절, 유아기에 머무르고 싶다면 투자실패를 남 탓으로 돌려도 괜찮다. 하지만 유아기적 사고방식에서 벗어나지 못한다면 당신의 투자는 계속 실패할 것이다. 어른이 되긴 글렀다. 남 탓은 내 삶에 절대 도움되지 않는다. 넘어진 건 나 자신이다. 오로지 나 때문이다. 최고의 종목들을 두고서도 버티지 못한 나의 인내심이 문제다. 이 간단한 사실을 인정하는 게 성공으로 가는 첫걸음이다.

종목선택이 투자성공의 중요한 요소이긴 하지만 종목선택은 최악을 피하는 것만으로도 충분하다. 아무리 좋은 종목이라도 잘못된 투자자를 만나면 순식간에 잡주로 변하기 마련이다. 반대로 적당히 괜찮은 종목이라도 투자자를 잘 만난다면 최고의 종목이 될 수 있다.

그러니까 제발, 제발 종목에 집착하지 말라. 얼마나 일관되게 전략을 지키고, 장기적인 관점에서 투자를 유지할 수 있는지가 투자의 성패를 가른다. 이것만 실천해도 누구나 최소 상위 5%, 10%의 수익률 달성할 수 있다. 실제로 투자종목이 좋거나, 내가 잘해서가 아니라 세상에는 앞으로도 '잡주'를 만들어낼 투자자들이 넘쳐날 예정이기 때문이다.

최고의 투자와 잡주

레시피	결과
최고의 종목 + 최고의 투자자	= 최고의 투자
적당한 종목 + 최고의 투자자	
최고의 종목 + 최악의 투자자	= 잡주 완성!
적당한 종목 + 최악의 투자자	

도박 중독을 주식투자라고 포장하지 말자

간혹 "장기투자는 너무 지루하고 재미없다"며 단기 트레이딩에 치중하는 투자자들이 있다. 주식에서 재미를 찾는다는 발상 자체가 굉장히 위험한 생각이다. 다들 자신은 아니라고 하겠지만 곰곰이 생각해 보자. 박스권에 갇힌 주가를 보면서 '지루하다'라고 생각한 적이 한 번도 없는지 말이다. 그리고 그 지루함에 못 이겨 내가 정한 원칙을 깨트리고 매수, 매도를 한 적은 없는지 말이다.

단언컨대 특별히 단기 트레이딩에 특화된 인재가 아니라면, 더 많은 매매는 더 많은 손해를 부른다. 매매 횟수가 늘어날수록 당신의 수익률은 떨어질 뿐이란 것이다. 단타에 중독된 사람들의 모습은 슬롯머신을 끊임없이 돌리는 도박 중독자의 행태와 크게 다르지 않다. 주가가 오르면 잠깐 기분이 좋아졌다가, 떨어지면 좌절하고 다시 그 쾌락을 얻고자 매매를 반복한다. 전형적인 도파민 중독이다. 본질적으로 도박과 다를 바 없다. 도박이든 주식 단타든, 예측할 수 없는 게임의 끝은 안 좋을 수밖에 없다.

실제로 도박이나 알코올 중독과 같이 주식 중독도 정신건강학적으로 '중독'의 일환이다. 강북삼성병원의 조성준 교수는 "도박 중독은 1990년부터 세계보건기구에 의해 질병코드가 부여된 질환으로 뇌에 손상을 준다. 주식으로 충동을 조절하지 못하는 경우도 도박 중독과 같은 기전으로 뇌에 손상을 줄 수 있다"라고 말한 바 있다.

도박이나 주식에 투기할 때 쾌락 호르몬인 도파민이 과다하게 분비되고 보상회로에 자극이 가해지면서 전두엽과 중피질 경로가 손상된다는 것이다. 이처럼 뇌가 변화하면 욕구를 조절하기 어려워지고, 의사결정에도 문제가 생길 수 있다. 전문가에 따르면 주식 중독은 우울증과도 밀접한 연관이 있다고 한다. 도박은 극히 소수의 사람이 돈을 따지만 주식은 상대적으로 많은 사람들이 수익을 보기 때문에 주식 중독으로 손해를 입을 경우, 자신만 안 좋은 일을 겪었다는 착각에 빠지기 쉽다. 조성준 교수는 "주식으로 인해 다른 일에 집중하지 못하고 자기 효능감이 저하하면서 우울증에 빠지는 경우도 많다"라고 경고하기도 했다.

그런데 많은 사람들이 도박 중독이라는 단어는 질색하면서 단타매매 중독은 그저 투자를 열심히 하는 것일 뿐이라고 착각한다. 물론 철저한 분석과 원칙을 바탕으로 단타에 임하는 사람도 있지만 대부분의 투자자들이 하는 단타매매는 홀짝 게임과 다를 게 없다.

뇌과학적으로 주식 중독은 도박 중독과 똑같다. 모두 뇌의 보상 시스템인 도파민 분비와 관련이 깊다. 주식에서 단기적 수익을 얻을 때 도파민이 급격하게 분비되는데 도박에서 승리할 때 뇌가 보이는 반응과 같다. 순간적인 도파민 분비는 뇌에 강력한 보상을 제공하고 여기에 중독되면 그 쾌감을 얻기 위해 더 많은 리스크를 감수하면서까지 강박적으로 그 행동에 몰두한다. 문제는 이러한 양상이 점점 심해진다는 것이다.

뇌의 도파민 보상 시스템은 같은 자극이 지속적으로 활성화될 때 내성이 더 강해진다. 처음에는 적은 수익에도 만족하던 사

뇌의 각 부위에서 일어나는 경제학적 판단들

뇌 부위	판단
전두대상피질	돈을 딸 때보다 같은 액수의 돈을 잃을 때 더 민감하게 반응
측위신경핵	큰돈을 딸 수 있다고 생각하면 엄청나게 흥분해 침착하게 기다리지 못하게 함
도파민	주식에서 느끼는 쾌감을 마약 중독과 비슷할 정도로 전달해 주식에 중독되게 함
편도체	주가가 폭락하면 공포감에 휩싸여 "당장 주식을 팔아치워!"라고 명령함
좌반구	주식시장에서 없는 패턴도 만들어내 돈을 벌 수 있다고 자신하게 함
뇌섬엽	손실을 분명히 인지했음에도 고통스러운 기분이 들게 해 손절매를 하지 못하게 함

출처: 〈투자의 비밀〉, 제이슨 츠바이크, 에이지21

람이 시간이 지날수록 더 큰 수익을 갈구하고, 더 큰 위험을 감수하게 되는 이유가 바로 이 때문이다. 결국 '주식 중독자'들은 더욱 자극적인 거래를 찾아 헤매다가, 결국 한 방에 무너진다. 온갖 대출을 끌어당기는 것은 물론, 가족의 돈까지 탕진하는 경우도 허다하다. 그러니 강원랜드를 욕하지 말자. 이미 수십 만의 작은 강원랜드가 사방에 널려 있다.

- 매일 주식 단타매매로 도파민을 풀어내는 것은 사실 그리 어려운 일이 아니다. 훨씬 더 어려운 것은 가만히 두는 것이다.

매일 주식 단타로 도파민을 뽑아내는 것은 사실 어려운 일이 아니다. 짜릿한 쾌감이라는 즉각적인 보상과 더불어 스스로 무언가 열심히 노력하고 있다는 착각을 불러일으키기 때문이다. 그래서 단타에 빠진 사람들은 '노력한 스스로'에 큰 기대를 가진다. 마치 고통받고 애쓰면 더 좋은 결과가 따를 것이라는 기복신앙처럼 말이다. 하지만 메타인지를 통해 본다면, 그들은 그저 매일 밤 스마트폰을 타고 강원랜드에 가는 것과 같다. 매일 성실하게 도박장에 출근하면서, 그 대가로 더 나은 미래를 바라는 것이 정말 옳은 길일까? 성실함을 굳이 그렇게 써야만 할까?

현실을 직시해 보자. 사실 매일 단타하는 것보다 훨씬 더 어려운 것은 가만히 두는 것이다. 재미없고 지루하게 느껴질지라도 꾸준히 자신만의 원칙을 지키며 장기투자하는 것이 훨씬 어렵다.

단타 중독자들이 꼭 알아야 하는 사실이다. 오늘도 매일 차트를 들여다보며 고점과 저점을 잡기 위해 매매를 반복하고 있다면, 아쉽지만 당신은 열심히 하는 것이 아니다. 인내심이 부족할 뿐이다. 당신은 그저 주식이라는 또 다른 형태의 도파민에 중독된 것뿐이다. 노름에 빠진 스스로를 '주식투자자'라고 포장하고 있을 뿐이다. 감정에 휘둘리는 건 본능적이고 쉬운 일이다. 가만히 두는 게 훨씬 어렵다. 장기투자자들이 바보라서 가만히 있는 것이 아니다. 더 강하기 때문에 가만히 둘 수 있는 것이다.

사실 주식에 중독되는 이유는 굳이 뇌과학까지 살펴보지 않아도 된다. 일상이 별로라서 그렇다. 본업이나 일상에서 얻는 만족감과 재미가 충분하지 않기 때문이다. 삶에서 달리 재미를 찾거나 스트레스를 해소할 방법이 없다 보니, 주식의 변동성에서 그 흥분을 찾는 것이다. 아주 큰 실책이다. 집에 불이 났으면 소화기를 들고와서 불을 꺼야지, 외면하고 옆 집으로 이사간다고 해결되진 않는다. 당신의 인생에서 주식 말고 재미를 주는 게 없다면, 당신의 집은 이미 불타고 있는 것이다. 애꿎은 주식을 탓하지 말자. 문제는 당신의 인생이다. 더 이상 주식에 빠지지 말고 먼저 스스로의 인생을 재건하도록 하자.

삶이 건강한 사람은 주식에서 재미를 찾을 필요가 없다. 세상에 재미있는 게 얼마나 많은가? 주식이 아닌 당신의 현생에서 재미를 찾으면 된다. 각자의 본업에 충실하거나 건강한 취미생활을 가지자. 여행, 독서, 운동 등 인생에 실질적으로 도움이 되거나,

큰 성취감을 주는 활동이 많다. 꼭 취미활동이 아니더라도 시간을 내서 가족, 지인들과 맛있는 밥을 먹거나 차라리 술자리라도 갖는 것이 낫다. 집에서 주식 앱, 주식 커뮤니티만 보는 것보다 훨씬 유익한 일들이 문 밖에는 많이 있다.

대충 투자하고   　　　대충 운동하고
매일 운동하는 사람 vs 매일 투자하는 사람

위 두 사람 중에 어떤 사람의 '투자'가 성공할까? 확신하건대, 투자에 있어서도 삶과 건강에 있어서도 전자의 사람이 승리할 가능성이 매우 높다. 그러니까 주식이라는 도박에서 재미를 찾지 말라. 자신의 성향에 맞는 ETF 2~3개에 분산투자하고, 나가서 운동해라. 당신의 도박 중독을 주식투자라는 이름으로 포장하지 말라. 안 그래도 짧은 인생을 홀짝 게임으로 낭비하지 말라.

05
수익률보다
투자금을 늘리자

많은 사람들이 수익률을 높이는 것에 집착한다. 그런데 수익률이란 건 우리가 바라는 대로 올라가진 않는다. 특히 장기적으로 시장수익률*을 넘어서는 건 더더욱 어려운 일이다. 물론 단기간에는 운이 좋아 시장보다 나은 성과를 낼 수 있겠지만, 그걸 계

● **시장수익률**
2020년 팬데믹 이후 기술주가 주도하는 강력한 상승장에서, 많은 개인 투자자와 펀드 상품이 시장수익률을 초과하는 성과를 보였다. 그 시기 테슬라, 엔비디아 같은 종목에 집중적으로 투자해 짧은 기간 동안 매우 높은 수익률을 올린 투자자들도 많았다. 하지만 역사적으로 이러한 급격한 상승은 일시적인 경우가 많았고, 곧 조정장을 겪곤 했다.
2022년 미국 연준의 금리 인상과 경기침체 우려가 맞물리면서, 고평가된 기술주들은 큰 폭으로 조정을 받았다. 테슬라 주가는 그해 65% 이상 하락했고, 메타 또한 60% 이상 하락했다. 그 결과 급등기에 높은 수익을 올렸던 많은 투자자들은 팬데믹 이후 얻었던 수익의 상당 부분을 다시 반납하게 되었다.

속 유지하는 건 전혀 다른 차원의 문제다.

일반적으로 수익률을 높이려면 더 큰 리스크와 변동성을 감수해야 한다. 더 높은 수익을 추구할수록 그에 상응하는 위험을 감수해야 한다는, 투자에서 가장 중요한 등가교환의 원리다.

MDD 관점에서 보면 높은 수익률을 추구할 때 감수해야 하는 리스크는 더욱 명확히 알 수 있다. MDD는 투자자가 특정한 기간 동안 겪을 수 있는 최대 손실폭을 나타내는 지표로, 높은 수익률을 추구하는 전략일수록 MDD는 커지는 경향이 있다.

예를 들어 고수익을 기대할 수 있는 성장주나 레버리지 상품, 개별 주식 등에 집중된 투자는 단기간에 큰 이익을 안겨줄 수 있지만, 반대로 그만큼 큰 손실을 볼 가능성도 있다. 대표적인 레

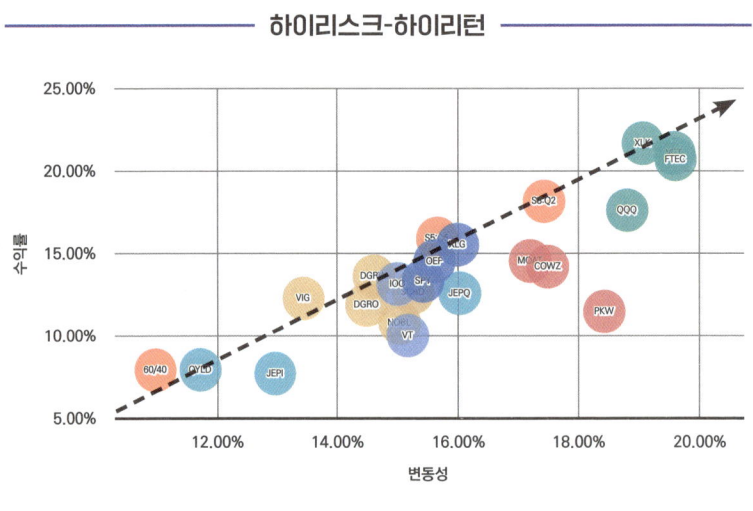

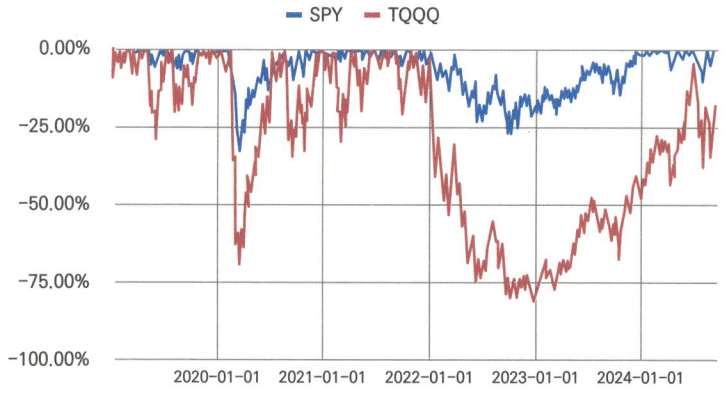

버리지 상품인 나스닥100 지수를 3배 추종하는 ETF인 TQQQ의 경우, 50% 이상 하락한 경우가 최근에만 세 번이나 있었다. 2018년 미중 무역전쟁이 일어나던 때 -57%, 2020년 코로나19 팬데믹 초기에는 -69%의 낙폭을 기록했고, 2022년 금리 인상기에는 -82%에 달하는 손실을 보였다. 레버리지 투자를 선호하는 성향이 강한 편인 한국에서 투자자들의 곡소리가 끊이지 않는 이유이기도 하다.

'수익률'을 높이는 것보다 훨씬 현실적이고 효과적인 전략은 바로 투자금액을 늘리는 것이다. 농담이 아니라 투자금을 늘리는 게 '수익금'을 높이는 길이다. 주식시장의 수익률은 수많은 변수와 요인이 얽혀 만들어진다. 내 마음대로 바꿀 수 있는 대상이 아니다. 만약 수익률을 바꾸길 원한다면, 그에 상응하는 '리스크'라는 대가를 지불해야 한다. 손실을 볼 가능성이 높아진다는 뜻인데 이는 곧 장기투자의 지속성을 낮추게 되는 중대한 원인이 될 수도 있다.

수익률 높이기 vs. 투자금액 늘리기

선택	수익률을 높이는 경우	투자금액을 늘리는 경우
통제가능성	내가 원한다고 마음대로 바꿀 수 없음	스스로 선택하고 바꿀 수 있음
행동	고수익, 고위험 상품 투자	더 많이 벌고, 더 적게 쓴다
리스크	리스크 증가, 높은 변동성, 높은 MDD 감수 필요	리스크 증가 없이 실천 가능
결론	장기지속성 낮을 수 있음 최악의 경우 인생에 문제 생길 수 있음	장기적으로 유리한 선택 최소한 인생에 손해는 없음

반면 투자금액은 다르다. 전적으로 나의 선택에 달려 있다. 내가 매달 얼마를 투자할지, 얼마를 절약하고 저축할지에 대한 결정은 내 손에 달려 있다. 투자를 이루는 수많은 변수 중 딱 한 가지 값, 투자금액만이 내 의지에 따라 움직일 수 있다. 방법도 간단하다. 본업에 집중해서 소득을 늘리거나, 불필요한 생활비를 절약해서 매월 투자할 금액을 늘려나가는 것이다. 수익률 자체는 변하지 않더라도, 투자금액을 늘리면 수익의 절대 규모가 커진다. 매달 50만 원을 투자하던 것을 100만 원, 150만 원으로

늘리기만 해도 같은 수익률일지라도 수익의 크기는 2, 3배가 된다. 간단하고 명확한 산수다.

예를 들어 SPY에 투자하고 있는데 수익을 늘리고 싶다면, 시장의 흐름을 예측하고 매매 타이밍을 잡는 등의 기교를 통해 수익률을 높이려는 것보다 투자금액을 늘리는 편이 더 현명한 선택이다. 이 내용에 관해선 앞서 3부의 '액티브 투자하지 않는 이유'에서 자세히 다뤘다.

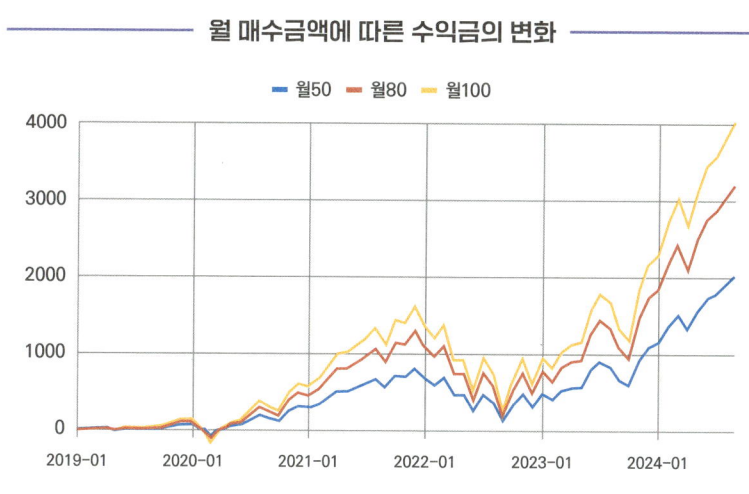

종목	월 매수금	총 평가금	원금	수익	수익률	MDD
SPY	50만 원	5,468만 원	3,450만 원	2,018만 원	58%	-23.9%
SPY	80만 원	8,748만 원	5,520만 원	3,228만 원	58%	-23.9%
SPY	100만 원	10,936만 원	6,900만 원	4,036만 원	58%	-23.9%

위 도표는 2019년 1월부터 2024년 9월까지 매달 일정한 금액을 SPY에 투자했을 때의 수익금이다. 동일한 수익률과 MDD일지라도 투자금액에 따라 수익이 크게 달라진다는 걸 알 수 있다. 투자금액을 10% 늘리면, 수익도 10% 늘어난다. 투자금액을 50% 늘리면, 수익도 50% 늘어난다. 또 수익을 떠나서, 애초에 더 벌거나 절약해서 투자금액을 늘리는 방법은 최소한 인생에 손해가 되진 않는다.

다른 종목에 투자하는 경우에도 투자금액을 늘린다는 방법은 동일하게 적용된다. SPY와 QQQ의 지난 5년간의 차트를 보자. 해당 기간 동안 누적 수익률은 SPY보다 QQQ가 더 우세한 것이 맞다. 하지만 QQQ는 수익률이 높은 만큼 변동성, MDD

2019~2024년 SPY vs. QQQ 수익률 변화 (2019년 1월=100)

또한 더 높다. 종목의 특성상 잠재적 리스크 또한 크다.

QQQ만큼의 리스크는 피하고 싶은데 그 정도의 수익은 누리고 싶다면, 더 투자하면 된다. 예를 들어 2019년 1월부터 2024년 9월까지 QQQ에 월 40만 원씩 투자했을 때와, 10만 원을 더해 매달 50만 원을 SPY에 투자했을 때의 최종 수익은 같지만 SPY 투자는 QQQ 투자보다 감수해야 할 변동성이 낮다. QQQ만큼의 변동성을 원하지 않는다면, QQQ 대신 SPY를 투자하되 금액만 조금 더 늘리면 된다는 것이다. QQQ에 투자하지 말라는

2019~2024년 SPY vs. TQQQ 누적 수익금 (2019년 1월=0)

종목	월 매수금	총 평가금	원금	수익	수익률	MDD
QQQ	40만 원	4,798만 원	2,760만 원	2,038만 원	74%	-32.6%
SPY	50만 원	5,468만 원	3,450만 원	2,018만 원	58%	-23.9%

얘기가 아니다. 각자 감당할 수 있는 변동성에 따라 포트폴리오를 구성하되, 그 후의 변수는 투자금액만으로 충분하다는 이야기다.

살펴본 것과 같이 결론은 매우 명확하다. 수익률을 높이려고 고민할 시간에 투자금액을 늘리는 것이 훨씬 더 현실적이고 효과적이다. 굳이 복잡하게 생각할 필요 없다. 주식은 나에게 잘 맞는, 괜찮은 ETF 몇 개에 꾸준히 투자하는 것으로 충분하다. 그리고 본업과 현생에 집중해서 소득을 늘리거나, 지출을 줄여 절약하라. 안 그래도 복잡한 투자의 세계에, 스스로 불나방처럼 몸을 던져서 인생의 난이도를 올릴 필요는 없다. 투자의 복잡함에 얽매이기보다는 인생과 본업에 집중하고, 소득을 늘려 투자금액을 늘리는 것이 더 나은 전략이다.

장기투자 성공을 위한 최소한의 기간

장기투자의 기준은 사람마다 다르겠지만, 초보 투자자이거나 장기투자한 경험이 없는 사람이라면 최소 3~5년은 투자를 이어가 보기를 권한다. 3년 정도면 보통 주가가 상승하고 하락하는 사이클을 겪게 되고, 꾸준한 투자가 가져다주는 힘을 경험할 수 있기 때문이다. 먼저 가장 대표적인 ETF인 SPY의 지난 5년간의 차트를 살펴 보자.

코로나19로 인한 폭락장 후 2020년 3월부터 길고 강한 상승이 계속됐다. 그리고 2년간의 큰 하락과 횡보를 거쳐 최근까지 다시 큰 상승세를 보였다. 그 긴 시간 동안 전고점의 갱신과 회복이 수차례나 발생했다. 이렇게 큰 상승과 하락, 긴 횡보와 다시

2019~2024년 SPY 주가 변화 (단위: 달러)

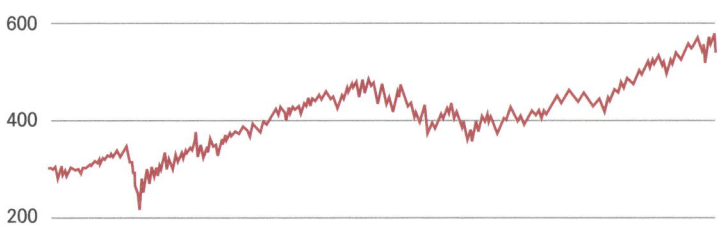

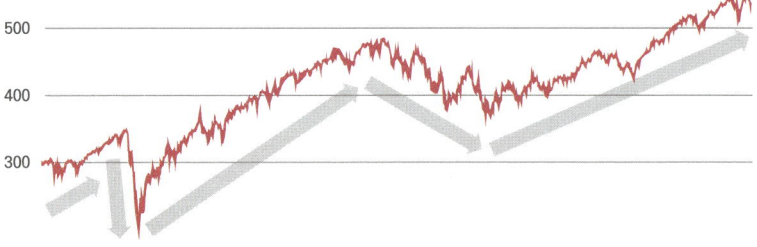

이어진 상승까지 주식시장의 작은 사이클을 온전히 경험하기엔 부족함이 없는 시간이었다.

그런데 이것도 멀리나 볼 때나 희극이지, 가까이서 보면 비극의 연속이었다. 2020년 초는 코로나19로 전 세계 주식시장이 폭락했고, 2021년에는 미국의 국회의사장이 점거당하는 사건이 발생했다. 이어서 물류대란, 중국 헝다그룹의 파산에 이어 아주 큰 하락장이 시작됐다.

이게 끝이 아니다. 반년도 지나지 않아 러시아-우크라이나 전쟁이 벌어졌고, 그 여파로 엄청난 인플레이션이 이어졌다. 그리고 2023년에는 실리콘밸리은행의 파산부터 연준의 끝없는 금리인상, 거기에 더해 또 하나의 큰 전쟁인 이스라엘-하마스 분쟁이 시작되며 시장을 불확실성으로 몰고 갔고, 2024년 들어선 트럼프 암살 시도 사건까지 있었다. 이후 트럼프가 미국 대통령에 당선되었고 트럼프의 관세 정책과 파격적인 행보로 2025년 들어서도 주식시장은 몇 번의 상승과 하락을 오갔다.

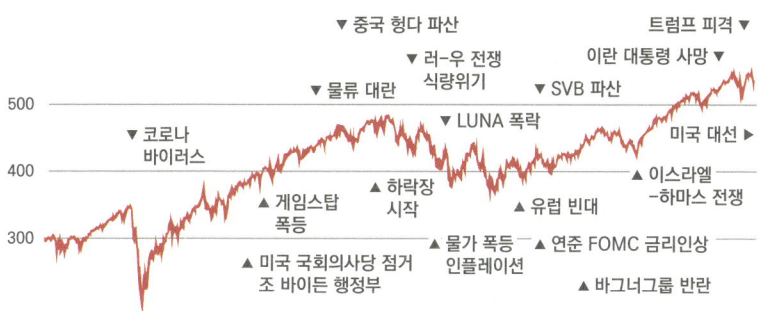

출처: Finance

그러니까 5년은 절대 짧은 시간이 아니다. 이 모든 사이클과 사건을 온몸으로 겪은 사람이 얼마나 될까? 대부분의 투자자는 도망치고, 욕하고, 또다시 돌아오길 반복했을 것이다.

이것 뿐만이 아니다. 정말 재미있는 건 요즘 들어선 '갓비디아'로 칭송받는 엔비디아가 불과 2년 전만 해도 무려 '횡보디아, 개비디아'라고 욕을 먹었다는 사실이다. 2022~2023년, 그렇게 욕먹던 '개비디아'가 '갓비디아'가 되기까지 고작 2년밖에 걸리지 않았다. 더 이상 가망이 없다던 메타(구 페이스북)도 같은 과정을 밟았다. 모든 사람이 욕하다가, 심지어 욕마저 줄어들었을 때 메타는 다시 한 번 크게 올랐다.

시대에 뒤떨어졌다던 SCHD도 태세가 전환되는 건 한 순간이었다. '구닥다리 같은 전략'이라는 단어는 다시 상승하자마자, 어

―――― 몇 년 전만 해도 '개비디아'로 욕 먹던 엔비디아 ――――

개비디아 징하다 징해 [8]	2023.06.16.
개비디아 [2]	2023.05.25.
개비디아, 퉤슬라 [4]	2023.01.28.
개비디아 이제 부활하나? [7]	2022.10.26.
개비디아 역시 오늘도 사망해	2022.10.19.
개비디아 그럼그렇지 ...어딜가나.. [2]	2022.10.14.
개비디아 드디어 미쳤네요 😂 [5]	2022.10.14.
개비디아 먼일 있나요? 😂 [9]	2022.10.14.

느 순간 '역시 국밥같이 푸근한 전략'이라는 찬양으로 바뀌었다. 특히 변동성이 강한 레버리지 투자에 대한 반응은 더욱 극명하게 갈렸다. 온갖 커뮤니티에서 조롱받던 TQQQ에 투자하던 유튜버들이 '장기투자의 정석'으로 뒤바뀌는 것 또한 한순간이었다.

주가에 따라 찬양과 욕이 반복됐던 TQQQ

길지도 않은 시간 동안 수많은 투자자들은 항상 온갖 이유로 종목을 찬양하거나 조롱하기를 반복해 왔다. 앞서 언급한 특정 종목에만 국한된 이야기가 아니다. 그저 시장의 흐름에 따라 대상만 달라졌을 뿐이다. 이 패턴은 과거에도 그래왔고 앞으로도 반복될 예정이다. 개비디아가 갓비디아가 되고, 투자의 패러다임이 뒤바뀌었으며, 찬양과 조롱이 끝없이 이어졌다. 그 와중에 새롭게 주목받았다가 어느새 조용히 사라진 ETF들도 셀 수 없을 만큼 많았다.

심지어 이 기간 동안 벌어진 일들은 거의 '사건 사고 출제유형 모음집'이라고 부를 만 했다. 재밌는 건 앞서 이야기한 이 모든 소동들이 벌어진 기간이 고작 3~5년에 불과하다는 것이다. 그래서 3~5년이라는 시간을 버틸 수 있다면 앞으로의 10년, 20년도 크게 어렵지 않다고 말해주고 싶다.

코로나19 때, 당장이라도 세상이 망할 분위기였다. 그런데 아니다. 안 망했다. 팬데믹이 지나가자 전쟁에 인플레이션까지 벌어졌다. 이 정도면 거의 지구 망하라고 축제를 하는 수준이었다. 그런데 망했나? 아니다. 다시 또 오른다. 그러니까 '이게 되네?'가 된다. 이 단순한 진리를 깨닫기에 5년은 충분한 시간이었던 것이다.

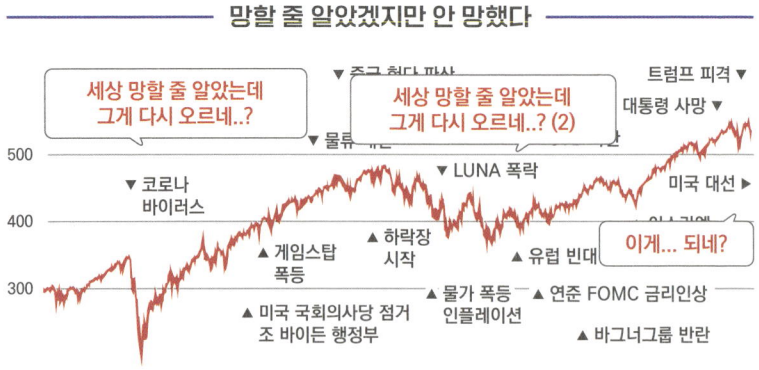

지난 5년이 앞으로는 절대 없을 아주 특별한 5년일까? 아니다. 앞으로의 3년, 5년이 이보다 덜하리란 보장은 어디에도 없다. 그리고 그렇기 때문에 앞으로도 괜찮을 것이다. 이미 풀어봤던 문제이기 때문이다. 앞으로의 세상도, 주식시장도 역사는 반복될 것이다. 그런데 다행인 것은 우리는 이미 꽤 많은 기출문제들을 겪어보고 풀어봤다는 것이다. 한순간 주가가 폭등하는 게 부질없다는 걸, 또 좋은 종목의 가격이 내려가는 건 오히려 세일이라는 걸 알게 됐다. 그러니 겁먹지 말고, 인생에 딱 한 번이라도 최소 3~5년 동안 자신의 원칙대로 투자를 이어가 보자. 한 번이라도 사이클을 제대로 경험한 사람에겐 주식시장의 변동성은 그저 풀어봤던 문제의 반복이다. 처음 3년만 버티면 5년도 충분히 가능하고, 5년을 넘기면 10년도 어렵지 않다. 그 다음 단계는 '평생 투자'다.

―― 장기투자는 기출문제 풀이와 같다 ――

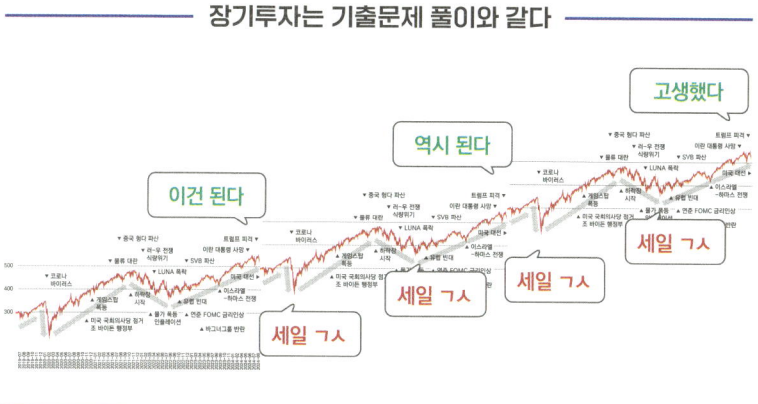

그래서 나는 투자의 지속성은 로그 스케일이라고 생각한다. 20년 차와 30년 차 장기투자자의 차이는 생각보다 미미하다. 정말 거의 모든 문제를 다 풀어봤기 때문이다. 그저 얼마나 더 많이 반복해서 풀어봤느냐의 차이다. 하지만 1년 차와 3년 차, 5년 차의 차이는 어마어마하다. 아이들이 느끼는 한 달과, 성인이 느끼는 한 달의 체감 시간이 하늘과 땅 차이인 것처럼 말이다. 왜냐하면 대부분의 경험이 초반에 모두 쌓이기 때문이다. 보통 이렇게 몇 년만 제대로 시장에 참여해도, 평생 경험할 수 있는 유형의 문제는 모두 겪기 마련이다.

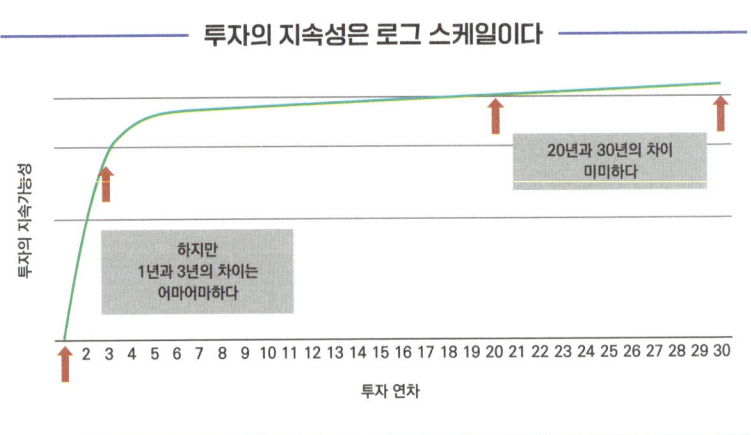

그래서 나는 항상 최소 3년에서 5년은 본인의 원칙대로 하나의 투자를 지속하라고 말한다. 정말 많은 투자자들이 주식투자

유아기 시절에 온갖 종목에 온갖 핑계와 이유를 대면서 스스로에게 '장기투자 불합격 판정'을 내리기 때문이다. 결국 문제는 종목이나 시장이 아니라, 인내심이 부족한 자기 자신임을 끝까지 깨닫지 못하고 말이다. 처음 3년, 5년만 제대로 버틸 수 있어도 장기투자자로서의 자격은 충분히 합격이다. 어떤 종목이든 어떤 전략이든, 최소 3년은 뚝심 있게 버텨보자. 당신의 투자성공 가능성이 이때 결정된다.

6부 주식투자에 대한 두려움 없애기

인생을 바꾸는 최고의 ETF

주식은 너무 위험하지 않나요?

많은 사람들이 주식에 투자하지만, 주식을 위험하다고 생각하는 사람도 여전히 많다. 자본시장연구원이 발표한 〈국내 개인투자자의 행태적 편의와 거래행태(2022, 김민기, 김준석)〉에 따르면 2020년 기준 국내 개인투자자의 62%가 40대 이상이며 20대 투자자는 14%에 불과하다고 한다. 그리고 전체 투자자의 55%의 투자 규모가 1,000만 원 이하다. 우리가 앞서 살펴보았던 것처럼 주식 투자는 얼마나 많은 금액을, 얼마나 오랫동안 투자하는지에 따라 달라지는 규모와 시간의 게임이다. 때문에 젊을 때부터 투자를 시작하고, 자신의 능력 안에서 가능한 많이 투자하는 것이 중요한데 평균 투자금이 1,000만 원이라는 사실은 여전히 주식에 대해 부정적인 생각을 가지고 있는 사람이 많다는 걸 보여준다.

주식은 위험한 투자가 맞다. 주식시장은 언제나 혼란스럽고 예측하기 어렵다. 특히 단기적으로 투자했을 때 수익률의 분포는 난장판에 가깝다. 시장에 대한 투자자들의 감정과 불안이 그대로 투영된 모습이다. 아마 누구라도 이러한 상품에는 투자하고 싶지 않을 것이다. 하지만 3~5년 이상으로 투자기간이 길어지면, 단기적인 소음이 사라지고 수익은 점차 안정적으로 자리를 잡아간다. 그리고 최소 10년간 했을 때 손실을 보는 경우는 거의 없었다.

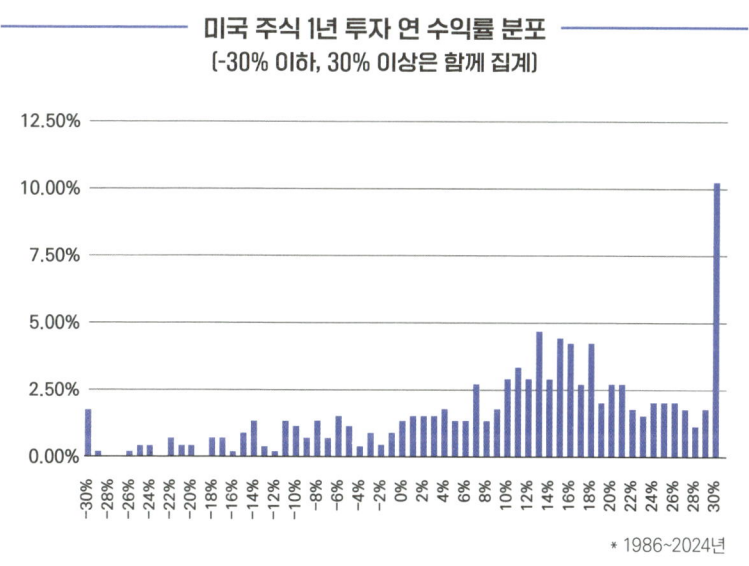

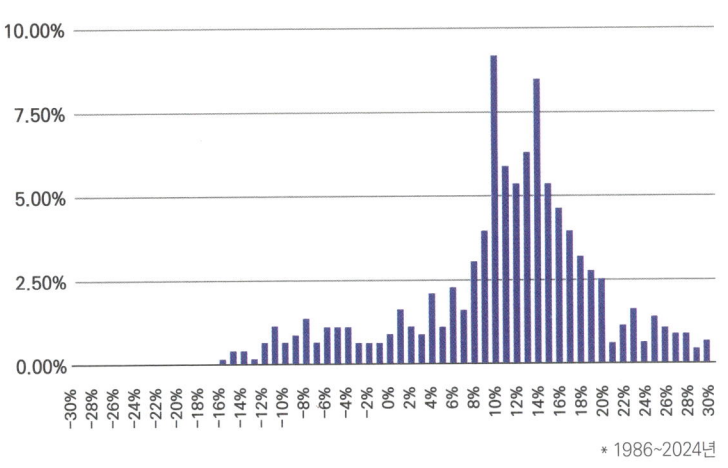

* 1986~2024년

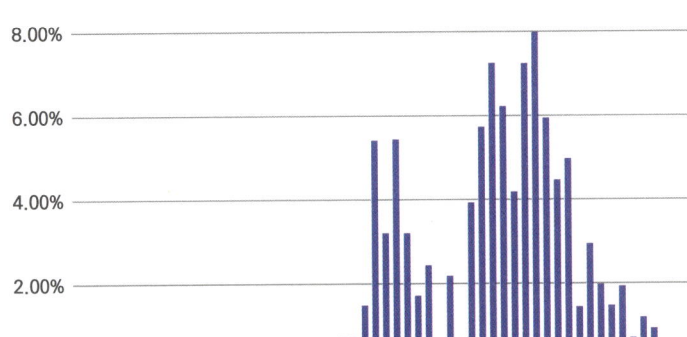

* 1986~2024년

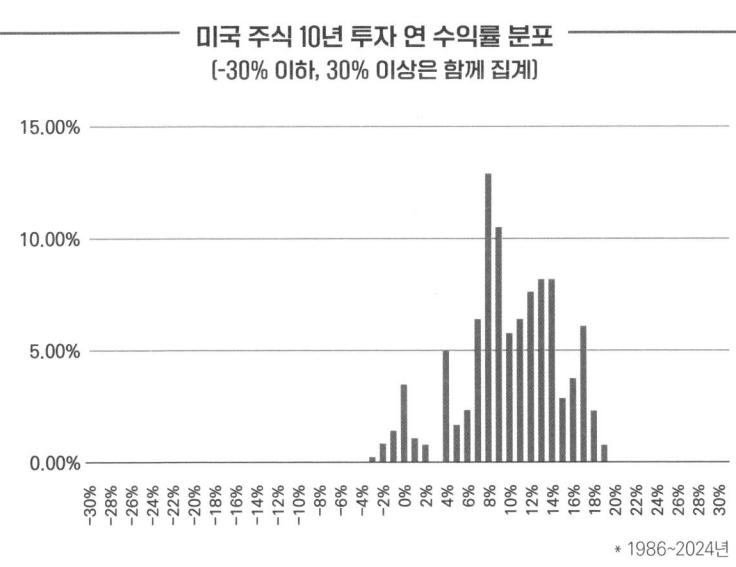

더 나아가 20년, 30년에 걸친 긴 장기투자는 훨씬 더 안정적인 수익률을 제공한다. 시간이 흐를수록 주식투자의 위험성은 사라지고, 수익은 더 확고해진다. 이쯤이면 주식도 예금만큼 안전한 자산이 되어 있다.

주식은 이처럼 길게 봐야 한다. 단기적인 변동이 있을지라도 결국 우수한 기업들은 지속해서 성장하며, 주가는 이러한 펀더멘털을 한발 앞서 혹은 한발 늦게 따라갈 뿐이다. 여기에 주식투자의 핵심이 담겨 있다. 6개월, 1년 짜리 단기적인 수익에 집중하는 투자자와 20년, 30년 이상의 장기적인 수익에 집중하는 투자자의 운명은 처음부터 다를 수밖에 없다. 전자와 후자는 완전히 다른 투자상품을 보고 있는 것이다.

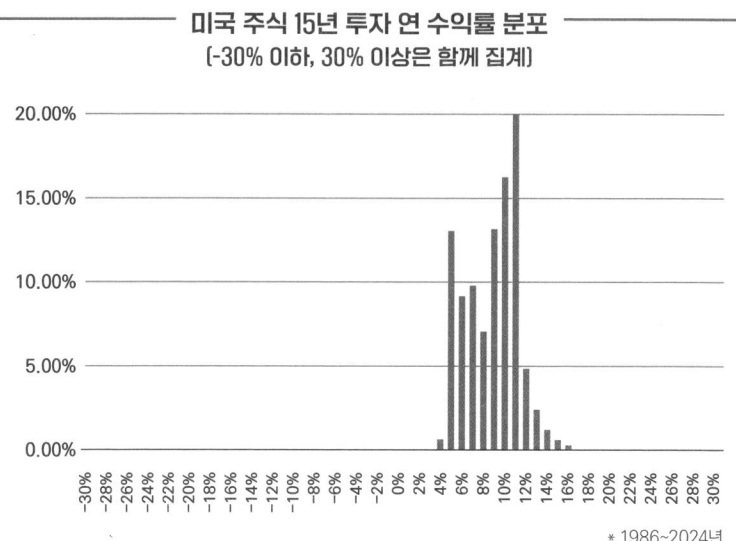

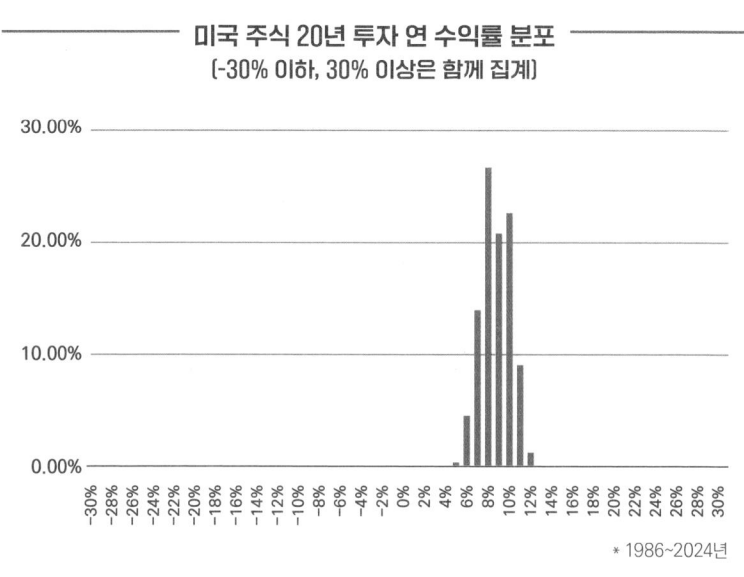

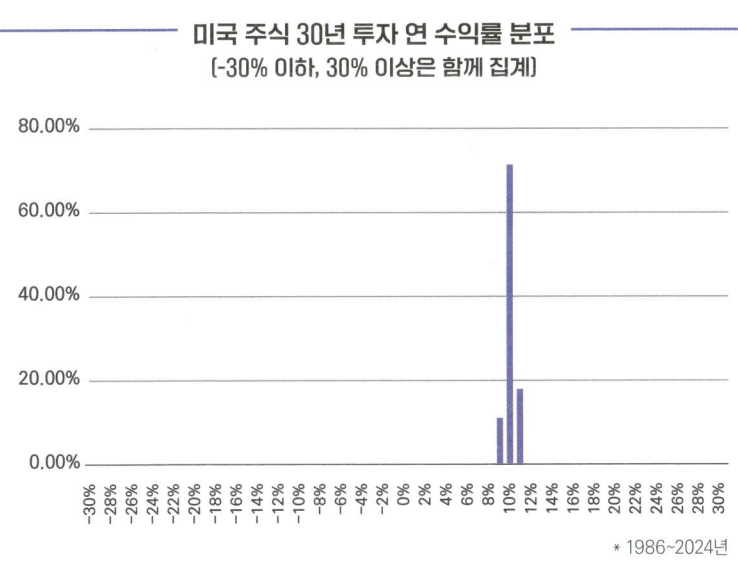

주식투자의 위험은 결국 투자자의 선택에 따라 달라지는 것이다. 단기간에 수익을 보고자 한다면 어떤 투자자산보다도 변동성이 높은 고위험 상품이 될 수 있다. 반대로 장기적으로 투자하려 한다면 손실 위험이 0에 가까운 안정적인 투자수단이 될 수도 있다.

꽤나 괜찮은 선택지가 아닌가? 어떤 상품에 투자할지는 여러분 스스로 결정하면 되는 것이다. 하지만 역사적으로 그저 가만히 있던 투자자들이 항상 더 좋은 결과를 가져갔다. 주식투자에서 중요한 것은 종목선택이 아니라, 복리의 힘을 얼마나 오래 누릴 수 있느냐다. 그리고 적절히 분산된 ETF 2~3개에 투자하는 것만으로도 장기적으로 8~10% 이상의 수익을 기대할 수 있었다. 결국 중요한 것은 장기투자와 복리의 힘을 믿고 꾸준히 인내하는 것이다.

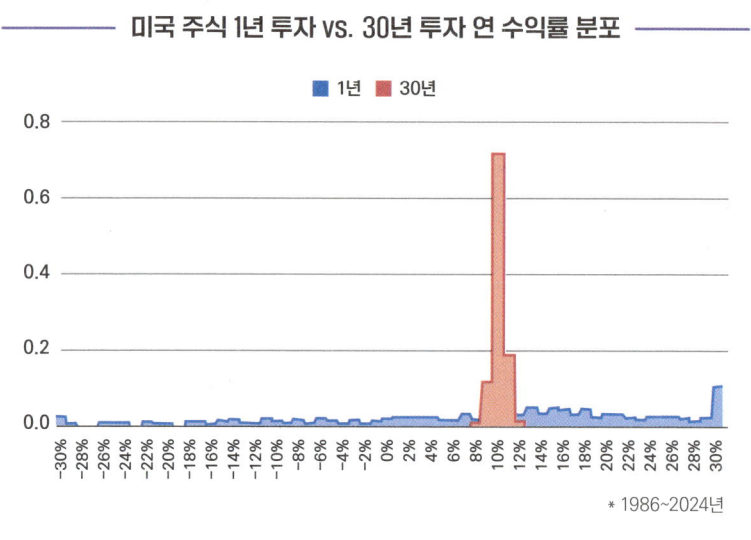

고점 같은데 어떡하죠?

보통 하락장보다는 상승장 때 투자자의 관심이 최고조로 오른다. 그렇게 고점에서 물리고 나서 주가가 조정을 받고 나서 '구조대'를 기다리게 되는 게 보통의 투자자들이 흔히 겪게 되는 일이다. 그러다 보니 "지금이 고점이면 어떡하죠?"라는 물음을 던지며 투자를 망설이는 사람도 꽤 많다. 지금이 고점인 것이 걱정하기보다, 먼저 고점과 저점을 예측하는 능력이 나에게 있는지 스스로 돌아봐야 한다. 당신은 정말 지금이 고점이라고 확신할 수 있는가?

투자자들 중에서 고점과 저점을 정확히 맞춰서 성공하는 사람은 극히 드물다. 심지어 주식투자를 업으로 삼는 전문가들조차도 시장의 변동성을 예측하기 어렵다. 워런 버핏과 같은 전설적인 투자자도 시장의 정확한 고점과 저점을 예측하진 못했다. 아니, 오히려 시장을 예측하려고 하지 말라고 한다. 전설적인 투자자 피터 린치의 PBS 인터뷰를 살펴보자.

Q. 주식시장의 고점, 저점 분석에 대해 어떻게 생각하는가?

A. 사람들은 "언제 투자를 해야 하는가?", "언제 시장에 진입해야 할까?" 같은 질문에 답을 찾기 위해 많은 시간을 소비합니다. 하지만 이건 시간 낭비에 불과합니다.

저는 아주 흥미로운 연구를 했습니다. 1965년부터 1995년까지 30년간, 만약 당신이 운이 좋아서 매년 최저점에서 1,000달러를 투자했다면, 연평균 수익률이 11.7%에 달했을 것입니다.

반면, 운이 아주 나쁘게도 매년 최고점에서만 투자한 사람을 상상해 봅시다. 이 사람은 30년 동안 최고점에만 투자했는데, 그래도 수익률은 10.6%이었습니다. 매년 저점에서 투자한 것과 고점에서 투자한 것의 차이가 단지 1.1%밖에 되지 않았다는 겁니다. 또 다른 투자자는 그저 매해 첫 번째 날에 투자했고, 그 수익률은 11.0%였습니다.

사람들이 시장의 흐름을 예측하고, 언제 투자해야 할지 결정하기 위해 엄청난 정신적 에너지를 소모하지만, 그 차이는 매우 미미합니다. 이러한 노력은 가치가 전혀 없습니다.

많은 투자자들이 특정 시점을 고점이라 생각해 투자를 피하거나, 저점이라고 생각해 매수하려 하지만 대부분 그 시점이 생각보다 더 오랫동안 이어지거나 예측과 다른 방향으로 흘러가곤 한다. 고점에 대한 두려움으로 투자를 미뤘다간 수익을 얻을 기회를 놓치게 되고, 바닥이라고 판단하고 투자했다가는 끝없는 지하실을 보게 된다.

가장 현명한 투자방법은 예측하지 않는 것이다. 지금 시장이 고점처럼 보일지라도, 시간이 흐르면 현재의 고점은 과거의 저점으로 남을 가능성이 높다. 주식시장은 장기적으로 상승하기 때문에 단기적인 고점에 대한 두려움은 오히려 기회를 놓치게 할 뿐이다. 대부분의 경우 지금, 오늘이 가장 싸다.

만약 지금이 고점일까 불안하다면, 이번 달에도 다음 달에도 계속해서 매수하면 된다. 적립식 매수는 시장의 불확실성을 줄이는 가장 간단하고 효율적인 방법이다. 고점과 저점을 신경 쓸 필요 없이 매달 일정한 금액을 꾸준히 투자한다면, 전체 투자기간의 평균가와 근접한 평균 매수단가를 만들 수 있다. 이렇게 투자시점을 분산하면 시장이 상승하든 하락하든 크게 걱정할 필요가 없다. 그저 스스로 정한 원칙을 기계적으로 수행하기만 하면 된다.

더불어 기계적인 리밸런싱을 적용하여 잘 분산된 포트폴리오를 유지한다면, 단기적인 변동성에 휘둘리지 않고도 장기적인 성과를 기대할 수 있다. 기계적 리밸런싱의 가장 큰 장점 역시 고점과 저점에 대한 판단이나 예측이 필요없다는 점이다. 그저 일정 기간마다 시장 상황에 따라 과도하게 한쪽에 쏠린 자산 비중을 조정해 포트폴리오의 균형을 유지하면 된다.

시장을 예측한 투자의 수익 < 적립식 매수 + 기계적 리밸런싱 수익

    예를 들어 주식과 채권에 각각 60 대 40 비중으로 투자하는 '60:40 포트폴리오'를 가정해 보자. 주식시장이 급등하면서 포트폴리오 내 주식의 비중이 70%까지 올라가게 된다면, 리밸런싱을 통해 주식의 일정 부분을 매도하고 채권에 재투자함으로써 다시 60:40의 균형을 맞추면 된다. 고점과 저점에 대한 판단이나 예측이 필요 없다. 이러한 기계적 리밸런싱만으로도 고평가된 자산의 리스크를 줄이고, 반대로 저평가된 자산을 더 많이 보유하는 효과를 얻을 수 있다.

    혹은 이동평균선이나 배당률 같은 기술적 지표를 활용해 투자 여부를 결정할 수도 있다. 예를 들면 일반적으로는 주가가 20일, 50일 이동평균선 아래일 때만 매수하거나, 배당성장 종목의 경우 배당률이 N% 이상일 때만 매수하는 것으로 규칙을 정하는 것이다. 이 방법들은 모두 '최근의 일정 기간 동안의 주가에 비해 상대적으로 저렴한 매수 타이밍을 잡는다'는 면에서 심리적으로

안정감을 준다. 여기서도 가장 중요한 것은 감정적 판단과 예측을 최소화하고 규칙을 따르는 것이다. 물론 기계적 저점 매수에 장점만 있는 것은 아니다. 시장의 급격한 상승으로 설정한 지표를 계속 초과할 경우 수개월 이상 매수를 못하게 될 수도 있다.

고점이나 저점을 예측은 나의 투자를 수 개월짜리 단기전으로 바꿔버린다. 주식투자는 3개월, 6개월짜리 싸움이 아니고 10년, 30년짜리 장기전인 것을 잊지 말자. 평생 지속할 수 없는 투자방법이라면, 애초에 시작하지 않는 게 좋다.

03
환율이 높은데 어떡하죠?

환율이 높으면 당연히 미국 주식을 매수하길 주저하게 된다. 자연스러운 반응이다. 실질적으로 평단가가 늘어나니 투자시점에 대한 고민이 생길 수밖에 없다. 하지만 장기적인 관점에서는 환율 또한 하나의 단기적인 변동성에 불과하며, 오히려 환율을 지나치게 의식하다 보면 더 큰 손실을 초래할 수 있다. 특히 적립식으로 꾸준히 투자하면 환율이 높을 때와 낮을 때가 자연스럽게 상쇄되면서 환율 리스크는 점차 사라진다.

한 가지 예를 보여주겠다. 만약 '달러 환율이 1,200원 미만에서만 매수하겠다'라고 규칙을 정했다고 하자. 만약 이 규칙을 따랐다면 지난 20년의 시간 동안 역사적 저점으로 기록된 절호의 기회를 모두 날렸을 것이다. 2008년 금융위기, 2020년 팬데믹, 2022년 금리 인상 등이 대표적이다.

　만약 환율이 이전 6개월보다 낮은 경우에만 매수한다고 가정해 보자. 분명 낮은 환율로 주식을 매수할 수 있는 것은 맞지만 역사점 저점을 모두 지나치는 것은 물론, 2년에 가까운 시간 동안 매수를 한 번도 하지 못하는 경우도 생겼을 것이다.

　같은 시간 동안 환율을 신경 쓰지 않고 적립식으로 매수한 사람들의 주식은 차곡차곡 올랐을 것이다. 환율만 신경 쓰다가 자칫 손가락만 빨 수 있다는 것이다. 결국 두 가지 선택지로 정리할 수 있다. 지금 바로 매수하는 전략은 앞으로 환율이 크게 떨어지지 않거나, 설령 떨어지더라도 주가가 많이 오를 것이라는 상황

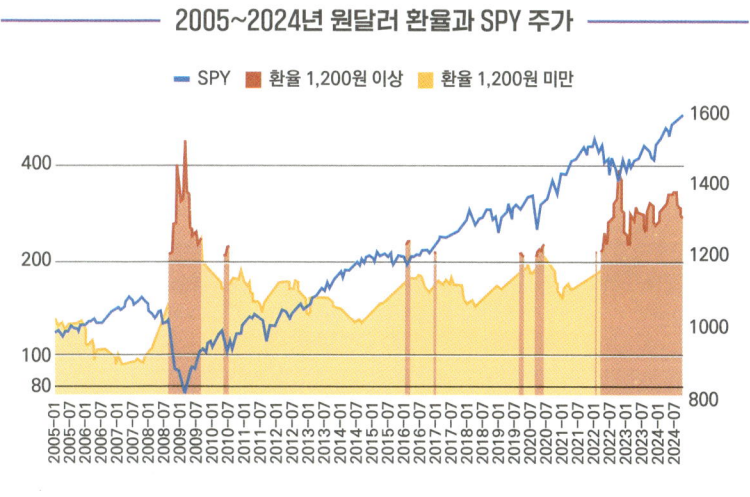

2005~2024년 원달러 환율과 SPY 주가

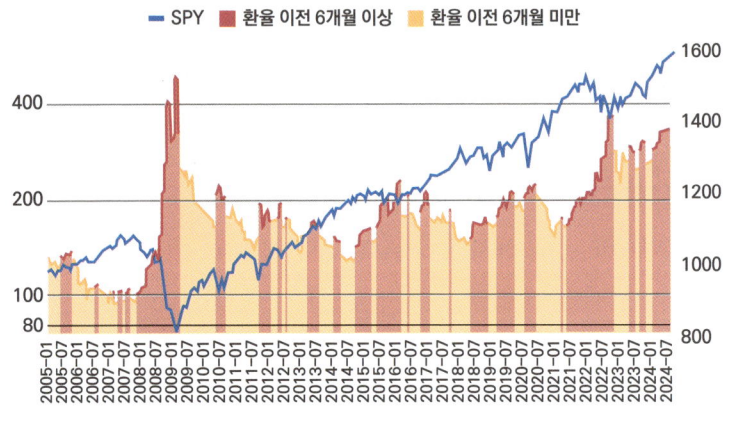

에 배팅하는 것이다. 반대로 기다렸다가 매수하는 전략은 앞으로 주가가 크게 오르지 않거나 오히려 떨어지고, 환율은 지금보다 의미 있게 하락해 더 저렴한 가격에 매수할 수 있다는 시나리오에 배팅하는 셈이다.

지금 바로 매수 vs. 기다렸다가 매수

행동	지금 바로 매수	기다렸다가 매수
베팅	주가 상승폭 > 환율 하락폭	주가 상승폭 < 환율 하락폭
배팅의 기준	오늘이 가장 싸다	미래에 더 싸질 수도 있다
기대하는 시나리오	환율 하락보다 주가 상승이 더 클 것으로 예상	주가 상승폭보다 환율 하락폭이 더 클 것으로 예상
포기하는 기회비용	향후 환율 하락으로 인한 추가 매수 기회	지금 매수하지 않아 놓칠 수 있는 주가 상승분

결국 이 두 가지 전략의 차이는 환율 하락폭과 주가 상승폭 중 어떤 것이 더 클지에 대한 각자의 판단에 달려 있다. 다시 말해 앞으로 환율과 주가가 각각 어떻게 움직일지 두 가지를 모두 맞춰야 한다는 의미다. 하지만 현실적으로 주식은 물론이고, 특히 환율을 예측하는 것은 그보다 훨씬 어렵다.

주식보다 어려운 게 채권이고, 채권보다 어려운 게 환율이라는 말이 있다. 환율은 글로벌 경제, 정치적 상황, 각국의 통화정책 등 여러 요인들이 복잡하게 상호작용하며 결정되기 때문에 정확하게 예측하려는 시도는 오히려 시간과 에너지를 낭비하게 만들 뿐이다. 맞출 수 없는 것을 맞추기 위해 소중한 시간을 낭비할 필요는 없다.

다행히 대부분의 경우 미국 주식은 환율을 감안하더라도 오늘 사는 것이 가장 저렴하다. 환율이 낮아지길 기다리다가 오히려 주가가 더 많이 오르는 상황이 훨씬 많다는 이야기다. 주식의 상승폭은 환율의 변동성을 압도할 만큼 충분히 크다. 주식은 한 해 동안 10~20% 이상 변동할 수 있지만 환율은 대체로 그보다 훨씬 작게 움직인다. 따라서 환율에 지나치게 집착하는 건 소탐대실이 될 가능성이 크다. 장기적으로 주식시장의 우상향을 믿는다면, 결국 환율보다는 주식 자체의 성장을 보는 것이 더 나은 선택이다.

일부 투자자들은 환율 리스크를 줄이기 위해 환헷지 상품을 고려하기도 한다. 하지만 장기투자 관점에서 환헷지가 좋은 선택이 아닐 수 있다. 환헷지에는 추가 비용이 발생하며, 이러한 비용이 장기적인 수익률을 갉아먹는 원인이 될 수 있다. 단기적인 전략이라면 환헷지 상품이 유용할 수도 있지만, 장기적으로는 주식의 성장성이 훨씬 더 큰 영향을 미친다.

이렇게 말했는데도 불안감이 완전히 해소되지 않는다면, 기계적인 환헷지 매수 전략을 고려할 수 있다. 각자의 관점에 따라 환율의 고점과 저점에 대한 기준점을 정하고, 그 기준 이상에서는 환헷지 상품을 매수하고, 그 이하에서는 환노출 상품을 매수하는 방식이다. 이 전략은 정해놓은 기준대로만 움직이기에 적어도 심리적으로는 환율 변동에 따른 불안감을 줄여준다. 여기서도 가장 중요한 것은 자신만의 원칙을 세우고, 이를 흔들림 없이 기계적으로 실행하는 것이다. 매번 감정에 따라 기준을 바꾸려 한다면, 이 방식도 전혀 의미가 없어진다.

한편, 목돈 투자의 경우 특히 고민이 클 수밖에 없다. 현실적인 방법은 두 가지다. 첫 번째는 목돈을 일정 기간으로 나눠서 적립식으로 분할매수하는 방법이다. 이 경우 환율뿐만 아니라 주가의 단기적인 변동성도 효과적으로 줄일 수 있다. 두 번째는 전체 투자금 중 절반은 바로 거치식으로 투자하고, 나머지 절반은 일정 기간에 걸쳐서 분할 매수하는 방법이다. 이렇게 하면 주가가 곧바로 상승할 경우에도 기회손실을 최소화할 수 있고, 하락할 경우에는 낮은 가격으로 추가 매수할 수 있는 기회를 얻는다. 어떤 전략을 고르더라도, 한 번에 진액을 거치식으로 투자할 때보다 심리적 부담이 훨씬 줄어들 수 있다.

결국 중요한 것은 시장에 꾸준히 참여하는 것이다. 환율을 고민할 시간에, 한 주라도 더, 하루라도 더 빨리 사는 게 낫다. 그러니까, 그냥 사라.

목돈 투자 시 환율 리스크 관리 전략

액션	분할매수	절반 거치, 절반 분할매수
방법	목돈을 6개월~1년에 걸쳐 적립식으로 매수	절반은 거치식 투자 나머지 절반은 적립식으로 매수
장점	환율, 주가 변동을 분산하여 심리적 부담 최소화	주가 상승 시 기회손실 최소화 하락 시에도 추가 매수 가능
단점	주가 상승 시 기회비용 발생	환율 하락 시 환차손 발생

증권사나 운용사가
망하면 어떡하죠?

미래에셋, 키움, 삼성, 토스증권 같은 증권사가 망하면 내가 투자하던 주식, ETF는 어떻게 될까? 주식투자를 하면서도 이 부분에 대해 잘 모르는 사람이 많다. 결론부터 말하자면 이런 걱정은 하지 않아도 된다. 아직 제도가 안착하지 않은 암호화폐 시장의 경우 거래소가 망하면 최악의 경우 거래소를 통해 보유한 암호화폐를 돌려받지 못할 수도 있지만 주식은 다르다. 증권사가 파산한다고 내가 보유한 주식이 사라지거나 위험에 처하는 일은 없다. 왜냐하면 증권사는 고객의 주식을 직접 소유하지 않기 때문이다.

증권사는 고객의 주식을 자신의 자산과 분리된 '예탁자산'으로 보관하며, 실제 고객의 주식은 한국예탁결제원 등의 예탁기관에서 안전하게 관리된다. 즉, 증권사가 파산하더라도 고객의 주식은 여전히 고객의 소유로 남는다. 고객의 주식이 증권사의 재무상황과 무관하게 보호된다는 의미다.

예를 들어 가장 극단적인 2008년 금융위기 당시를 살펴 보자. 당시 여러 대형 증권사들이 위기에 처했음에도 불구하고, 고객의 주식은 안전하게 보존되었다. 실제로 파산한 증권사들이 많았지만 파산한 증권사의 고객들은 자신의 주식을 다른 증권사로 이전해 계속해서 거래를 이어갈 수 있었다. 이처럼 증권사가 파산하더라도 주식에는 아무런 문제가 없다. 고객의 주식은 예탁기관에 의해 보호되기 때문에 증권사 파산에 의한 손실이 발생하지 않는다. 물론 앞서 언급했던 절차에 다소 시간이 걸리거나 불편이 따를 수는 있다.

ETF와 같은 상품도 비슷한 방식으로 보호된다. ETF는 자산운용사가 관리하며, 증권사는 단순히 중개 역할을 할 뿐이다. 증권사는 여러 고객 간의 거래만 중개할 뿐 실제 ETF를 증권사가 소유하지 않는다. 따라서 증권사가 파산하더라도 ETF에 투자된 자산은 여전히 안전하게 유지되며, 고객은 다른 증권사를 통해 자산을 이전하고 관리할 수 있다. ETF 또한 고객의 소유로서 증권사와 분리되어 관리되기 때문이다.

그러나 예수금, 즉 주식계좌에 넣어둔 현금은 상황이 조금 다르다. 예수금은 예금자보호법에 의해 증권사별로 최대 5,000만 원까지 보호되며, 그 이상의 금액은 보장되지 않는다. 따라서 보유한 현금이 한 증권사 계좌에 모두 집중되어 있다면 증권사의 재무 건전성을 고려한 뒤 여러 증권사의 계좌로 분산하는 게 좋다.

그렇다면 운용사의 경우는 어떨까? 찰스슈왑과 같은 운용사가 파산하면, 찰스슈왑이 운용하던 SCHD 같은 ETF는 모두 사라질까? 아니다. 운용사가 파산하더라도 고객이 보유한 자산은 안전하게 보호된다. 운용사와 고객의 자산은 법적으로 철저히 분리되어 관리되기 때문이다. 따라서 운용사의 재정상황에 고객의 주식이나 ETF는 영향을 받지 않는다.

예를 들어 찰스슈왑과 같은 대형 운용사가 파산하더라도, 고객 자산은 법적으로 운용사의 채권자들이 손댈 수 없는 영역에 있다. SCHD의 경우 'State Street Corporation'이라는 수탁사에 의해 독립적으로 관리되고 보호된다. 심지어 수탁기관 역시 수탁받은 자산은 별도의 계정에서 관리한다. 따라서, 수탁기관이 파산해도 당신의 자산은 보존된다. 새로운 수탁기관으로 이전될 뿐이다.

> ● State Street Corporation
> State Street Corporation은 1792년에 설립된 대형 금융그룹으로, 전 세계에 걸쳐 수조 달러 규모의 자산을 관리하는 회사이다.

즉, 운용사는 ETF의 운용만 담당할 뿐, 고객의 자산은 제3의 수탁기관이 안전하게 보관한다. 만약 운용사가 자산을 관리할 수 없게 되는 경우, 해당 자산은 다른 운용사로 이전되거나, 고객이 원할 경우 자산을 청산해 돌려받을 수 있다. 실제로 과거에 여러 운용사가 파산한 사례가 있었지만, 앞서 언급한 내용처럼 고객의 자산은 별도의 수탁기관을 통해 안전하게 관리되었고, 새로운 운용사가 그 자산을 이어받아 관리했다. 물론 고객이 원하는 경우 현금으로 청산 받을 수 있었다.

결론적으로 걱정하지 않아도 된다는 말이다. 내 주식은 증권사가 아니라 '예탁기관'에, 자산은 운용사가 아니라 '수탁기관'에 별도로 보관된다. 심지어 수탁기관에서도 별도의 계정에 보관한다. 그러니까 증권사나 운용사가 파산하지 않을까, 하는 걱정은 이제 그만 접자. 보통 투자에 대한 대부분의 문제는 종목, 시장, 증권사, 운용사, 수탁기관이 아니라 보통 나 자신에게 있다. 제일 큰 리스크는 나다.

05
미국이 망하면 어떡하죠?

미국이 망하면 어떻게 될까? 꽤 흥미로운 질문이다. 물론 미국도 언젠가는 망할 수 있다. 그렇다면 이 가정에 따라 두 가지 투자전략을 생각해 보자. A는 미국에 100% 투자하고, B는 미국 50%, 나머지 50%를 미국 외 전 세계에 투자하는 전략이다.

이때 B의 포트폴리오가 성과를 내려면 앞으로 미국보다 다른 국가들이 더 높은 성장성을 보일 것이라는 가정이 성립해야 한다. 예를 들어 앞으로 미국 주식은 6~8%대의 수익률을 기록하고 미국 외 전 세계는 10% 이상의 수익률을 기록한다는 식의 가정인 것이다.

미국이 쇠퇴하고 다른 국가들이 더 높은 성장성을 보일 것이라는 가정, 과연 이 투자전략이 합리적일까? 많은 사람들이 글로벌 분산투자를 고려하며 이 같은 가정을 한다. 미국의 패권이 언젠가는 무너지고, 다른 나라들이 그 자리를 차지할 것이라는 생각 말이다. 그러나 현재까지의 경제, 기술발전의 흐름을 보면 이 가정이 실제 당장의 투자전략으로서 타당한지는 의문이다.

현재 미국은 세계 GDP의 약 4분의 1을 차지하고 있으며, 전 세계 주식시장 시가총액의 절반이 미국에 속해 있다. 또한 대표적인 시장지수인 S&P500은 지난 10년 동안 연평균 13%가 넘는 높은 수익률을 기록하며 글로벌 시장을 압도했다. 이뿐 아니라 미국은 강력한 법치와 기업 친화적 환경, 세계적인 기술 혁신, 독보적인 군사력을 갖춘 것은 물론 땅속의 자원으로만 봐도 세계 최상위권 국가다. 게다가 이 모든 요소들을 다 갖춘 나라도 없거니와 이러한 요소들은 단기간에 흔들릴 만한 성질이 아니다. 과연 미국을 제외한 다른 국가들이 단시간에 미국을 능가할 성장성을 보일 수 있을까?

일반적으로 신흥국은 높은 경제성장률을 기록할 가능성이 높다. 하지만 높은 경제성장이 높은 수익률을 의미하지는 않는다. 이유는 간단하다. 신흥국은 높은 성장 가능성만큼이나 극심한 리스크를 동반하기 때문이다. 대표적인 예가 중국이다. 과거 중국은 세계 경제성장을 이끄는 엔진으로 평가받았지만, 부동산 위기, 부채 문제, 정부 개입 등의 리스크가 항상 존재한다. 심지어 알리바바나 텐센트 같은 대형 기업들조차 정부 개입으로 인해 큰 타격을 받곤 했다. 신흥국 투자에서 흔히 간과되는 부분이 바로 이러한 리스크다. 성장잠재력만 보고 진입했다가 예측 불가능한 변동성에 휘말릴 가능성이 크다는 점이다. 한마디로 기업이 아무리 잘하더라도, 나라를 믿을 수가 없다.

중국뿐만 아니라 인도, 브라질, 동남아시아 국가들 역시 비슷한 문제를 안고 있다. 인도는 빠르게 성장하고 있지만, 인프라 부족과 정부 규제 리스크가 크다. 브라질, 인도네시아, 베트남 등도 정치적 불안정성이 높고, 환율 변동성이 크다. 경제성장과 주식시장 성장이 반드시 일치하지 않는다는 점을 고려하면, 단순히 성장률이 높다는 이유만으로 투자하기에는 리스크가 지나치게 크다. 역시나 같은 문제다. 특정 기업이 아무리 잘하더라도, 기업을 둘러싸고 있는 나머지 모든 것을 믿기가 어렵다.

그렇다면 다른 선진국들은 어떨까? 유럽은 생산성이 낮고, 정치적 불안 요소가 크다. EU 내에서도 국가 간 경제 격차가 심하며, 최근 러시아-우크라이나 전쟁으로 인해 불확실성이 더욱 커졌다. 일본도 심각하긴 마찬가지다. 1990년대 거품 붕괴 이후 30년 넘게 장기침체에서 쉽사리 벗어나지 못하고 있으며, 고령화, 낮은 생산성, 디플레이션 등 쉽게 바꾸기 어려운 구조적 문제가 심각하다. 이처럼 당분간 유럽과 일본 또한 미국을 대체할 가능성은 극히 낮다.

결국 남는 국가는 미국 뿐이다. 그러니까 중국, 유럽, 일본을 비롯한 여러 선진국과 신흥국까지 각각의 구조적 문제점을 하나씩 제거해 나가다 보면, 결국 남는 선택지는 미국뿐이다. 반대로 각국의 강점을 기준으로 정렬해도 결과는 같다. 미국을 대체할 만한 확실한 후보군이 보이지 않는다. 천연자원 보유량부터 경제력, 군사력까지 세계 최상위 수준이고, 게다가 최근 4차 산업혁명과 같은 최첨단 기술을 선도하는 국가도 미국이다. 지금 이 모든 요소를 미국만큼 갖춘 나라가 과연 존재하는가?

물론 언젠가는 미국의 패권이 다른 나라로 넘어갈 수도 있다. 하지만 과거 영국에서 미국으로 패권이 이동했을 때를 보면, 이 변화는 단기간에 이루어진 것이 아니라 수십 년에 걸쳐 점진적으로 진행되었다. 따라서 패권 이동이 발생한다고 해도, 단기간 내에 미국이 무너질 가능성은 극히 낮다.

그렇다면 가까운 미래에는 어떨까? 만약 내년, 혹은 5년, 10년 안에 미국을 제외한 다른 국가들이 미국보다 더 높은 성장을 보여줄 수 있을까? 아마도 이 질문에 긍정적으로 답할 사람은 많지 않을 것이다. 특히 최근 미국 4차 산업의 압도적인 성장세를 고려하면, 최소한 향후 몇 년간은 미국이 글로벌 경제의 주도권을 잃을 가능성이 낮아 보인다. 그렇다면 20년 후, 30년 후, 혹은 50년 후에는? 시간이 멀어질수록 미래를 예측하는 것은 더욱 불확실해진다.

한 가지 분명한 사실은, 가까운 미래일수록 미국이 망할 가능성이 낮다는 점이다. 그렇다면 현시점에서 가장 안정적이고 합리적인 선택은 미국을 중심으로 투자하는 것이다. 미국 외 국가에 대한 투자는 일정 비중으로만 가져가도 충분하다. 마치 멀쩡히 잘 다니던 회사의 실적이 조금 나빠졌다고 해서, 혹은 나쁠 것이라는 전망이 있다고 해서 당장 사직서를 던지는 사람이 매우 드문 것과 같은 이야기다. 보다 상식적이고 현명한 판단이 있다면, 현재 업무에 최선을 다하면서도 퇴근 후 시간을 활용해 자기계발에 힘쓰거나, 틈틈이 이직할 자리를 알아보는 것이다.

    투자도 마찬가지다. 미국과 미국 외 시장에 대한 비중 조정은 서두를 필요가 없다. 최소 5년, 10년 단위로 글로벌 경제 흐름을 점검하면서 조정해도 충분하다는 말이다. 현재로서는 미국이 여전히 세계 경제의 중심이라는 점을 고려할 때, 최소한 가까운 미래까지는 미국에 투자하는 것이 가장 안전하고 합리적인 선택이다. 그리고 만약 미국의 경제적 문제나 성장둔화가 뚜렷해지는 시점이 온다면, 그때 가서 전 세계 시장에 대한 투자비중을 조정해도 늦지 않다.

앞으로도 연 10%씩 오를까요?

지난 100년간 S&P500의 연평균 수익률은 약 9~10%에 달했다. 물론 측정한 시기와 범위에 따라 조금씩 값이 달라질 수 있지만, 장기적으로 S&P500이 우수한 성과를 내왔다는 사실을 부정하는 사람은 없을 것이다. 여기서 이 10%라는 숫자는 단순히 결과론적인 숫자가 아니다. 자본주의 시장에서 기업들이 살아남기 위해 경쟁하고, 혁신을 거듭하며, 생산성을 높인 결과다.

자본주의 경제에서는 혁신과 경쟁이 끊임없이 이루어진다. 기업들은 시장에서 살아남기 위해 비용을 절감하고, 새로운 제품과 서비스를 개발하며, 기술을 발전시킨다. 한 기업이 혁신적인 기술로 시장을 장악하면, 그 성공을 보고 경쟁자들이 뒤따라 들

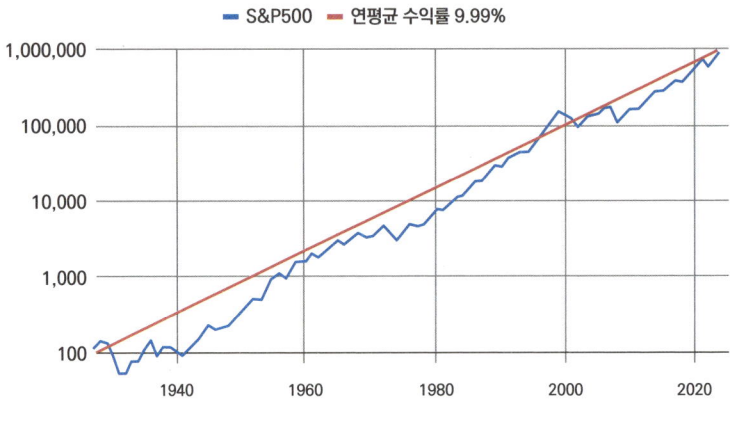

어온다. 결국 경쟁이 심화되면서 시장이 포화 상태가 되면, 성장성이 낮아지고 수익률도 감소한다.

그렇다면 기업들은 여기서 멈출까? 그렇지 않다. 자본주의에서 안주는 곧 도태, 죽음을 의미한다. 기업들은 살아남기 위해 더 나은 혁신을 시도하고, 새로운 시장을 개척하며, 더 효율적인 운영방식을 찾아낸다. 이러한 과정이 반복되면서, 시장에서 뒤처진 기업들은 사라지고, 성장가능성이 높은 기업들이 자리를 차지하게 된다. 다시 말해, 매순간 더 강해지는 기업만이 선택받아 살아남는 것이다. 애플이 스마트폰 시장을 개척한 뒤 삼성이 뒤따랐고, 테슬라가 전기차 시장을 주도하자 기존 자동차 기업들이 따라왔다. 엔비디아 역시 AI 반도체 시장에서 독보적 위치를 차지했지만, 경쟁사들이 빠르게 추격하고 있다. 현재 시점의 ChatGPT나 DeepSeek, Grok도 마찬가지다.

실제로 S&P500의 구성종목을 보면, 과거 50년 동안 상당수가 교체되었다. 1950년대에는 평균적으로 S&P500의 기업이 60여 년 동안 유지되었지만, 최근에는 평균 생존기간이 18년 이하로 단축되었다. 2027년까지 현재 S&P500 기업의 75%가 사라지고 새로운 기업들로 대체될 것이라는 전망도 있다. 이는 자본주의 시장에서 경쟁과 혁신이 얼마나 빠르게 이루어지고 있는지를 보여준다.

가혹한 시장원리에 따라 혁신과 경쟁은 계속해서 반복될 수밖에 없다. 그리고 이 끝없는 혁신과 경쟁이 주식시장의 우상향을 만드는 자본주의 시장의 본질이다. 철저한 적자생존의 원리에 따라, 모든 기업은 지속적으로 더 강해질 수밖에 없다.

물론 S&P500의 성장은 단순히 기업들의 경쟁과 혁신만으로 설명되지 않는다. 경제구조 자체가 이러한 흐름을 뒷받침하고 있다. 소비시장의 확대는 기업들의 성장을 이끌었고, 생산성 향상과 기술발전은 비용절감과 이익증가로 이어졌다. 또한, S&P500 기업들은 글로벌 시장으로 확장하며 신흥국의 성장까지 흡수했고, 배당 재투자와 자본축적이 복리효과를 극대화하며 지수 상승을 뒷받침했다.

물론 S&P500이 언제나 과거와 같은 수준의 성장을 지속할 것이라는 보장은 없다. 경기침체, 금융위기, 지정학적 리스크, 기술정체 등 다양한 변수가 시장에 영향을 줄 수 있다. 그러나 과거를 돌아보면, 대공황, 2차 세계대전, 오일쇼크, 닷컴버블, 금융위기, 코로나19 등 다양한 위기 속에서도 S&P500은 장기적으로 상승해 왔다. 여기서 중요한 점은 시장은 때때로 큰 조정을 겪지만, 장기적으로는 기업들의 혁신과 경제성장에 맞춰 꾸준히 우상향해 왔다는 것이다.

- 사자, 상어의 사냥 성공률은 20% 남짓이다. 이유는 없다. 생태계에서 도출된 상수값이다. S&P500의 수익률 또한 자본주의 생태계에서 도출될 수 있는 상수값이라고 생각한다.

결국 연평균 10% 수준으로 수렴해 온 S&P500 지수의 수익률은 이 모든 활동들이 반복된 결과다. 인류 최고의 기업들이 최대한의 노력으로 경쟁한 끝에 나올 수 있는 성과의 합계, 혹은 각 기업들이 지속적으로 추구했던 정점들의 합계인 것이다. 10% 내외의 숫자는 특별히 의도된 목표치가 아니라, 이 자본주의라는 생태계 속에서 자연스럽게 도출되는 상수값이라고도 볼 수 있을 것이다.

신봉자가 된다는 것

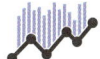

유튜브나 커뮤니티를 돌아다니다 보면 특정 종목이나 전략을 마치 종교처럼 신봉하는 사람들을 보게 된다. 이들을 비난하거나 조롱하는 목소리도 많지만, 내 생각은 다르다. 원래 투자는 이들처럼 고집불통, 강성주주처럼 하는 것이 옳다. 가끔 인터넷상에 나타나서 말도 안 되는 수익률을 인증하는 몇몇의 장기투자자들이 좋은 예시다.

그들이 매번 남들 말대로 했다면 그런 투자가 가능했을까? 절대 아니다. 세상이 망할 것처럼 난리치는 유튜버들의 말대로 혹은 홀짝 게임을 반복하는 주식 커뮤니티, 카페의 수많은 사람들처럼 투자했다면 상위 10%가 아니라, 하위 10%로 직행했을 것이다. 스스로 확신할 수 있는 장기투자를 위한 좋은 전략, 포트폴리오를 만들었다면 그 후론 귀를 닫아야 한다. 시장의 잦은 변동성에 흔들리며 사고팔기를 반복하는 소인배들의 소음에 귀가 팔랑거려서는 안 된다는 것이다.

"신봉자들은 자신에게 맞는 투자를 찾아낸 것이다.
그렇기에 신봉하는 것이다."

신봉자들은 단순히 몇 가지 숫자나 지표 때문에 자신의 포트폴리오를 신봉하는 것이 아니다. 그들은 온몸으로 투자를 경험한 사람들이다. 최소 수년 혹은 그 이상의 시간 동안 상승장과 하락장을 견디며, 다양한 종목과 포트폴리오를 시도해 본 끝에 자신에게 맞는 투자를 찾아낸 것이다. 그렇기에 그 종목, 혹은 투자방식을 찾아낸 것이다. 누가 뭐래도 나에게는 정답이었기에, 그렇게 신봉하는 것이다.

- **신봉자 = 장기투자자의 정석**

때문에 신봉자라는 표현은 얼핏 조롱처럼 들릴 수 있지만, 오히려 장기투자자의 정석에 가깝다. 수많은 투자의 현인들이 외쳤던 '장기투자자'의 또 다른 표현일 뿐이다. 나와 잘 맞는 종목이나 전략을 찾아낸 사람은 시장에서 오래 남아 있을 힘이 있다.

그리고 시장에서 오래 살아남은 사람은 그렇지 않은 사람보다 더 높은 수익을 가져갈 수밖에 없다.

신봉자형 투자자 vs. 박쥐형 투자자

신봉자형 투자자	박쥐형 투자자
투자한 뒤 현생에 집중한다	항상 정보, 시황에 귀 기울인다 시장에 대한 예측, 홀짝 게임을 좋아한다
	항상 새로운 종목을 찾아 헤맨다 어제 찬양하던 종목은 오늘의 웬수다
	종목당 평균 투자기간 3~6개월 미만이다 '새 종목 매수→욕하고 매도'를 반복한다
	시장 탓, 유튜버 탓, 커뮤니티 탓, 남 탓 아무튼 내 탓은 아니다
	일희일비, 매일 천국과 지옥을 오간다

그렇기에 나는 당신 또한 신봉자가 되었으면 한다. 신봉자들처럼 투자하려는 종목과 스스로에 대해 깊게 이해하기를 바란다. 성공하는 투자자들은 매주, 매달 종목을 바꿔가며 사고팔기를 반복하는 박쥐 같은 사람들이 아니다. 한 번 정한 포트폴리오를 3개월, 6개월도 버티지 못하는 사람들과 다르다. 그들은 새로운 종목, 더 나은 종목에 목말라하지 않는다.

결국 승리하는 사람은, 미친 듯이 자신만의 투자방식을 흔들림 없이 밀고 나가는 사람들이다. 시장의 변동성에 흔들리지 않고, 원칙에 따라 꾸준히 투자하는 사람들이다. 나중에 시간이 지나면 알게 될 것이다. 결국 성공을 거머쥐는 사람은 새로운 것을 쫓는 이들이 아니라 신봉자들이다.

물론 신봉자가 되는 것은 쉽지 않다. 지름길은 없다. 주변 사람들의 말만으로 신봉자가 될 순 없다. 결국 스스로 직접 경험하는 것 외엔 방법이 없다. 과거의 데이터를 아무리 분석하고 백테스트를 돌려봐도, 실제 투자에서 느끼는 감정과 경험을 대체할 수는 없다. 데이터는 대략적인 방향을 제시할 뿐이다. 신봉자가 되기 위해선 실제로 내 돈을 투자하고, 시장의 흐름을 온몸으로 겪어봐야 한다. 최소 3년 이상 여러 종목을 경험하고 큰 상승과 하락을 겪어보며, 사이클을 직접 체험하자. 이 과정에서 투자종목은 물론 투자의 주체인 나라는 사람을 이해하게 되고, 자신만의 투자철학을 만들 수 있을 것이다. 이런 과정이 없다면 언제까지나 소음에 휘둘리는 꼭두각시 투자자에 머물 수 밖에 없다.

그러니 지금 이 순간 마음에 드는 ETF가 있다면 망설이지 말고 일단 투자해 보자. 상승과 하락, 단맛과 쓴맛을 직접 겪으면서 스스로에게 맞는 포트폴리오를 하나씩 완성해 나가길 바란다. 다양한 상황을 직접 겪다 보면 어떤 종목, 어떤 포트폴리오가 나에게 잘 맞을지 스스로 알게 될 것이다. 시장 경험이 충분치 않은 상태에서 포트폴리오를 결정한다면 오히려 혼란스러울 수 있지만 일단 다 맛을 보자. 장기투자를 위한 포트폴리오는 나중에 가서 결정해도 늦지 않다.

결국 투자에서 가장 중요한 것은 지속가능성, 즉 시간이다.

꾸준히 장기투자하는 것이 성공의 핵심이다. 장기투자는 자신만의 투자원칙과 포트폴리오를 강하게 신봉해야만 가능한 일이다. 충분히 시장을 경험했다면 마음에 드는 몇 개의 ETF로 포트폴리오를 구성하면 된다. 그 후에는 그저 시간을 들여 꾸준히 투자하면 된다. 그렇게 흔들리지 않는 신봉자가 되자. 미친 수익률은 미친 투자자 밖에 못 만든다는 사실을 기억하자. 이 책을 읽는 독자들이 자신만의 확신을 가지고 끝까지 밀고 나가는 고집불통 강성주주가 되길 기원한다.

"다 사보시고요. 단맛, 쓴맛 다 느껴보시고요.
그동안 스쳐지나갔던 수많은 신봉자들처럼, 약간은 미친 사람들처럼.
나도 그 사람들만큼이나 스스로의 전략에 확신을 가질 수 있도록.
투자에 대한 이해, 그리고 나 스스로에 대해 꾸준히 이해해 나가시길 바랍니다.
그리고 이걸 보시는 당신도 꼭 무언가의 신봉자가 되시길 바랍니다.
원래 남들 보기에 약간 이상해 보이는 사람들이 사실은 가장 강한 사람들입니다."

- 이 책의 세 줄 요약

1. 괜찮은 ETF 2~3개 투자하고
2. 나가서 운동해라
3. 그리고 남 신경 쓰지 말고, 즐겁게 인생을 살아라

괜찮은 ETF 2-3개 투자하고	나가서 운동해라	남 신경 쓰지 말고 인생 즐겁게 살아라
잘 분산된 포트폴리오 투자는 꾸준히, 덤덤히 고집불통, 강성주주, 신봉자	삶의 단단한 기둥 '근테크'는 수익 100% 보장 원금 손실 없다	경제적 자유하면 더 좋고 스스로에 대한 이해와 집중 남과 비교 금지

참고문헌 및 참고처

- Aswath Damodaran, New York University Stern School of Business (https://pages.stern.nyu.edu/%7Eadamodar/New_Home_Page/datafile/histretSP.html)

- Jeremy Siegel, 〈Stocks for Long Run〉

- OECD, "Pensions at a Glance 2023", 2023

- 김민기 외, "국내 개인투자자의 행태적 편의와 거래행태", 자본시장연구원, 2022

- 매일경제, "3년전 中 최고갑부였는데…알리바바 마윈, 어쩌다 이런 처지가 됐나", 2023.11.23.

- 제이슨 츠바이크, 〈투자의 비밀〉, 에이지21

- 조선비즈, "[40대, 두번째 스무살] ①한국인 평균 퇴직 연령 49.3세… "은퇴 준비는 40대부터"", 2023.12.05.

- 중앙일보, "노인 자살 급증 OECD 1위", 2005.05.18.

- 통계청, "2024년 가계금융복지조사 결과", 2024.12.09.

- 통계청, "2025년 2월 고용동향", 2025.03.12.

- 한국개발연구원(KDI), "중장년층 고용 불안정성 극복을 위한 노동시장 기능 회복 방안", 2024.03.20.

- 한국경제, ""주주님 고맙습니다"…주주환원책 꺼내든 기업들", 2023.02.10.

- 한국은행, "주주환원 정책이 기업가치에 미치는 영향", 2025.03.17.

- Bloomberg
- KB부동산(kbland.kr)
- YahooFinance
- 통계청
- 미래에셋투자증권
- 뱅가드(investor.vanguard.com)
- 한국은행
- 컴퍼니마켓캡(Companiesmarketcap.com)
- 카카오페이

인생을 바꾸는 최고의 ETF

초판 1쇄 발행 | 2025년 6월 27일
초판 8쇄 발행 | 2025년 11월 20일

ⓒ 잼투리, 2025

지은이 | 잼투리
펴낸곳 | 거인의 정원
등 록 | 제2023-000080호(2023년 3월 3일)
주 소 | 서울특별시 강남구 영동대로602, 6층 P257호
이메일 | nam@giants-garden.com

* 이 책은 저작권법에 따라 보호받는 저작물이므로 무단전재와 무단복제를 금합니다.
  이 책의 전부 또는 일부를 이용하려면 반드시 사전에 저작권자와 거인의 정원 출판사의
  서면 동의를 받아야 합니다.
* 잘못 만든 책은 구입한 서점에서 바꿔 드립니다.